古典文獻研究輯刊

三七編

潘美月・杜潔祥 主編

第 26 冊

莊子通（外三種）（下）

陳 開 林 整理

國家圖書館出版品預行編目資料

莊子通（外三種）（下）／陳開林 整理 -- 初版 -- 新北市：
花木蘭文化事業有限公司，2023〔民112〕
目 6+234 面；19×26 公分
（古典文獻研究輯刊 三七編；第26冊）
ISBN 978-626-344-489-8（精裝）
1.CST：（明）沈一貫 2.CST：莊子 3.CST：研究考訂
011.08   112010526

ISBN-978-626-344-489-8

古典文獻研究輯刊
三七編　第二六冊　　　　　　　　ISBN：978-626-344-489-8

莊子通（外三種）（下）

作　　者　陳開林（整理）
主　　編　潘美月、杜潔祥
總 編 輯　杜潔祥
副總編輯　楊嘉樂
編輯主任　許郁翎
編　　輯　張雅淋、潘玟靜　美術編輯　陳逸婷
出　　版　花木蘭文化事業有限公司
發 行 人　高小娟
聯絡地址　235 新北市中和區中安街七二號十三樓
　　　　　電話：02-2923-1455／傳真：02-2923-1452
網　　址　http://www.huamulan.tw 信箱 service@huamulans.com
印　　刷　普羅文化出版廣告事業
初　　版　2023 年 9 月
定　　價　三七編 58 冊（精裝）新台幣 150,000 元
版權所有・請勿翻印

莊子通（外三種）（下）

陳開林 整理

目

次

卷　九

則陽第二十五　雜篇

　　則陽遊於楚，夷節言之於王，王未之見，夷節歸。彭陽見王果曰：「夫子何不譚我於王？」王果曰：「我不若公閱休。」彭陽曰：「公閱休奚為者邪？」曰：「冬則擉鱉於江，夏則休乎山樊。有過而問者，曰：『此予宅也。』夫夷節已不能，而況我乎！吾又不若夷節。夫夷節之為人也，無德而有知，不自許，以之神其交，固顛冥乎富貴之地，非相助以德，相助消也。夫凍者假衣於春，暍者反冬乎冷風。夫楚王之為人也，形尊而嚴；其於罪也，無赦如虎，非〔註1〕佞人正德，其孰能橈焉！故聖人，其窮也，使家人忘其貧；其達也，使王公忘爵祿而化卑；其於物也，與之為娛矣；其於人也，樂物之通而保已焉。故或不言而飲人以和，與人並立而使人化父子之宜。彼其乎歸居，而一間其所施。其於人心者，若是其遠也，故曰待公閱休。」擉音觸。夫音扶。知音智。冥音眠。顛冥，猶迷惑也。暍音謁，傷暑也。橈，呼毛反。飲，於鴆反。間音閒。

　　則陽即彭陽。遊事諸侯，因夷節以通楚王，楚王未之見也。會夷節歸，復求王果為之通，王果不許，託辭以應之，曰：「我不若公閱休。公閱休，隱士也。冬則擉鱉以供食，夏即山樊以為居。此人當能譚，吾不能也。夫以夷節之智，尚不能薦君，而況我乎！吾又不若夷節。蓋夷節之為人也，德不足而智有餘，苟不自愛而與之為心交，固將顛倒迷惑於富貴之地，非相助以德，而相助

〔註1〕通行本此處有「夫」字。

以消，所謂『其何能淑，載胥及溺』〔註2〕者也。夫寒者思假衣於春，暍者思借風於冬。以楚王之猛倨好殺，非佞人如夷節者不能以巧辯而移其心，非正德如闔休者不能以高尚而服其心。我上愧於闔休，而下恥為夷節之行，烏能為君譚哉？」王果之辭婉而峻。稱公闔休者，知公闔休不屑為人干進，而假此以感悟則陽，使其仰止賢人而自恩其躁也。謂己不若夷節，而又言夷節之佞不可交，可謂忠告而善導之矣。至謂楚王非佞人正德不能撓，又曲盡人情。雖賢主不能無惑於佞人，如裴矩之於唐太宗是也；雖昏主不能無屈於賢人，如蘧伯玉之於衛靈公是也。自此以下文稱聖人以重公闔休，言惟聖人能使家人忘其貧，能使王公失其貴，涉世無傷，所造皆適，而不為物之所苦。雖復樂人之樂，以為之通容，而亦不至於失己；又或不言而使人虛往實歸，各飲沆瀣之漿；又或不為而使人望風靡，從各遊自得之場，使天下父父子子各歸其所，而出之以從容暇豫，不見其形韻高德弘於人心。若此之邈而不可及也，吾故曰待公闔休。子就而問之，必有啟發爾心，陶鎔爾德，泚然汗出，霍然病已者矣。

聖人達綢繆，周盡一體矣，而不知其然，性也。覆命搖作，而以天為師，人則從而命之也。

萬物與我，本綢繆若一體然者。聖人達綢繆，而包含覆育，無不周遍，若是乎大矣，又不知其所以然。蓋性體本然，聖人率性自然，而不待於有為也。故體則如百物之歸根本而莫測其朕，用則如春風之撫百草而莫知其生。他無所師，而以天為師；以天為師，則彼亦一天矣。第其形猶人類，而人稱之為人也，其實天也。

憂乎知，而所行恒無幾時，其有止也若之何！ 知，去聲。幾，上聲。

常人不師天而師心，惟憂其知之不足，殊不知足之所不踐者甚多。多積知而不能盡用，曾所行之幾何？而百年之中，忽若白駒之過隙矣，是知必不可盡也，多知亦必不可行也，竟如何哉！

生而美者，人與之鑑，不告則不知其美於人也。若知之，若不知之，若聞之，若不聞之，其可喜也終無已，人之好之亦無已，性也。聖人之愛人也，人與之名，不告則不知其愛人也。若知之，若不知之，若聞之，若不聞之，其愛人也終無已，人之安之亦無已，性也。 好，去聲。

美人不能自見其為美，美之名定於人之鑑也。即人未嘗告之，己未嘗知之

〔註2〕見《詩經・大雅・桑柔》。

聞之，而其美自在。美在於性，不以告不告、聞不聞而加損也。聖人亦不自知其愛人，愛之名定於人之稱也。即人未嘗稱之，己未嘗知之聞之，而其愛自在。愛由於性，不以告不告、聞不聞而加損也。蓋周盡一體而不知其然者謂之真愛，不必憂其知之不足也。性者，生之謂。

舊國舊都，望之暢然。雖使丘陵草木之緡，入之者十九，猶之暢然，況見見聞聞者也，以十仞之臺縣眾間者也。 緡音民。縣，平聲。

人情莫不喜還其舊觀，故見舊國舊都，未有不暢然喜者。雖使草木緡合，入其丘陵者十九而猶之暢然，況見所舊見、聞所舊聞，而略無改於其初者乎！譬之十仞之臺無所蔽虧，而又懸眾樂於其上，一時耳目之新曠，當何如哉！故徐无鬼謦欬於魏侯之側，則超然大悅；孟子指二本以動夷之，則憮然自失。〔註3〕貧子之得衣珠〔註4〕，此其喻也。「胡馬嘶北風，越鳥棲南枝。」漢高帝與父老飲沛中，悲歌泣下，曰：「吾千秋萬歲後，魂夢猶思故鄉，此人情哉！亦性之不得已乎？」惜乎！人莫無懷土之思，而迷於旦宅者，比比也。悲夫！

冉相氏得其環中以隨成，與物無終無始，無幾無時。日與物化者，一不化者也，闔嘗舍之！ 相，去聲。

「環中」，即《齊物論》所謂「樞始得其環中以應無窮」者，中空而外不

〔註3〕《孟子‧滕文公上》：
墨者夷之，因徐辟而求見孟子。孟子曰：「吾固願見，今吾尚病，病癒，我且往見。」夷子不來。他日又求見孟子。孟子曰：「吾今則可以見矣。不直則道不見，我且直之。吾聞夷子墨者，墨之治喪也，以薄為其道也。夷子思以易天下，豈以為非是而不貴也？然而夷子葬其親厚，則是以所賤事親也。」徐子以告夷子。夷子曰：「儒者之道，古之人『若保赤子』，此言何謂也？之則以為愛無差等，施由親始。」徐子以告孟子。孟子曰：「夫夷子信以為人之親其兄之子為若親其鄰之赤子乎？彼有取爾也。赤子匍匐將入井，非赤子之罪也。且天之生物也使之一本，而夷子二本故也。蓋上世嘗有不葬其親者，其親死則舉而委之於壑。他日過之，狐狸食之，蠅蚋姑嘬之。其顙有泚，睨而不視。夫泚也，非為人泚，中心達於面目。蓋歸反虆梩而掩之，掩之誠是也。則孝子仁人之掩其親，亦必有道矣。」徐子以告夷子。夷子憮然為間曰：「命之矣。」
〔註4〕《妙法蓮華經》卷四《五百弟子受記品第八》（大正新修大藏經本）：
譬如有人至親友家，醉酒而臥。是時親友官事當行，以無價寶珠繫其衣裏，與之而去。其人醉臥，都不覺知。起已遊行，到於他國。為衣食故，勤力求索，甚大艱難；若少有所得，便以為足。於後親友會遇見之，而作是言：咄哉，丈夫！何為衣食乃至如是。我昔欲令汝得安樂、五欲自恣，於某年日月，以無價寶珠繫汝衣裏。今故現在，而汝不知。勤苦憂惱，以求自活，甚為癡也。汝今可以此寶貿易所須，常可如意，無所乏短。

絕之譬也。「隨成」，即所謂「隨其成心而師之」之謂也。冉相氏得其環中，以為隨成，與物無終無始，無暫無久，而日與之變化，皆其虛中一不化者為之宰也。人曷不止於是，以為隨成乎？若此，則無惡其隨成矣。

夫師天而不得師天，與物皆殉，其以為事也若之何？夫聖人未始有天，未始有人，未始有始，未始有物，與世偕行而不替，所行之備而不洫，其合之也若之何？夫音扶。殉，松閏反，從死也。洫，呼力反，消也。

夫聖人之師天，與凡人之不師天，均之與物殉也，而其事則異，何也？聖人師天，故民之所好好之，民之所惡惡之，未始有己也，是亦殉物者也。凡人不師天，故見可好則牽己而從之，見可惡亦牽己而從之，亦未始知有己也，亦殉物者也。聖人無我，故無物而非我。凡人喪我，故亦無物而非我。雖然，聖之與凡相去則遠矣。故曰：聖人未始有天，未始有人，未始有始，未始有物，與世偕行而不廢，所行甚備而不乏，其與天合也如此，豈夫人所能及哉！

湯得其司御門尹登恒為之傅之。從師而不囿，得其隨成。為之司其名，之名嬴法，得其兩見。仲尼之盡慮，為之傅之。容成氏曰：「除日無歲，無內無外。」為，去聲。傅音付。

此一段未詳，必有闕文疑字，不可強解。莊子曰：「知之所不能知者，不能知也，無務知之所無奈何」，吾於此亦云。如強為之解，似云湯師司御門尹登恒師其意，不囿其跡，得其所謂隨成者，以名天下之百物，故名與物皆兩著也。仲尼至聖，亦師此隨成而已。此隨成者，不囿之隨成，即環中之隨成，非今人之隨成也。「除日無歲，無內無外」，蓋歲者，日之總名，除日則無歲之可言矣；外者，內之對偶，除內則無外之可言矣。

魏罃與田侯牟約，田侯牟背之，魏罃怒，將使人刺之。犀首聞而恥之曰：「君為萬乘之君也，而以匹夫從讎！衍請受甲二十萬，為君攻之，虜其人民，係其牛馬，使其君內熱發於背，然後拔其國。忌也出走，然後抶其背，折其脊。」季子聞而恥之曰：「築十仞之城，城者既十仞矣，則又壞之，此胥靡之所苦也。今兵不起七年矣，此王之基也。衍，亂人，不可聽也。」華子聞而醜之曰：「善言伐齊者，亂人也。善言勿伐者，亦亂人也。謂伐之與不伐亂人也者，又亂人也。」君曰：「然則若何？」曰：「君求其道而已矣。」惠子明之而見戴晉人。戴晉人曰：「有所謂蝸者，君知之乎？」曰：「然。」「有國於蝸之左角者曰觸氏，有國於蝸之

右角者曰蠻氏，時相與爭地而戰，伏屍數萬，逐北旬有五日而後反。」
君曰：「噫！其虛言乎〔註5〕？」曰：「臣請為君實之。君以意在四方上
下有窮乎？」君曰：「無窮。」曰：「知遊心於無窮，而反在通達之國，
若存若亡乎？」君曰：「然。」曰：「通達之中有魏，於魏中有梁，於梁
中有王，王與蠻氏有辯乎？」君曰：「無辯。」客出，而君惝然若有亡
也。客出，惠子見，君曰：「客，大人也，聖人不足以當之。」惠子曰：
「夫吹管也，猶有嗃也；吹劍首者，吷而已矣。堯、舜，人之所譽也；
道堯、舜於戴晉人之前，譬猶一吷也。」螴，乙耕反，魏惠王也。背、倍同。
刺，七賜反。乘音盛。為君、請為，並去聲。抶，敕一反。折音哲。壞音怪。見音現，
下同。蝸音瓜，又音戈。惝，此蕩反。嗃音哮。決音血。譽，平聲。

　　「犀首」，官名，衍其名，即公孫衍。「從蠻」，從事於蠻也。「忌」，田忌，
齊將也。「抶」，擊也。「見戴晉人」，引晉人見王也。「蝸」，蝸牛，小螺也。「若
存若亡」，狀其細也。管猶以形氣相戛，而有嗃然之小聲，若劍環之間，吹之
則吷然微而已，曾何足聞哉！此雖一時荒談，遂成千古名言。人試追想前事，
都是一場大夢。雖蝸角無可得，胡為當其時，視針芥得失如天大，何也？總為
心孔小，不能容故爾。

　　孔子之楚，舍於蟻丘之漿，其鄰有夫妻臣妾登極者，子路曰：「是稯
稯何為者邪？」仲尼曰：「是聖人僕也。是自埋於民，自藏於畔，其聲
銷，其志無窮，其口雖言，其心未嘗言，方且與世違，而心不屑與之俱。
是陸沉者也，是其市南宜僚邪？」子路請往召之。孔子曰：「已矣！彼知
丘之著於己也，知丘之適楚也，以丘為必使楚王之召己也，彼且以丘為
佞人也。夫若然者，其於佞人也，羞聞其言，而況親見其身乎！而何以
為存？」子路往視之，其室虛矣。極，屋棟也。稯音惊，聚貌。

　　孔子之楚，寓於蟻丘賣漿者家，其鄰有男女群聚登屋極而窺望者，蓋驚怪
孔子而然也。子路見其有異，告孔子曰：「此輩稯稯亂動，何為者邪？」孔子
曰：「是聖人之徒也。而自埋〔註6〕於齊民，自藏於崖畔，其名銷隕，其志遊於
造化之無窮，其口雖與世人酬酢，而心實凝寂，未嘗有言，方視世人無足以入
其心，而不欲與之徒，雖遊於人而異於人。譬之居於陸而沉於水者也。此必市
南宜僚邪！」子路請往召之。孔子止之曰：「勿往。彼知吾之識，彼謂吾必言

〔註5〕「乎」，通行本作「與」。
〔註6〕「埋」，光裕堂刻本誤作「理」。

－209－

之楚王而召彼，非彼所欲也。彼且以高蹈為賢，而謂吾之歷聘為棲棲乎佞也，豈有賢者而肯與佞人言、佞人見乎？彼必從此逝，不可跡矣。」子路往視之，果攜家去矣，蓋接輿丈人之流哉！

　　長梧封人問於子牢曰：「君為政焉勿鹵莽，治民焉勿滅裂。昔予為禾，耕而鹵莽之，則其實亦鹵莽而報予；芸而滅裂之，其實亦滅裂而報予。予來年變齊，深其耕而熟耰之，其未繁以滋，予終年厭飧。」莊子聞之曰：「今人之治其形，理其心，多有似封人之所謂，遁其天，離其性，滅其情，亡其神，以眾為。故鹵莽其性者，欲惡之孽，為性萑葦蒹葭，始萌以扶吾形，尋擢吾性，並潰漏發，不擇所出，漂疽疥癰，內熱溲膏是也。」鹵音魯。莽，莫古反，猶龜疏也。滅裂，猶短草也。齊，才細反，度量節作之意。飧音孫。離，去聲。惡，鳥路反。萑音丸，葦類，葦蘆也。蒹，古恬反。葭音加，亦葦屬。漂，匹招反。疽，七餘反。漂疽，流疽也。疥音介。溲音搜，便溺。溲膏，謂虛勞人膏從溲出也。

　　「鹵莽」、「滅裂」，輕脫末略之謂。封人以治田喻為政，可謂達物理矣。莊子又喻治生，言今之治生者多犯此戒矣。逃自然之理，散淳和之性，滅順應之情，失靈覺之神，而徒以務博誇多為事焉。故鹵莽其性者，每以欲惡之物為吾虛靜之累，如萑葦之為嘉穀害。始而快意當前，豈不足以小適吾耳目四肢之欲！而不知一引以去，不至於傷性滅命不已。如蒹葭始萌，亦頗能為嘉穀之扶仗也，而尋至於拔擢生化之機，侵塞秀穎之地，然後悔其始之小利為今之大不利也。於是七情爽惑，六欲交攻，化精神為妖祟，聚血肉為痫疢，並潰交發，不擇處所，為漂疽、為疥、為癰、為內熱、為溲膏，其名難舉，其禍難已。第緣一念鹵莽滅裂，以至於不可救藥如此，可不畏哉！

　　柏〔註7〕矩學於老聃，曰：「請之天下游。」老聃曰：「已矣！天下猶是也。」又請之，老聃曰：「汝將何始？」曰：「始於齊。」至齊，見辜人焉，推而強之，解朝服而幕之，號天而哭之，曰：「子乎子乎！天下有大菑，子獨先離之！曰：莫為盜？莫為殺人？榮辱立，然後覩所病；貨財聚，然覩所爭。今立人之所病，聚人之所爭，窮困人之身使無休時，欲無至此，得〔註8〕乎！古之君人者，以得為在民，以失為在己；以正

〔註7〕「柏」，光裕堂刻本誤作「頃」。
〔註8〕「得」，光裕堂刻本誤作「狸」。

為在民，以枉為在己；故一形有失其形者，退而自責。今則不然，匿為物而愚不識，大為難而罪不敢，重為任而罰不勝，遠其塗而誅不至。民知力竭，則以偽繼之。日出多偽，士民安取不偽！夫力不足則偽，知不足則欺，財不足則盜。盜竊之行，於誰責而可乎？」辜，罪也，當作「辠」，古罪字。推，通回反。強，巨兩反。朝音潮。號，戶刀反。菑音災。離、罹同。勝，平聲。知，去聲。夫音扶。

栢矩得老聃之學，遊於齊，見罪人就死，推而強之，解其朝服而覆之，以即刑焉。矩呼天而哭之，曰：去古日遠，天下日就於亂，大災將起矣。惜也！子獨先罹之。莫為盜乎？莫為殺人乎？古者太樸不散，民不知軒冕之為榮、金玉之為富，故視聽淳一而刑罰清。自聖人以爵祿籠天下，而榮辱之名始起，於是乎鶩名者日多而不免於病；以財貨聚天下，而貧富之跡始形，於是乎鶩利者日多而不免於爭。此皆上之人駆之使然，而非民性本然也。不但如此，又且窮困人之身，使無休時而不得不出於爭競之途。人不貴則必賤，既有公卿之榮誘之於前，而又有輿隸之辱迫之於後，安得而不交鶩於名；人不富則必貧，既有聲色之好誘之於前，而又有飢寒之患迫之於後，安得而不交競夫利！故人不可一日不貴，既貴矣，又不可一日失官而復為賤；人不可一日不富，既富矣，又不可一日無財而復為貧。不笑無行而笑無官，不笑無恥而笑無財，舉天下日皇皇以富貴為事，欲其不作奸犯科，以至為盜為殺人，胡可得哉！不知民非欲為盜為殺人，而所以致此，實自上使之也。古之君人者，常謂民為得而己為失，民為正而己為枉，故一民不獲則稱以為己辜，一民有過則稱以為己罪，謂民本至淳，而醨之者我也。今則不然。不示之以明而匿為之制，有不識者則以為愚；不使之以易而大為之難，有不敢者則以為罪；不責之以輕而重為之任，有不勝者則以為罰；不使之以近而遠為之途，有不至者則以為誅；不教而殺，不戒視成，慢令致期〔註9〕；不諒人之才，不度人之能，不恤人之私；而惟吾意之所欲者責之，以應吾求，賦必欲其供，役必欲其先，條格必欲其稱，戰必欲其勝，奉事必欲其有功。以此為政，民之智力何足以繼之！知力既竭，而不詐諼、不藻飾、不攘奪盜竊，必不足以辨此〔註10〕！於是繼之以偽，以苟避上之文周。蓋上之人日出詐偽之政以為率，而士民安取不偽！夫力不足執，不得不偽；知

〔註 9〕《論語・堯曰第二十》：「不教而殺謂之虐。不戒視成謂之暴。慢令致期謂之賊。猶之與人也，出納之吝謂之有司。」
〔註10〕「此」，光裕堂刻本誤作「比」。

不足執，不得不欺；財不足執，不得不盜。欲誅盜黨，當誅盜源。釋大盜不問，而斤斤惟小偷之是察，失輕重矣。吾以為盜竊之行，當先責之君人者，而後及夫士民可也。否則，雖日殺之，何益哉！故毋盡人之情，毋盡人之財，毋盡人之力。以有餘予天下，而以不足自奉，然後天下可治爾。

蓬伯玉行年六十而六十化，未嘗不始於是之，而卒詘之以非也，未知今之所謂是之非五十九非也。

伯玉之德日進無疆，歲一變則德一變，年六十而六十化，未嘗不始以為是而後以為非也。又安知明歲之非今歲不如今歲之非舊歲乎？蓋德業等級，萬有不齊，彌進則彌無窮。若登山者，前步高則後步低，不至於巔，猶有可進之步，則昔步皆低步也。然則歲歲相更，非非相待，即百年不過更百非耳，而安得真是真非於其間，是非寧有定哉！

萬物有乎生而莫見其根，有乎出而莫見其門。人皆尊其知之所知，而莫知恃其知之所不知而後知，可不謂之大疑乎！已乎已乎！且無所逃。此則所謂然與然乎！知之音智。

人皆曰予智，試問其生身來處，便口呿不能答，根何從立？門何從出？豈非一大疑事！知之所不能知者哉！已乎已乎！人無所逃於陰陽，而安知陰陽之外，彼所謂然者果然乎哉？恃其知之所不知，乃所謂大知也。

仲尼問於太史大弢、伯常蹇、狶韋曰：「夫衛靈公飲酒湛樂，不聽國家之政；田獵畢弋，不應諸侯之際；其所以為靈公者何邪？」大弢曰：「是因是也。」伯常蹇曰：「夫靈公有妻三人，同濫而浴。史鰌奉御而進所，搏幣而扶翼。其慢若彼之甚也，見賢人若此其肅也，是其所以為靈公也。」狶韋曰：「夫靈公也死，卜葬於故墓不吉，卜葬於沙丘而吉。掘之數仞，得石槨焉，洗而視之，有銘焉，曰：『不馮其子，靈公奪而埋之。』夫靈公之為靈也久矣，之二人何足以識之！」大史音泰。弢音滔。蹇一作謇。狶音希。湛音耽。樂音洛。夫音扶。濫，浴器也。鰌音秋。搏音團，控引之意。馮音憑。

易名定諡，史官職也。靈公之無道而諡曰靈，何哉？「因是」者，即《齊物論》所謂「因是」，言因眾人之所欲諡而諡之耳，無他意也。伯常蹇曰：「靈公有妻三人，同濫而浴」，其慢惕無禮若此之甚也。然當史鰌奉御而進於公之所，公尊敬之，使人代捧其幣而扶翼以上，其待賢又若此之肅也。二事非一時

事，舊解失之矣。雖無道，奚其喪？其得謚為靈也宜哉！豨韋曰：「靈公死時，卜葬於故墓不吉，卜葬於沙丘吉。掘之有石槨，槨有銘，曰：『不馮其子，靈公奪而埋之』，言此地當為靈公葬所，吾之子孫不足賴藉，吾不能有也。由此觀之，靈公之稱為靈也，為識者先知之久矣。天下事皆前定，豈人力也哉！大史安得而謚之？」此所謂知之所不知者也。

少知問於大公調曰：「何謂丘里之言？」大公調曰：「丘里者，合十姓百名而以為風俗也，合異以為同，散同以為異。今指馬之百體而不得馬，而馬繫於前者，立其百體而謂之馬也。是故丘山積卑而為高，江河合水而為大，大人合併而為公。是以自外入者，有主而不執；由中出者，有正而不距。四時殊氣，天不賜，故歲成；五官殊職，君不私，故國治；文武大人不賜，故德備；萬物殊理，道不私，故無名。無名故無為，無為而無不為。時有終始，世有變化。禍福淳淳，至有所拂者而有所宜；自殉殊面，有所正者有所差。比於大澤，百材皆度；觀乎大山，木石同壇。此之謂丘里之言。」大公音泰。治，去聲。淳，流動貌。殉，松閏反。

十六井為丘，二十五家為里。丘里之言猶云公言也，故曰「合十姓百名而以為風俗者也」。謂之丘里之言，則必眾人皆是而後同以為是，故曰「合異以為同」。以眾人之同是者散之為一人之是，故曰「散同以為異」。譬之馬有百體，而合之則稱馬。從百體言，則或為馬頭，或為馬身，或為馬尾，未稱馬名，合之而後稱馬，一體不具，不稱馬，故曰「合十姓百名以為風俗也」。是故並積眾土而始為大山，並積眾水而始為大川，並合眾人而始為大人。大人者，非能自為公論，能主張天下之公論者也。言自外入，我以有主而虛，故能不執一說，而兼總天下之眾論。言自我出，我以無欲而正，故能通達不滯，而無拂天下之公。心自外入而不執，則能合異以為同；由中出而不距，則能散同而為異。此所以為合併之公也。四時各行其氣，天無偏惠，故歲成；五官各效其職，君無私心，故國治；文武各竭其能，大人未嘗有所專寄，故德備；萬物各行其理，大道未嘗有所偏黨，故無名。無名故無為而無不為也。時有終始，不出一途；世有變化，不主一跡。禍福淳淳，天道不可知，故至有所拂者，亦有所宜，未可以常理遽斷也。人雖自殉從死，而背面猶不能一，故至有所正者猶有所差，未可以常情遽信也。比於大澤百材，皆可裁用，大匠之手無棄材；觀於大山，木石同壇而居，大塊之中無棄物。故此丘里之言，倡於一人，而不知其所以倡；和於眾人，而不知其所以和。昨非今是，而不知所以；始予終奪，而不知所為。

不謀而合，不約而同，周而不比，群而不黨，故至人者惟因是因非，而不敢以一人之斷制利天下也。此節是《秋水篇》未盡之旨，可與參看。「自殉殊面」，言自殺其身以從人之死者，可謂同心之至矣。然投之穴中，與死者背面，未必相向，可見甚合之中猶有異也。「文武」下似脫二字。

　　少知曰：「然則謂之道，足乎？」太公調曰：「不然。今計物之數，不止於萬，而期曰萬物者，以數之多者號而讀之也。是故天地者，形之大者也；陰陽者，氣之大者也；道者為之公。因其大以號而讀之，則可也。已有之矣，乃將得比哉？則若以斯辯，譬猶狗馬，其不及遠矣！」

　　承上言丘里之言，既為合併之公矣，然則謂之道，可乎？曰：「不然。夫道大矣、遠矣，談何容易！譬天下之物，豈止於萬，而言者必曰萬物，蓋以萬盈數也。以盈數名物，庶幾足以盡物矣，其實何止於萬哉！夫物尚不可名也，而況於道乎！今夫天地，形之大者也；陰陽，氣之大者也；道行於其間而為之公，其大可知也。故人因其大而強為之名曰道，似亦可矣。然特可道、可名者耳，而不知其有不可道、不可名者存。夫既以有名矣，則有也非道也。道者，無窮無極之名也，強名之，豈稱情之名哉！以斯而論，譬若狗馬之不相似矣。狗四足，馬亦四足，指狗為馬，略而觀之，亦似而實非也。由是觀之，丘里之言雖因是因非，合併公共而謂之道。未也，道之名可輕假乎哉！」吾儒論道，則眾好眾惡，未必皆當於理，不可謂之道。莊子之意，則以因是因非固是道，特未盡無窮無極之蘊，不可謂之道。其大旨與吾儒不同也。

　　少知曰：「四方之內，六合之裏，萬物之所生惡起？」大公調曰：「陰陽相照，相蓋相治；四時相代，相生相殺。欲惡去就，於是橋起；雌雄片合，於是庸有。安危相易，禍福相去，緩急相摩，聚散以成。此名實之可紀，精〔註11〕之可志也。隨序之相理，橋運之相使，窮則反，終則始，此物之所有。言之所盡，知之所至，極物而已。覩道之人，不隨其所廢，不原其所起，此議之所止。」惡起音烏。欲惡，去聲。橋，居表反，下同。片音判。

　　「蓋」，掩也。「橋起」，矯舉也。「片」，判析也。「精之可志」，言精微之可記者也。「隨序」，猶循序。「橋運」，猶動運。少知問曰：「道既難言，彼萬物之生惡乎起？豈非道之以邪？」大公調曰：「萬物之所生，起於陰陽二氣相

摩相蕩而然。故萬物之所有，盡陰陽二氣也。言之所可盡與知之所可到，止於物而已。自有物之後，可得而知；自未始有物之前，不可得而知也。是以見道君子不窮其所廢與其所起，正以物可知而道不可知，故論亦止於物而終不敢言道也。」莊子之意，言無窮者是道。

少知曰：「季真之莫為，接子之或使，二家之議，孰正於其情，孰偏於其理？」大公調曰：「雞鳴狗吠，是人之所知。雖有大知，不能以言讀其所自化，又不能以意其所將為。斯而析之，精至於無倫，大至於不可圍，或之使，莫之為，未免於物，而終以為過。或使則實，莫為則虛。有名有實，是物之居；無名無實，在物之虛。可言可意，言而愈疏。大知音智。

莫之為，言世間事皆不自由。或之使，言世間事皆有前定。此二說者，於情於理，孰偏孰正乎？大公調曰：「人之知有所極，而不能入無窮無論六合之外，即眼前如雞犬之鳴吠，豈不淺近，然曷為而鳴吠，此必有所已然矣。又其鳴吠也欲何為，必有所將然矣。雖有大知，誰能譯其言而發其意乎？雞犬近事，猶不能知，以斯而談，凡語精必至於無倫而後已，語大必至於不可圍而後已，終將付之於不可說、不可知。然則不可說、不可知者方是道。而或之使，莫之為，則止從物上起論，特有知之事耳。以此論道，終不免於過。謂之或使，則謂造化之中確有鬼工物怪，營營終日而不息，豈非太傷於實！謂之莫為，則謂天下事全無憑據，第汎汎如雲煙之在太空中者，豈非太傷於虛！豈知有名有實者，見在物也，物之妙相應跡也；無名無實者，過去物也，未來物也，物之真空定體也。虛實相乘而不已，有無相入而不離，視之不可見，聽之不可聞，體物而不可遺，恍兮惚其中有物，惚兮恍其中有象，莫之為而為，莫之致而致，此則非知之所知，而後可以為道。故道者可得而言，可得而意，而終不可言、不可意者也。愈言則愈疏，與道遠矣。」

未生不可忌，已死不可阻。死生非遠也，理不可覩。或之使，莫之為，疑之所假。吾觀之本，其往無窮；吾求之末，其來無止；無窮無止，言之無也，與物同理；或使莫為，言之本也，與物終始。道不可有，有不可無。道之為名，所假而行。或使莫為，在物一曲，夫胡為於大方？言而足，則終日言而盡道；言而不足，則終日言而盡物。道物之極，言默不足以載；非言非默，議其有極。」夫音扶。

　　人之生也，誰能使之不生，不可得而禁也；及其死也，誰能使之不死，不可得而阻也。人皆有死有生，此常事也，而其理亦不可覯。然則道豈知之所能知哉！彼曰：「或使」、「莫為」，皆私智強度，疑似假設之論，非有的據也。以吾所觀，其本無有，其往無窮；其末無有，其來無止。只此一「無」字，與物理符合。言語道斷，諍論亦住，若說「或使」、「莫為」，則言語根苗方從此起，蓋著物著相，便有終始本末之相乘，便是說不了的諍論。道不可以有言也，言無則可以該有，言有便不能入無。道非真名，是假立稱呼以便行世而已。若說「或使」、「莫為」，則是真有名相，下落在那一邊，卻是邊見，胡可謂之大方？是以立言甚難，要兜前攬後，盛水不漏方好。言而足，任爾終日荒唐，直說橫說，左說右說，都是道。言而不足，則千言萬語，沒一句說著盡物而已。道者，物之極也，言與不言皆不足以載道。言之不可亦可，默之不可亦可，不在於言，不在於默。雖終身言道，與道無秋毫相應，議豈有極哉！必如老子所謂「心困焉而不能知，口闢焉而不能言」者，乃為道體。故吾嘗謂莊子之學，以無窮為究竟，以不知為宗旨，與佛氏不同。從來讀《莊子》者，不能探其宗旨，即晉人只說得「自然」兩字。自然又與「或使」、「莫為」何異哉！此一章書是《齊物論》及《秋水》義疏，而無一句相似，多發其所未發，當是莊子書成之後，更有妙悟，以成此簡爾。

外物第二十六　雜篇

　　外物不可必，故龍逢誅，比干戮，箕子狂，惡來死，桀、紂亡。人主莫不欲其臣之忠，而患未必信，故伍員流於江，萇弘死於蜀，藏其血三年而化為碧。人親莫不欲其子之孝，而孝未必愛，故孝己憂而曾參悲。木與木相摩則然，金與火相守則流。陰陽錯行，則天地大絯，於是乎有雷有霆，水中有火，乃焚大槐。有甚憂兩陷而無所逃，螴蜳不得成，心若縣於天地之間。慰暋沈屯，利害相摩，生火甚多，眾人焚和，月固不勝火，於是乎有僓然而道盡。員音雲。絯音駭。螴蜳音陳惇，不安定貌。縣音玄。暋音民。沈，平聲。屯，張倫反。僓音頹。

　　在我者可必，外物何可必哉！謂善必福，惡必禍，則龍逢誅，比干戮，箕子狂，既似無據；謂善不必福，惡不必禍，則惡來死，桀、紂亡，又似有據。天道之不可知如此。人主孰不欲其臣之忠，而忠未必信，故有伍員、萇弘之事。人父孰不欲其子之孝，而孝未必愛，故有孝己、曾參之事。人情之不可知又如

此。故范滂臨刑，告其子曰：「吾欲使子為惡，則惡不可為。吾欲使子為善，則我不為惡。」悲夫！總之出於外而不出於我故耳。萇弘，周靈王臣，被放歸蜀，刳腸而死。蜀人哀之，藏其血於地，三年化為碧。孝己，殷高宗之子，逐於後母。曾子為父芸瓜，誤斷其根，大杖幾死，故云曾參悲。凡天下有形有氣之物，便是外物。如木與木相摩則火生而燃，金與火相守則鎔鑠而流，陰陽之氣錯行則天地大駭，於是乎雷奮霆擊，火發水中，乃焚大槐，霹靂是也。五行二氣，猶有同類而相仇與夫異類而貞勝者，不可必如此，而況於人乎！是以人惟無心乃可耳。若逆境當前，患胡可言？當其憂之甚時，動而非是，或左或右，一無所宜，《易》所謂「來之坎坎，險且枕」是也。故曰「兩陷而無所逃」。矜持愈重，則莫知所守，而事益無成。又若懸其心於天地之間，不上不下，亦不兩邊，而無所寄泊，遂心則解慰，乖意則皆悶，逐境則沉溺，罹憂則邅屯，縈纏於利害之鄉，而內炎炎有不可撲滅之狀。眾人由此煎熬其和氣，而雖有微范真水，安能勝慾火之多？猶盛暑鑠金，毒熱無賴，即明月皎於河漢，而不能暫涼也。悠悠世間，鼎鼎百歲，利害相攻，怵惕為累，理所必有，何足為怪！此髑髏所為自稱南面王，而不欲復嬰妻子親故人間之勞也。《老子》曰：「及吾無身，復有何患？」總為血肉軀上造業，而不得脫。盧生黃樑夢中，備嘗此苦，不亦悲哉！於是獨有儻然放任，超跡於玄元之境，託精於恬惔之鄉，人我機忘，陰陽籠脫，一任逍遙，乃稱道盡，回視諸趣苦海，不啻跐雲霄而凌倒景矣，又何外物之云！

　　莊周家貧，故往貸粟於監河侯。監河侯曰：「諾。我將得邑金，將貸子三百金，可乎？」莊周忿然作色曰：「周昨來，有中道而呼者，周顧視車轍中，有鮒魚焉。周問之曰：『鮒魚來，子何為者邪？』對曰：『我，東海之波臣也。君豈有斗升之水而活我哉？』周曰：『諾。我且南遊吳越之王，激西江之水而迎子，可乎？』鮒魚忿然作色曰：『吾失我常與，我無所處。吾得斗升之水然活耳，君乃言此，曾不如早索我於枯魚之肆！』」貸音特。監，古御反。將貸，他代反。呼，去聲。鮒音附。處，上聲。曾音層。

　　「常與」，水也。昔覽淵明《乞食》詩，今讀莊生索米文，撫茲三歎。貧賤難為工，悲哉！鄙儒繩人無已，必稱黔婁、陳仲子之行，不已甚乎！此所謂「外物不可必」者也。「枯魚」，乾魚。

　　任公子為大鈎巨緇，五十犗以為餌，蹲乎會稽，投竿東海，旦旦而釣，期年不得魚。已而大魚食之，牽巨鈎，錎沒而下，騖揚而奮鬐，白波若山，海水震盪，聲侔鬼神，憚赫千里。任公子得若魚，離而臘之，自淛河以東，蒼梧已北，莫不厭若魚者。已而後世輇才諷說之徒，皆驚而相告也。夫揭竿累，趣灌瀆，守鯢鮒，其於得大魚難矣。飾小說以干縣令，其於大達亦遠矣。是以未嘗聞任氏之風，句。俗其不可與經於世亦遠矣。任，平聲，國名。犗，古邁反。餌音二。蹲音存。會音檜。期音基。錎、陷同。騖音務。鬐，求夷反。臘音昔。淛、浙同。輇，七全反。累，力追反，綸也。趣、趨同。縣，平聲。

　　「巨緇」，大黑繩。「犗」，犍牛。「離」，剖。乾肉曰臘。「輇」，量也。「累」，小繩也〔註12〕。「灌瀆」，灌溉之溝瀆。「鯢鮒」，小魚名。「懸令」，懸揭之令也。譏當時學者寡見淺聞，徒能修飾小說以干世主，偷合時格而已。心不能窺大道之藩籬，烏足以言經世之事哉！蓋必有內聖之德者，而後可語外王之業耳。余疏此二章時，阻淺聊城，不覺大笑自哂，因牽連為一詩。詩曰：「安得西江水，來迎東海臣。枯魚何用泣，涸轍待何人。投犗懷公子，牽緇赫鬼神。他年輇諷者，應到浙河濱。」

　　儒以《詩》、《禮》發冢，大儒臚傳曰：「東方作矣，事之何若？」小儒曰：「未解裙襦，口中有珠。《詩》固有之曰：『青青之麥，生於陵陂。生不布施，死何含珠為？』」句。「接其鬢，擪其顪，儒以金椎控其頤，徐別其頰，無傷口中珠。」傳，治戀反。襦，而朱反。陂音卑。施音試。擪音壓。顪音歲。椎，直追反。控音羌，打也。別，彼列反。

　　自上語下曰臚胷。上曰頤，下曰顪，口旁曰頤，頤旁曰頰。「接」，撮也。「擪」，以手按之也。「控」，別開也。《詩》、《書》者，跡也。所以用《詩》、《書》者，人也。《詩》、《書》何物，而用之於發？仁義何物，而用之於竊國？王莽何人，而能行《周禮》，漢兵四集，猶曰「天生德於予，漢兵其如予何」？此豈《詩》、《書》之罪哉！無論其遠，我輩誦說先王，而不免穿穴踰墻，乞墦登隴，上媿天地，下慚妻子，尚曲附於《詩》、《書》以飾其闕，何笑夫發冢之事！嗟今縫掖莫不然，而臚傳更甚。臚傳其為發冢唱哉！

　　老萊子之弟子出薪，遇仲尼，反以告，曰：「有人於彼，修上而趨下，

〔註12〕成《疏》：「累，細繩也。」

末僂而後耳，視若營四海，不知其誰氏之子。」老萊子曰：「是丘也。召而來！」仲尼至。曰：「丘，去汝躬矜與汝容知，斯為君子矣。」仲尼揖而退，蹙然改容而問曰：「業可得進乎？」老萊子曰：「夫不忍一世之傷而驁萬世之患，抑固窶邪？亡其略弗及邪？惠以歡為驁，終身之醜，中民之行進焉耳。相引以名，相結以隱。與其譽堯而非桀，不如兩忘而閉其所譽。反無非傷也，動無非邪也。聖人躊躇以興事，以每成功。奈何哉，其載焉終矜爾！」趎音促。去，上聲。知，去聲。驁音傲，下同。窶音拒。行，去聲。譽堯音餘。躊音疇。躇音除，從容也。

　　有人於彼，長上而促下，耳近後而上僂，兩目蒿然，如憂世之患者，何人也？「躬矜」，身之矜持也。「容知」，容之知慮也。業可得進，意老萊之言不過闇然無文之事，可更進於此乎？請益之意也。「驁」，不顧之意。言汝心但不忍一世之傷，而不顧其貽後世無窮之患。蓋談說仁義，則鑿破渾沌而導民以知偽之事，其為後世患不淺也。固汝心窮陋而不達，乃如此邪？毋亦心知其非，而才略不能及於至人故邪？予人以歡虞小恩，煦煦一時，而不顧終身之醜，特中人之行。以此相勸進耳，非大人之事也。相引以名稱，相結以隱密，與其譽堯非桀，昭昭乎明是非於天下，豈如兩相忘而無所毀譽之為得乎！凡矯揉造作而反人性之常者，無非傷也。吉凶悔吝生乎動，動無非邪也。聖人則至夷至靜，不得已而後起，故不為而成，汝奈何終載爾矜而不肯反於淳樸之鄉也！

　　宋元君夜半而夢人被髮闚阿門，曰：「予自宰路之淵，予為清江使河伯之所，漁者余且得予。」元君覺，使人占之，曰：「此神龜也。」君曰：「漁者有余且乎？」左右曰：「有。」君曰：「令余且會朝。」明日，余且朝。君曰：「漁何得？」對曰：「且之網得白龜焉，箕圍〔註13〕五尺。」君曰：「獻若之龜。」龜至，君再欲殺之，再欲活之。心疑，卜之。曰：「殺龜以卜，吉。」乃刳龜，七十二鑽而無遺筴。仲尼曰：「神龜能見夢於元君，而不能避余且之網；知能七十二鑽而無遺筴，不能避刳腸之患。如是，則知有所困，神有所不及也。阿門，阿屋曲簷也。宰路，淵名。使，去聲。余且音預疽，姓名。覺，去聲。令，平聲。朝音潮，下同。刳音枯。筴音策。見音現。知，去聲。

〔註13〕「箕圍」，通行本作「其圓」。

此亦知之所無奈何哉！《史記・龜筴傳》載此事〔註14〕，有連語在後，余

〔註14〕宋元王時得龜，亦殺而用之。謹連其事於左方，令好事者觀擇其中焉。

宋元王二年，江使神龜使於河，至於泉陽，漁者豫且舉網得而囚之。置之籠中。夜半，龜來見夢於宋元王曰：「我為江使於河，而幕網當吾路。泉陽豫且得我，我不能去。身在患中，莫可告語。王有德義，故來告訴。」元王惕然而悟。乃召博士衛平而問之曰：「今寡人夢見一丈夫，延頸而長頭，衣玄繡之衣而乘輜車，來見夢於寡人曰：『我為江使於河，而幕網當吾路。泉陽豫且得我，我不能去。身在患中，莫可告語。王有德義，故來告訴。』是何物也？」衛平乃援式而起，仰天而視月之光，觀斗所指，定日處鄉。規矩為輔，副以權衡。四維已定，八卦相望。視其吉凶，介蟲先見。乃對元王曰：「今昔壬子，宿在牽牛。河水大會，鬼神相謀。漢正南北，江河固期，南風新至，江使先來。白雲壅漢，萬物盡留。斗柄指日，使者當囚。玄服而乘輜車，其名為龜。王急使人問而求之。」王曰：「善。」

於是王乃使人馳而往問泉陽令曰：「漁者幾何家？名誰為豫且？豫且得龜，見夢於王，王故使我求之。」泉陽令乃使吏案籍視圖，水上漁者五十五家，上流之廬，名為豫且。泉陽令曰：「諾。」乃與使者馳而問豫且曰：「今昔汝漁何得？」豫且曰：「夜半時舉網得龜。」使者曰：「今龜安在？」曰：「在籠中。」使者曰：「王知子得龜，故使我求之。」豫且曰：「諾。」即係龜而出之籠中，獻使者。

使者載行，出於泉陽之門。正晝無見，風雨晦冥。雲蓋其上，五采青黃；雷雨並起，風將而行。入於端門，見於東箱。身如流水，潤澤有光。望見元王，延頸而前，三步而止，縮頸而卻，復其故處。元王見而怪之，問衛平曰：「龜見寡人，延頸而前，以何望也？縮頸而復，是何當也？」衛平對曰：「龜在患中，而終昔囚，王有德義，使人活之。今延頸而前，以當謝也，縮頸而卻，欲亟去也。」元王曰：「善哉！神至如此乎，不可久留；趣駕送龜，勿令失期。」

衛平對曰：「龜者是天下之寶也，先得此龜者為天子，且十言十當，十戰十勝。生於深淵，長於黃土。知天之道，明於上古。遊三千歲，不出其域。安平靜正，動不用力。壽蔽天地，莫知其極。與物變化，四時變色。居而自匿，伏而不食。春倉夏黃，秋白冬黑。明於陰陽，審於刑德。先知利害，察於禍福，以言而當，以戰而勝，王能寶之，諸侯盡服。王勿遣也，以安社稷。」

元王曰：「龜甚神靈，降於上天，陷於深淵。在患難中。以我為賢。德厚而忠信，故來告寡人。寡人若不遣也，是漁者也。漁者利其肉，寡人貪其力，下為不仁，上為無德。君臣無禮，何從有福？寡人不忍，奈何勿遣！」

衛平對曰：「不然。臣聞盛德不報，重寄不歸；天與不受，天奪之寶。今龜周流天下，還復其所，上至蒼天，下薄泥塗。還遍九州，未嘗愧辱，無所稽留。今至泉陽，漁者辱而囚之。王雖遣之，江河必怒，務求報仇。自以為侵，因神與謀。淫雨不霽，水不可治。若為枯旱，風而揚埃，蝗蟲暴生，百姓失時。王行仁義，其罰必來。此無佗故，其祟在龜。後雖悔之，豈有及哉！王勿遣也。」

元王慨然而歎曰：「夫逆人之使，絕人之謀，是不暴乎？取人之有，以自為寶，是不彊乎？寡人聞之，暴得者必暴亡，彊取者必後無功。桀紂暴彊，身死國亡。今我聽子，是無仁義之名而有暴彊之道。江河為湯武，我為桀紂。未

見其利，恐離其咎。寡人狐疑，安事此寶，趣駕送龜，勿令久留。」

衛平對曰：「不然，王其無患。天地之閒，累石為山。高而不壞，地得為安。故云物或危而顧安，或輕而不可遷；人或忠信而不如誕謾，或醜惡而宜大官，或美好佳麗而為眾人患。非神聖人，莫能盡言。春秋冬夏，或暑或寒。寒暑不和，賊氣相姦。同歲異節，其時使然。故令春生夏長，秋收冬藏。或為仁義，或為暴彊。暴彊有鄉，仁義有時。萬物盡然，不可勝治。大王聽臣，臣請悉言之。天出五色，以辨白黑。地生五穀，以知善惡。人民莫知辨也，與禽獸相若。谷居而穴處，不知田作。天下禍亂，陰陽相錯。忽忽疾疾，通而不相擇。妖孽數見，傳為單薄。聖人別其生，使無相獲。禽獸有牝牡，置之山原；鳥有雌雄，布之林澤；有介之蟲，置之谿谷。故牧人民，為之城郭，內經閭術，外為阡陌。夫妻男女，賦之田宅，列其室屋。為之圖籍，別其名族。立官置吏，勸以爵祿。衣以桑麻，養以五穀。耕之耰之，鉏之耨之。口得所嗜，目得所美，身受其利。以是觀之，非彊不至。故曰田者不彊，囷倉不盈；商賈不彊，不得其贏；婦女不彊，布帛不精；官御不彊，其勢不成；大將不彊，卒不使令；侯王不彊，沒世無名。故云彊者，事之始也，分之理也，物之紀也。所求於彊，無不有也。王以為不然，王獨不聞玉櫝只雉，出於崑山；明月之珠，出於四海；鐫石拌蚌，傳賣於市；聖人得之，以為大寶。大寶所在，乃為天子。今王自以為暴，不如拌蚌於海也；自以為彊，不過鐫石於崑山也。取者無咎，寶者無患。今龜使來抵網，而遭漁者得之，見夢自言，是國之寶也，王何憂焉。」

元王曰：「不然。寡人聞之，諫者福也，諛者賊也。人主聽諛，是愚惑也。雖然，禍不妄至，福不徒來。天地合氣，以生百財。陰陽有分，不離四時，十有二月，日至為期。聖人徹焉，身乃無災。明王用之，人莫敢欺。故云福之至也，人自生之；禍之至也，人自成之。禍與福同，刑與德雙。聖人察之，以知吉凶。桀紂之時，與天爭功，擁遏鬼神，使不得通。是固已無道矣，諛臣有眾。桀有諛臣，名曰趙梁。教為無道，勸以貪狼。係湯夏臺，殺關龍逢。左右恐死，偷諛於傍。國危於累卵，皆曰無傷。稱樂萬歲，或曰未央。蔽其耳目，與之詐狂。湯卒伐桀，身死國亡。聽其諛臣，身獨受殃。春秋著之，至今不忘。紂有諛臣，名為左彊。誇而目巧，教為象郎。將至於天，又有玉床。犀玉之器，象箸而羹。聖人剖其心，壯士斬其胻。箕子恐死，被髮佯狂。殺周太子歷，囚文王昌。投之石室，將以昔至明。陰兢活之，與之俱亡。入於周地，得太公望。興卒聚兵，與紂相攻。文王病死，載尸以行。太子發代將，號為武王。戰於牧野，破之華山之陽。紂不勝敗而還走，圍之象郎。自殺宣室，身死不葬。頭懸車軫，四馬曳行。寡人念其如此，腸如涫湯。是人皆富有天下而貴至天子，然而大傲。欲無歇時，舉事而喜高，貪很而驕。不用忠信，聽其諛臣，而為天下笑。今寡人之邦，居諸侯之閒，曾不如秋豪。舉事不當，又安亡逃！」

衛平對曰：「不然。河雖神賢，不如崑侖之山；江之源理，不如四海，而人尚奪取其寶，諸侯爭之，兵革為起。小國見亡，大國危殆，殺人父兄，虜人妻子，殘國滅廟，以爭此寶。戰攻分爭，是暴彊也。故云取之以暴彊而治以文理，無逆四時，必親賢士；與陰陽化，鬼神為使；通於天地，與之為友。諸侯賓服，民眾殷喜。邦家安寧，與世更始。湯武行之，乃取天子；春秋著之，以為經紀。王不自稱湯武，而自比桀紂。桀紂為暴彊也，固以為常。桀為瓦室，紂為象郎。徵絲灼之，務以費氓。賦斂無度，殺戮無方。殺人六畜，以韋為囊。

並錄之，以廣人意焉。其語曰：「人雖賢，不能左畫方，右畫圓；日月之明，而時蔽於浮雲。羿名善射，不如雄渠、蠭門；禹名為辨智，而不能勝鬼神。日為德而君於天下，辱於三足之烏。月為刑而相佐，見食於蝦蟇。蝟辱於鵲，騰蛇之神而殆於即且。竹外有節理，中直空虛；松栢為百木長，而守門閭。日辰不全，故有孤虛。黃金有疵，白玉有瑕。事有所疾，亦有所徐。物有所拘，亦有所據。罔有所數，亦有所疏。人有所貴，亦有所不如。物安可全乎？天尚不全，故世為屋，不成三瓦而棟之，以應之天。不全乃生也。」

雖有至知，萬人謀之。魚不畏網而畏鵜鶘。去小知而大知明，去善而自善矣。嬰兒生無石師而能言，與能言者處也。」知，去聲。鶘音梯。去，上聲。處，上聲。

即前章「恃其所不知而後知」之意。雖有至知，不能逃萬人之謀，知何益哉！「魚不畏網而畏鵜鶘」，網者，人智也，故可避；鵜鶘，天巧，不知其所

囊盛其血，與人縣而射之，與天帝爭彊。逆亂四時，先百鬼嘗。諫者輒死，諛者在傍。聖人伏匿，百姓莫行。天數枯旱，國多妖祥。螟蟲歲生，五穀不成。民不安其處，鬼神不享。飄風日起，正晝晦冥。日月並蝕，滅息無光。列星奔亂，皆絕紀綱。以是觀之，安得久長！雖無湯武，時固當亡。故湯伐桀，武王克紂，其時使然。乃為天子，子孫續世；終身無咎，後世稱之，至今不已。是皆當時而行，見事而彊，乃能成其帝王。今龜，大寶也，為聖人使，傳之賢王。不用手足，雷電將之；風雨送之，流水行之。侯王有德，乃得當之。今王有德而當此寶，恐不敢受；王若遣之，宋必有咎。後雖悔之，亦無及已。」

元王大悅而喜。於是元王向日而謝，再拜而受。擇日齋戒，甲乙最良。乃刑白雉，及與驪羊；以血灌龜，於壇中央。以刀剝之，身全不傷。脯酒禮之，橫其腹腸。荊支卜之，必制其創。理達於理，文相錯迎。使工占之，所言盡當。邦福重寶，聞於傍鄉。殺牛取革，被鄭之桐。草木畢分，化為甲兵。戰勝攻取，莫如元王。元王之時，衛平相宋，宋國最彊，龜之力也。

故云神至能見夢於元王，而不能自出漁者之籠。身能十言盡當，不能通使於河，還報於江，賢能令人戰勝攻取，不能自解於刀鋒，免剶剝之患。聖能先知亟見，而不能令衛平無言。言事百全，至身而擊；當時不利，又焉事賢！賢者有恆常，士有適然。是故明有所不見，聽有所不聞；人雖賢，不能左畫方，右畫圓；日月之明，而時蔽於浮雲。羿名善射，不如雄渠、蜂門；禹名為辯智，而不能勝鬼神。地柱折，天故毋椽，又奈何責人於全？孔子聞之曰：「神龜知吉凶，而骨直空枯。日為德而君於天下，辱於三足之烏。月為刑而相佐，見食於蝦蟆。蝟辱於鵲，騰蛇之神而殆於即且。竹外有節理，中直空虛；松柏為百木長，而守門閭。日辰不全，故有孤虛。黃金有疵，白玉有瑕。事有所疾，亦有所徐。物有所拘，亦有所據。罔有所數，亦有所疏。人有所貴，亦有所不如。何可而適乎？物安可全乎？天尚不全，故世為屋，不成三瓦而陳之，以應之天。天下有階，物不全乃生也。」

以然而然也，可盡避哉？小智小善，何足憙？去小智而後大智明，去小善而後大善立矣。「嬰兒生無石師而能言，與能言者處」，則智自發也，何勞石師哉！石師，常師也。《灌夫傳》：「帝寧能為石人乎？」石人謂長存也。亦此義。《鶴林玉露》載「物畏其天」之說〔註15〕：「嘗見大蛙數十，聚於污池。有巨蛇以次啖蛙，群蛙拱立待啖，不敢動。又見蜈蚣逐蛇急，漸近，蛇不復動，第張口待之。蜈蚣入其腹，逾時出，蛇已斃矣。蛇棄深山中，踰時小蜈蚣無數，食其腐，蓋蜈蚣卵於蛇腹中也。又一蜘蛛逐蜈蚣急，蜈蚣逃籬槍中。蜘蛛不復入，但以足跨竹，搖腹而去。剖竹視之，蜈蚣已節節爛。蓋蜘蛛搖腹以溺殺之也。物之畏其天如此。夫蛇之恣啖群蛙，自以為莫敵矣，而不知蜈蚣之能涉其腹也；蜈蚣斃蛇而育其子，自以為莫敵矣，不知蜘蛛之醢其軀也。且蛙不敵蛇，固也。蜈蚣小而能制蛇，蜘蛛小而又制蜈蚣，物豈專以小大為疆弱哉！」詎非所謂天邪？

　　惠子謂莊子曰：「子言無用。」莊子曰：「知無用而始可與言用矣。夫地非不廣且大也，人之所用容足耳。然則廁足而墊之，致黃泉，人尚有用乎？」惠子曰：「無用。」莊子曰：「然則無用之為用也亦明矣。」廁音側。墊音店，下也。

　　即前章足之「踐地恃其所不蹍者而後博」之意。吾言雖無用，亦天下不蹍之地也，可謂無用哉！莊子之自狀審矣。其荒唐眇幽，於世教中真無裨益，然世間不可無此人，不可無此書。彼知效一官、謀一事者，當其時，小小甚見效，而於天地之大全，不直一杯水耳，豈若此不經之論，與天壤俱在乎！

〔註15〕羅大經《鶴林玉露》卷八《物畏其天不死》（明刻本）：

　　　　潁濱釋《莊子》曰：「『魚不畏網罟而畏鵜鶘』，畏其天也。」物之畏其天，誠有可怪者。餘里中一村童，嘗見大蛙十數，聚於污池叢棘之下。欲前捕之，熟視，乃一巨蛇蟠棘下，以次啖羣蛙；羣蛙凝立待啖，不敢動。又村叟見蜈蚣逐一蛇，行甚急，蜈蚣漸近，蛇不復動，張口以待，蜈蚣竟入其腹。逾時而出，蛇已斃矣。村叟棄蛇於深山中，踰旬往視之，小蜈蚣無數，食其腐肉。蓋蜈蚣產卵於蛇腹中也。余又嘗見一蜘蛛，逐蜈蚣甚急，蜈蚣逃入籬搶竹中。蜘蛛不復入，但以足跨竹上，搖腹數四而去。伺蜈蚣久不出，剖竹視之，蜈蚣已節節爛斷如鱉醬矣。蓋蜘蛛搖腹之時，乃灑溺以殺之也。物之畏其天有如此者。夫蛇之恣啖群蛙，自以為莫已敵矣，而不知蜈蚣之能涉其腹也；蜈蚣之斃蛇育子，自以為莫吾御矣，而不知蜘蛛之能醢其軀也。世之人昂昂然以凶毒自多者，可以觀矣。且蛙之不能敵蛇，固也。蜈蚣小於蛇矣，而能制蛇；蜘蛛小於蜈蚣矣，而能制蜈蚣。物豈專以小大為強弱哉！

　　莊子曰：「人有能遊，且得不遊乎？人而不能遊，且得遊乎？夫流遁之志，決絕之行，噫！其非至知厚德之任與！覆墜而不反，火馳而不顧，雖相與為君臣，時也，易世而無以相賤。故曰至人不留行焉。夫尊古而卑今，學者之流也。且以狶韋氏之流觀今之世，夫孰能不波？唯至人乃能遊於世而不僻，順人而不失己。彼教不學，承意不彼。」行、知，皆去聲。與，平聲。夫音扶。僻，匹亦反。

　　人莫不遊於世，而不能不遊於世。遊於世而不傷者，惟不遊者乎！今世之人，莫不稱流遁之志與決絕之行，流遁之志流而不反，決絕之行執而不變，以之遊於人間，豈無一割之效？而不知至知厚德之任，必不如是。與之遊乎，必且尊知顯能，以一人之斷制賊天下，如自上墜下，如火馳急速，而曾無踟躕反顧之意。雖南面稱孤，撓人而從之，使之惟命是聽，而莫之敢違，亦時適然也。一旦事去執移，渙然離耳，尚復能相賤哉！故至人有逍遙遊而不留跡焉。夫尊古而卑今，今之學者盡如此矣。而不知此俗學之流，非大聖之流也。若以狶韋氏之流而觀今之世，豈能平流而無高下之波哉！故知物有變化，不拘一塗，惟至人乃能遊於世而不為怪，順於人而不失己。彼教者不可學，執柯以伐柯，雖近而有彼此之別，非其性故也。惟夫承意而學者，是不待教而自興者也，無彼此之別，其性然也，安用尊古卑今為哉！「波」，高下貌。

　　目徹為明，耳徹為聰，鼻徹為顫，口徹為甘，心徹為知，知徹為德。凡道不欲壅，壅則哽，哽而不止則跈，跈則眾害生。物之有知者恃息，其不殷，非天之罪。天之穿之，日夜無降，人則顧塞其竇。胞有重閬，心有天遊。空無空虛，則婦姑勃磎；心無天遊，則六鑿相攘。大林丘山之善於人也，亦神者不勝。顫音羶，知香臭也。哽音梗。跈，女展反，與躔同。降，休止之義。胞音包。閬音浪。勃磎，反戾也，音奚。攘，如〔註16〕羊反。

　　德莫貴於通，莫患於塞。通則精光日暢，而上與天地同流；塞則幽暗閉塞，而下與百鬼為伍。目不蔽於色則明，耳不蔽於聲則聰，鼻不蔽於香則顫，口不蔽於味則甘，心不蔽於物則知，知不蔽於所不知則為德矣。徹之效大如此。蓋「道與之貌，天與之形」，耳目口鼻心思本自與道德通，但撤其蔽即為道德。故道不欲壅，壅則哽，哽而不止則自相騰踐而眾害生矣。凡物惟草木無知，則無氣息耳。有知者皆有息，有息然後自幼而長，日以殷盛，其有不殷盛者，豈

〔註16〕「如」，光裕堂刻本誤作「知」。

天之罪哉！天嘗生之矣，又日夜穿而通之，無抑挫矣。雖牿亡於旦晝，而日夜
之所息，平旦之氣未嘗不清明虛徹也〔註17〕。五藏更相平，如機灌輸，未有停
而窒礙者也。天固穿之，而人則塞之，天奈之何哉！且夫人身腑膜之中，皆有
空曠重閬之地，以通元氣；人心方寸之內，亦有洞達不礙之天，以保太和。故
室有空虛，則長幼內外各遂其私而相安於無事。若逼側而無隙，則婦姑不能相
容矣。人心之中，蕩然天遊，而後六根為之效順，非眼能見，以真空妙性故見；
非耳能聞，以真空妙性故聞；非鼻能臭，以真空妙性故臭；非舌能甘，以真空
妙性故甘；非手足能運用，以真空妙性故運用。有之以為利，無之以為用。若
無天遊，則心塞而不通，六根用事，攘逆而不已矣。天遊者，神勝者也，神勝
則無往而不善矣。凡人多為境礙心，事礙理，常欲逃境以安心，屏事以存理。
不知乃是心礙境，理礙事，但令心空境自空，但令理寂事自寂。入大林丘山中，
便曠然改觀，此乃因境得心，如逃虛空者，偶聞親戚之言而喜，如魏武侯聞狗
馬之言而喜，緣神不勝物，久為世塵之所厭苦而然。神勝之人，何處非大林？
何處非丘山？心清淨則境清淨，境清淨則十方清淨，何必擇地而安之乎！此一
段是莊子最警醒人語，句句金，字字玉。並前「木與木」相守一段，一對降魔
杵。「胞有重閬，心有天遊」，是性命雙修要訣。重閬是丹家不傳之火候。

　　**德溢乎名，名益乎暴；謀稽乎誸，知出乎爭；柴生乎守官，事果乎
眾宜。**暴音僕。誸音賢。

　　「溢」，過也。凡德之衰，起於聲名；聲名之衰，起於暴著。謀慮之起，
由於誸急，人急而後考謀也。知偽之起，出於爭競；知者，爭之器也。柴塞胸
中，由於執持而不化，通則心有天遊也。耳目五官之事，成於眾宜，各安其職，
各得其所，則眾事立也。

　　**春雨日時，草木怒生，銚鎒於是乎始修，草木之到植者過半，而不
知其然。**銚，七遙反。鎒，乃豆反，音挑。耨，田具也。

　　春雨時若，草木奮然自生，田功從此而起。機以時動，事以時興，草木且
蓁蓁日盛，而惡知其所以然，此亦所謂「天之穿之，日夜無降」者也。「日時」，
如所謂十日一雨者，言以日而降時也。「銚鎒」，田器。「到植」，猶《易》所謂
「反生」〔註18〕，蓋投種於地，必先反生於下，而後發於上也。「過半」，言新

〔註17〕 「也」，光裕堂刻本誤作「包」。
〔註18〕 《周易‧說卦》：「震為雷，為龍，……其於稼也，為反生。」

生之多於舊植也。

靜然可以補病，眥搣可以休老，寧可以止遽。雖然，若是，勞者之務也，非佚者之所。句。未嘗過而問焉。聖人之所以駴天下，神人未嘗過而問焉；賢人之所以駴世，聖人未嘗過而問焉；君子所以駴國，賢人未嘗過而問焉；小人所以合時，君子未嘗過而問焉。眥，子斯反。搣音滅。駴、駭同。

靜者動之基，靜而後眾動，皆得其宜。五藏更相灌輸，故養生莫貴於靜攝，謂不撓其自然而已。既病矣，不能真靜，但如靜然，亦可以補病。目者，六賊之首，因目而人馳騖不暫休。眥搣者，忘外觀，簡內思，可以休老而終其天年。諺謂「老人瞀蒙，延年之徵」，正此意也。不寧靜不可以致遠，急事之來，切勿遽動，但澄心定慮，事端自得。如謝安石矯情鎮俗，江左賴之是也。雖然，此是勞者之務，而非佚者之事，佚者未嘗過而講求焉。蓋佚者自不病，何待於靜攝？目不亂，何待於滅眥？自無遽，何待於寧定？以此推之，凡聖人之所以駴天下者，不過仁義而已，神人未嘗問焉；賢者之所以駴世者，不過有為之跡，聖人未嘗問焉；君子之所以治國，不過紀綱法度，賢者未嘗問焉；小人之所以合時，不過權謀術數，君子未嘗問焉。「駴」，謂改人之觀聽也。

演門有親死者，以善毀爵為官師，其黨人毀而死者半。堯與許由天下，許由逃之；湯與務光，務光怒之；紀他聞之，帥弟子而踆於窾水，諸侯弔之；三年，申徒狄因以踣河。演門，宋城門名。他，徒何反。踆音存，蹲同。窾音款。踣，薄杯反。

人有親死而哀毀者，上以仁義風天下，爵之為官師，於是靡然成風，其里人毀而死者半，後之效前，抑又甚焉。名跡之亂人情如此。故許由始不受天下耳，務光乃繼之以怒；紀他又益甚，帥弟子而踆於窾水；申徒狄又益甚，因以踣河。不受已矣，而至於怒，至於踆與踣河，此何為者哉！夫亦以前事既已著聞矣，不加工不足以成名，故至於傷性殞生以爭之歟！嗟夫！此物外人也，而弊尚至此，況於物內人哉！其父殺人報仇，其子必且行劫，不至於窮而無所入不已，是故至人痛名教之有患也。

筌者所以在魚，得魚而忘筌；蹄者所以在兔，得兔而忘蹄；言者所以在意，得意而忘言。吾安得夫忘言之人而與之言哉！筌，且緣反，音詮。

「筌」，魚筍也，置筌之意在於得魚。「蹄」，兔罝也，設蹄之意在於得兔。

然得之則忘之矣，此人情也，亦物理也。而聽言者顧不然。每執言而害意，吾奈何哉！讀書之法，在書不在書，而後有益於我。故嘗謂《莊子》無善注。然古人得莊之意者甚多，不在善注也。不為注而使人以意讀之，各有悟入，為益甚大。譬如射覆然，高者存金存玉，下者存瓦存石；譬如飲河然，各飽其腹而止，不言而飲人以和，胡為不可也！

寓言第二十七　雜篇

　　寓言十九，重言十七，巵言日出，和以天倪。寓言十九，藉外論之，親父不為其子媒。親父譽之，不若非其父者也。非吾罪也，人之罪也。與己同則應，不與己同則反；同於己為是之，異於己為非之。重言十七，所以已言也，是為耆艾。年先矣，而無經緯本末以期〔註19〕年耆者，是非先也。人而無以先人，無人道也。人而無人道，是之謂陳人。巵言日出，和以天倪，因以曼衍，所以窮年。不言則齊，齊與言不齊，言與齊不齊也，故曰無言。言無言，終身言，未嘗言；終身不言，未嘗不言。有自也而可，有自也而不可；有自也而然，有自也而不然。惡乎然？然於然。惡乎不然？不然於不然。惡乎可？可於可。惡乎不可？不可於不可。物固有所然，物固有所可。無物不然，無物不可。非巵言日出，和以天倪，孰得其久！萬物皆種也，以不同形相禪，始卒若環，莫得其倫，是謂天均。天均者，天倪也。巵音支。譽，平聲。艾，五蓋反。曼，莫半反，音漫。「終身言未嘗言」，舊本作「未嘗不言」，誤。觀郭《注》云：「雖出吾口，皆彼言耳」，則知原無「不」字矣。惡音烏。種音冢。

　　此莊子自敘其作書之意也。言此書中寓言者十而九，重言者十而七，巵言則日新而出，和之以天倪，而不以我預也。何謂寓言？蓋我欲言而不可以直言，則借人之名而言之，如鴻蒙、雲將、肩吾、連叔之類是也。譬之父不可以為子媒，必借人而媒之，父之譽不若媒之譽為人所信也。今我亦借人而論，以啟人之信，不無誑人之罪矣。然非我之罪，世衰道降，久無真人之言謦欬於其側，惡得不借人而論，以啟人之信哉！何謂重言？人之情與己同則應，不與己同則反；與己同則是，不與己同則非。各出其辯以相勝而不已，吾以重言臨之，如廣成、老子之類，所以止人之辯也，蓋借耆艾有德之人而為重也。若夫年雖先，而無經緯本末，徒以年稱耆者，不可謂之先。何也？為其無人道也。此特陳人

耳，而胡可稱耆艾哉！何謂巵言日出，和以天倪？巵言者，蓋舉巵而言，把杯對客，逍遙命辭，和之以自然之端，因之以蔓延之論，竟日窮年，無有定期，此所謂巵言也。凡談之道，惟不言可齊耳。有意齊之，翻成不齊。蓋齊與言、言與齊已成二義，而惡乎可齊？故貴於無言，無言則終身言未嘗言，終身不言，亦未嘗不言。有自也而可，有自也而不可；有自也而然，有自也而不然。因其所然而然之，無物不然；因其所可而可之，無物不可。不以我之智參與於其間，而一付乎萬物之自齊，此所謂「巵言日出，和以天倪」者。非此，則惡能得其始卒而與之長久乎？萬物之種不一也，不惟以同形相禪，而復以不同形相禪，如得水則為㔩，以至於馬生人之類，始卒循環，誰能知其倫類？大鈞播物，自然均齊，而非人之能同異，非人之所能是非也，此之謂天均。「天均者，天倪也」，吾所謂「巵言日出」者以此。「巵言」，舊注〔註20〕謂「巵滿則傾，空則仰，空滿任物，傾仰隨人，為無心之言」之意，未知是否。

莊子謂惠子曰：「孔子行年六十而六十化，始時所是，卒而非之，未知今之所謂是之非五十九非也。」惠子曰：「孔子勤志服知也？」莊子曰：「孔子謝之矣，而其未之嘗言。孔子云：『夫受才乎大本，復靈以生。』鳴而當律，言而當法。利義陳乎前，而好惡是非直服人之口而已矣。使人乃以心服而不敢蘁立，定天下之定。已乎已乎！吾且不得及彼乎！」
好、惡，並去聲。蘁音悟。

此猶前稱遽伯玉之義，言德日進而日異也。惠子以為勤志服知，勤志則篤學，服知則好古，皆孔子自謙之言，而非所以論孔子。故莊子曰：「不然。孔子聖之時，與時代謝，而無可不可。雖垂教立訓，諄諄言而未嘗言。觀其言曰：『人受才於天地，而得其最靈者以生。』苟能覆命歸根，則鳴而自合於律，言而自合於法，不待擬議而自成變化。雖終日言，而何嘗言哉！此豈獨勤志服知而已乎？夫人之立教者，不過陳利義於前，而稱好惡是非以指人之趨。此但服人之口而已，而惡能服人之心！今孔子乃以不言之言，使人心悅誠服而不敢迕立。自來帝王聖賢未定之言，皆至此而定，非甚盛德，何以至此！已乎已乎！

〔註20〕郭《注》：「夫巵，滿則傾，空則仰，非持故也。況之於言，因物隨變，唯彼之從，故曰日出。日出，謂日新也，日新則盡其自然之分，自然之分盡則和也。」成《疏》：「巵，酒器也。日出，猶日新也。天倪，自然之分也。和，合也。夫巵滿則傾，巵空則仰，空滿任物，傾仰隨人。無心之言，即巵言也，是以不言，言而無係傾仰，乃合於自然之分也。又解：巵，支也。支離其言，言無的當，故謂之巵言耳。」

惜吾生晚而不得及其門哉！」觀此章則莊子之稱孔子尚在宰我、子貢之上，蓋能直探耳順從心之學，而尊之如天，不獨賢之如堯舜、如日月，徒得其形似而已也。使其及門不在曾點之下，夫子所以獨思狂者，其亦慨慕斯人之徒哉！

　　曾子再仕而心再化，曰：「吾及親仕，三釜而心樂。後仕，三千鍾不洎，吾心悲。」弟子問於仲尼曰：「若參者，可謂無所縣其罪乎？」曰：「既已縣矣。夫無所縣者，可以有哀乎？彼視三釜、三千鍾，如鸛雀蚊虻相過乎前也。」樂音洛。洎，其器反。參，所金反。縣音玄，下同。夫音扶。鸛，古亂反。蚊音文。亡，孟庚反。

　　曾子之學亦日進無疆，再仕而心再不同。其言曰：「吾當親在之年而仕，得三釜薄祿，中心甚樂。及親既沒，仕至三千鍾厚矣，而悲傷吾親之不逮養故也。」弟子問於仲尼曰：「凡人有所繫則有罪，無繫則無罪。若參之心，可謂無所繫矣乎？」哀樂之來不能御，去不能止，因三釜而樂，因三千鍾而哀，皆時耳，於參何繫焉。無繫則無罪矣。仲尼曰：「不然。既曰悲，則既已有繫矣。若無繫者，而有哀乎哉？無繫者視三釜與三千鍾，如鸛雀蚊虻之相過乎前。」不知其孰大孰小、孰多孰寡也，而尚何哀也。養親以適，不問其具，故世有庸賃而稱孝子，何必皆祿而計較多寡於其間哉！故曰猶未免於繫者也。然則曾子雖再化，而尚有不化者存，安知今之所是，後不復以為非乎？

　　顏成子游謂東郭子綦曰：「自吾聞子之言，一年而野，二年而從，三年而通，四年而物，五年而來，六年而鬼入，七年而天成，八年而不知死、不知生，九年而大妙。」

　　此亦變化日新之謂也。「一年而野」，反樸還淳也。「二年而從」，隨順無諍也。「三年而通」，無人我相也。「四年而物」，與物偕往而不以己也。「五年而來」，人皆保汝也。「六年而鬼入」，與鬼神同其吉凶也。「七年而天成」，與造化俱遊也。「八年而不知死、不知生」，吾有不亡者存，不覺死生聚散之為異也。「九年而大妙」，義極重玄，理超眾妙，不知其所以然而然也。在〔註21〕我教謂之「聖而不可知之之謂神」，在佛謂之不可思議。

　　生有為死也，句。勸公以其死也，有自也。句。而生陽也，無自也。而果然乎？惡乎其所適？惡乎其所不適？

　　有生必有死，然皆有為死者，或以病，或以事，其途不一矣。今之人莫不

────────────

〔註21〕「在」，光裕堂刻本誤作「有」。

曰勸公。勸公者，相勸於公事，如為子死孝，為臣死忠。恥絕於兒女子之手，而願從龍逢、比干遊；恥狼藉於都市，而願橫屍於戰場中；謂之得死所矣。殊不知必稱勸公，以其死有自也。是知身之為我而捐之者也，是知死之足以成名與利也。不然，則謂雖死且不朽也。不然，則謂吾有去所也。此皆不免於有自者也。不知生者天地之強陽氣也，受氣於天而歸氣於天，已矣，無自也。汝果能知其無自乎？惡乎其有所往？惡乎其無所往而分別於其間哉？

天有曆數，地有人據，吾惡乎求之？莫知其所終，若之何其無命也？莫知其所始，若之何其有命也？有以相應也，若之何其無鬼邪？無以相應也，若之何其有鬼邪？惡音烏。

在天則有曆數，如星官家言，則既可見矣。在地則有人據，如輿地家言，則既可見矣。談天地者止於此矣，無他隱義矣。吾惡乎求之而足以破吾惑乎？欲謂之無命，則己之事己當知之，而人莫自知其死期，安得不歸之於命也？欲謂之有命，則方其受命之時必我也，非人也，而吾今弗之知，似又蠢然而生，安得謂之有命也？欲謂之無鬼，則禍福災祲見在相應，若之何稱無鬼也？欲謂之有鬼，則善未必福，惡未必禍。顏之夭，跖之壽，孔、孟之窮，夷、齊之餓，天可問哉？若之何稱有鬼也？造化之妙，有不可知者如此，故曰「不務知之所無奈何者，知之盛也」。列子曰〔註22〕：「迎天意，揣利害，不如其已。造化密移，疇覺之哉！」

眾罔兩問於景曰；「若向也俯而今也仰，向也括而今也被髮，向也坐而今也起，向也行而今也止，何也？」景曰：「叟叟也，奚稍問也！予有而不知其所以。予，蜩甲也？蛇蛻也？似之而非也。火與日，吾屯也；陰與夜，吾代也。彼吾所以有待邪？而況乎以有待者乎！彼來則我與之來，彼往則我與之往，彼強陽則我與之強陽，強陽者，又何以有問乎！」景、影同。括，古活反，括髮也。叟一作搜，又音蕭，動貌。稍者，微略之義。蜩音條。蛻音悅。屯音豚，聚也。強者，有餘之義。

景答罔兩曰：「汝輩何須問也。予有影而不知其所以有影也。子以予為待形乎？今夫蜩之脫甲，蛇之蛻皮，非不出於其形，而終非其形。蓋一離其形，即與之不相蒙，而成二物矣，似之而非者也。予與形亦然。吾亦獨化者耳，豈待形哉！有火與日，則吾之影聚而成屯；陰而無火，夜而無日，則吾之影亡而

〔註22〕見《列子・力命第六》。

稱代。然則火、日者，非吾之所待而獨化者邪？夫吾以無待者也，猶能獨化，況乎形以有待者也，而豈不獨化邪？彼火、日來則我與之來，彼火、日往則我與之往。彼火、日者，天地之強陽氣也，而我與之俱強陽。強陽之理昭昭甚明也，而又何庸問邪？」此段與內篇文同，而意更加異，蓋愈出愈奇矣。

　　陽子居南之沛，老聃西遊於秦，邀於郊，至於梁而遇老子。老子中道仰天而歎曰：「始以汝為可教，今不可也。」陽子居不答。至舍，進盥漱巾櫛，脫屨戶外，膝行而前，曰：「向者弟子欲請夫子，夫子行不間，是以不敢。今間矣，請問其故。」老子曰：「而睢睢盱盱，而誰與居？太〔註23〕白若辱，盛德若不足。」陽子蹵然變容曰：「敬聞命矣！」其往也，舍者迎將，句。其家公執席，妻執巾櫛，舍者避席，煬者避竈。其反也，舍者與之爭席矣。盥音管。漱，所又反。櫛，莊乙反。間音閒，下同。睢，翾圭反。盱音虛。蹵，子六反。家公，主人公也。煬音羊。

　　「睢睢盱盱」，矜容作氣之貌。有此貌，人皆敬而遠之矣。皎皎者易污，故曰「太白若辱」。盛德者深自貶損，故曰「若不足」。至於爭席而后德進，故處世忌太潔，至人貴藏輝。

讓王第二十八　雜篇

　　蘇子瞻謂《讓王》以下四篇非莊子作，「陽子居」章連「列禦寇之齊，中道而反，食於十漿，而五漿先饋」，固一章也，昧者剿之以入其言耳。〔註24〕今觀此四篇者，文氣卑弱，視他作固已天淵，而旨趣又淺陋不倫，與莊子學問全無交涉，稍有識者皆以為贗無疑矣。余嘗見唐人馬摠輯諸子語為《意林》，採《莊子》，無四篇中語；有《王孫子》，皆此四篇中語；乃知此四篇是《王孫子》，非《莊子》，而信子瞻語有證。及憶《史記·莊子傳》云莊子「作《漁父》、

〔註23〕「太」，通行本作「大」，《老子》亦作「大」。
〔註24〕蘇軾《莊子祠堂記》：
　　　　然余嘗疑《盜跖》，《漁父》，則若真詆孔子者。至於《讓王》，《說劍》，皆淺陋不入於道。反覆觀之，得其《寓言》之意，終曰：「陽子居西遊於秦，遇老子。老子曰：『而睢睢。而盱盱，而誰與居。太白若辱，盛德若不足。』陽子居蹵然變容。其往也，舍者將迎其家，公執席，妻執巾櫛，舍者避席，煬者避灶。其反也，舍者與之爭席矣。」去其《讓王》，《說劍》，《漁父》，《盜跖》四篇，以合於《列禦寇》之篇，曰：「列禦寇之齊，中道而反曰：『吾驚焉，吾食於十漿，而五漿先饋。』」然後悟而笑曰：「是固一章也。」莊子之言未終，而昧者剿之以入其言。余不可以不辨。凡分章名篇，皆出於世俗，非莊子本意。

《盜跖》、《胠篋》，以詆訾孔子之徒。《畏累虛》、《亢桑子》之屬，皆空語無事實」，又似真出於莊子也，不可曉矣。大抵莊子善詆譏，於人無所不狎侮，不必以四篇真贗為莊子解嘲於仲尼之門，而仲尼亦不以此四篇傷其日月之高明。特其文字猥瑣，意見庸劣，本楮先生者流，非莊子伍，不可不辨。豈王孫子莊子門人邪？亦未闚其藩籬者矣。

堯以天下讓許由，許由不受。又讓於子州支父，子州支父曰：「以我為天子，猶之可也。雖然，我適有幽憂之病，方且治之，未暇治天下也。夫天下至重也，而不以害其生，又況他物乎！惟無以天下為者，可以託天下也。」父音甫。幽憂之病，謂病深固。治，平聲，下同。夫音扶。

舜讓天下於子州支伯，子州支伯曰：「予適有幽憂之病，方且治之，未暇治天下也。」故天下大器，而不以君生。此有道者之所以異乎俗者也。支父、支伯恐是二人。

舜以天下讓善卷，善卷曰：「予〔註25〕立於宇宙之中，冬日衣皮毛，夏日衣葛絺；春耕種，形足以勞動；秋收斂，身足以休食；日出而作，日入而息，逍遙於天地之間而心意自得。吾何以天下為哉！悲夫，子之不知予〔註26〕也。」遂不受。於是去而入深山，莫知其處。卷音捲。衣，去聲。夫音扶。

舜以天下讓其友石戶之農，石戶之農曰：「捲捲乎後之為人，葆力之士也。」以舜之德為未至也，於是夫負妻戴，攜子以入於海，終身不反也。捲音權。葆音保。

大王亶父居邠，狄人攻之。事之以皮帛而不受，事之以犬馬而不受，事之以珠玉而不受，狄人之所求者土地也。大王亶父曰：「與人之兄居而殺其弟，與人之父居而殺其子，吾不忍也。子皆勉居矣！為吾臣與為狄人臣，奚以異？且吾聞之，不以其所用養害所養。」因杖筴而去之。民相連而從之，遂成國於岐山之下。夫大王亶父可謂能尊生矣。能尊生者，雖富貴不以養傷身，雖貧賤不以利累形。今世之人居高官尊爵者，皆重失之。見利輕亡其身，豈不惑哉！大音泰。亶，下但反。父音甫。邠音賓。

〔註25〕「予」，通行本作「余」。
〔註26〕「予」，通行本作「余」。

筴音策。

　　越人三世弒其君，王子搜患之，逃於丹穴。而越國無君，求王子搜不得，從之丹穴。王子搜不肯出，越人薰之以艾，乘以王輿。王子搜援綏登車，仰天而呼曰：「君乎君乎！獨不可以舍我乎！」王子搜非惡為君也，惡為君之患也。若王子搜者，可謂不以國傷生矣，此固越人之所欲得為君也。呼，火故反。舍音捨。惡，去聲。

　　韓、魏相與爭侵地。子華子見昭僖侯，昭僖侯有憂色。子華子曰：「今使天下書銘於君之前，書之言曰：『左手攫之則右手廢，右手攫之則左手廢，然而攫之者必有天下。』君能攫之乎？」昭僖侯曰：「寡人不攫也。」子華子曰：「甚善！自是觀之，兩臂重於天下也，身亦重於兩臂。韓之輕於天下亦遠矣。今之所爭也，甚輕於韓又遠。君固愁身傷生以憂戚不得也！」僖侯曰：「善哉！教寡人者眾矣，未嘗得聞此言也。」子華子者〔註27〕可謂知輕重矣。

　　「銘」，誓約也。「攫」，攘而取之也。「廢」，斷而去之也。

　　魯君聞顏闔得道之人也，使人以幣先焉。顏闔守陋閭，苴布之衣而自飯牛。魯君之使者至，顏闔自對之。使者曰：「此顏闔之家與？」顏闔對曰：「此闔之家也。」使者致幣。顏闔對曰：「恐聽者謬而遺使者罪，不若審之。」使者還，反審之，復來求之，則不得已。故若顏闔者，真惡富貴也。苴，七余反。飯音反。使，去聲，下同。與音餘。遺音位。復，去聲。惡，去聲。

　　「苴布」，粗布之衣。「還」，與「旋」同。

　　故曰：道之真以治身，其緒餘以為國家，其土苴以治天下。由此觀之，帝王之功，聖人之餘事也，非所以完身養生也。今世俗之君子，多危身棄生以殉物，豈不悲哉！土，敕雅反。苴，側雅反。

　　「土苴」，糞草也。

　　凡聖人之動作也，必察其所以之與其所以為。今且有人於此，以隨侯之珠彈千仞之鵲，世必笑之。是何也？則其所用者重而所要者輕也。夫生者，豈特隨侯之重哉！鵲，一本作雀。要音夭。

〔註27〕「者」，通行本無。

「所以之」，所求之物也，喻鵲。「所以為」，喻珠。

　　子列子窮，容貌有饑色。客有言之於鄭子陽者曰：「列禦寇，蓋有好之士也，居君之國而窮，君無乃為不好士乎？」鄭子陽即令官遺之粟。子列子見使者，再拜而辭。使者去，子列子入，其妻望之而拊心曰：「妾聞為有道者之妻子，皆得佚樂。今有饑色，君過而遺先生食，先生不受，豈不命邪！」子列子笑而謂之曰：「君非自知我也，以人之言而遺我粟，至其罪我也，必且以人之言，此吾所以不受也。」其卒，民果作難而殺子陽。難，去聲。

　　「有好」，有道也。「望」，怨望。

　　楚昭王失國，屠羊說走而從於昭王。昭王反國，將賞從者，及屠羊說。屠羊說曰：「大王失國，說失屠羊；大王反國，說亦反屠羊。臣之爵祿已復矣，又何賞之有？」王曰：「強之。」屠羊說曰：「大王失國，非臣之罪，故不敢伏其誅。大王反國，非臣之功，故不敢當其賞。」王曰：「見之。」屠羊說曰：「楚國之法，必有重賞大功而後得見。今臣之知不足以存國，而勇不足以死寇。吳軍入郢，說畏難而避寇，非故隨大王也。今大王欲廢法毀約而見說，此非臣之所以聞天下也。」王謂司馬子綦曰：「屠羊說居處卑賤而陳義甚高，子其為我延之以三旌之位。」屠羊說曰：「夫三旌之位，吾知其貴於屠羊之肆也；萬鍾之祿，吾知其富於屠羊之利也。然豈可以貪爵祿而使吾君有妄施之名乎？說不敢當，願復反吾屠羊之肆。」遂不受也。說音悅。從者，才用反。強，其丈反。見之音現。知音智。難，去聲。處，上聲。為，去聲。

　　「三旌之位」，諸侯之三卿也。

　　原憲居魯，環堵之室，茨以生草；蓬戶不完，桑以為樞；而甕牖二室，褐以為塞；上漏下溼，匡坐而弦。子貢乘大馬，中紺而表素，軒車不容巷，往見原憲。原憲華冠縱履，杖藜而應門。子貢曰：「嘻！先生何病？」原憲應之曰：「憲聞之，無財謂之貧，學而不能行謂之病。今憲貧也，非病也。」子貢逡巡而有愧色。原憲笑曰：「夫希世而行，比周而友，學以為人，教以為己，仁義之慝，車馬之飾，憲不忍為也。」茨音慈。樞，尺朱反，屈桑條為戶樞也。紺，古暗反。縱〔註28〕作屣，音徙。履，不躡跟

〔註28〕「縱」，似當作「縰」。

也。逡，親旬反。比音婢。

「茨」，苫屋之草也。「生草」，亂而不芟之草。「甕牖」，破甕為牖以塞之。「匡坐」，正坐也。「弦」，鳴琴也。履不著跟曰屣。「華冠」，裂如開華也。「杖藜」，以藜為杖也。「應門」，自對門也。

曾子居衛，縕袍無表，顏色腫噲，手足胼胝。三日不舉火，十年不製衣，正冠而纓絕，捉衿而肘見，納履而踵決。曳縰而歌《商頌》，聲滿天地，若出金石。天子不得臣，諸侯不得友。故養志者忘形，養形者忘利，致道者忘心矣。縕，紆粉反。腫，章勇反。噲，古外反。胼，薄田反。胝，竹尼反。肘，竹九反。見，賢遍反。

「縕袍」，衣之有絮者。「無表」，外破也。「腫噲」，虛浮之貌。「正冠而纓絕」，言冠之久也。「捉衿而肘見」，言袖之短也。「納履而踵決」，見履之敝也。「聲出金石」，言歌之有節奏也。

孔子謂顏回曰：「回，來！家貧居卑，胡不仕乎？」顏回對曰：「不願仕。回有郭外之田五十畝，足以給飦粥；郭內之田十畝，足以為絲麻；鼓琴足以自娛，所學夫子之道者足以自樂也。回不願仕。」孔子愀然變容曰：「善哉，回之意！丘聞〔註29〕之：『知足者不以利自累也，審自得者失之而不懼，行修於內者無位而不怍。』丘誦之久矣，今於回而後見之，是丘之得也。」飦音氈。樂音洛。愀，七小反，悄同，又音秋。行，下孟反。

「飦」〔註30〕，糜〔註31〕也。「得」，謂得其友。

中山公子牟謂瞻子曰：「身在江海之上，心居乎魏闕之下，奈何？」瞻子曰：「重生。重生則利輕。」中山公子牟曰：「雖知之，未能勝也。」瞻子曰：「不能自勝則從，神無惡乎？不能自勝而強不從者，此之謂重傷。重傷之人，無壽類矣。」魏牟，萬乘之公子也，其隱巖穴也，難為於布衣之士，雖未至乎道，可謂有其意矣！惡，去聲。強，上聲。重音仲。乘音盛。

不能自勝而姑從魏闕，子之神亦無惡焉，蓋從魏闕與貪位慕祿不同。未能入山，且遊戲於人間，未為不可。顧此心決不可染沒於利欲之中。不染於利，

〔註29〕「聞」，光裕堂刻本誤作「間」。
〔註30〕「飦」，光裕堂刻本誤作「旬」。
〔註31〕「糜」，光裕堂刻本「穈」。

而從人間磨練，是正經學問。若不能自勝而必強之不從，卻恐重傷。重傷非養生之道也。將以養生而先傷生，惡乎可？蓋此種學問，最忌束心太急，太急則氣發顛狂，助長之害不可言。魏闕象魏觀。「闕」，君門也。

孔子窮於陳、蔡之間，七日〔註32〕不火食，藜羹不糝，顏色甚憊，而絃歌於室。顏回擇菜，子路、子貢相與言曰：「夫子再逐於魯，削跡於衛，伐樹於宋，窮於商、周，圍於陳、蔡，殺夫子者無罪，藉夫子者無禁。絃歌鼓琴，未嘗絕音，君子之無恥也若此乎！」顏回無以應，入告孔子。孔子推琴喟然而歎曰：「由與賜，細人也。召而來，吾語之。」子路、子貢入。子路曰：「如此者，可謂窮矣！」孔子曰：「是何言也！君子通於道之謂通，窮於道之謂窮。今丘抱仁義之道，以遭亂世之患，其何窮之為！故內省而不窮於道，臨難而不失其德，天寒既至，霜露既降，吾是以知松栢之茂也。陳、蔡之隘，於丘其幸乎！」孔子削然反琴而絃歌，子路扢然執干而舞。子貢曰：「吾不知天之高也，地之下也。」古之得道者，窮亦樂，通亦樂，所樂非窮通也。道德於此，則窮通為寒暑風雨之序矣。故許由娛於穎陽，而共伯得乎丘首。糝，素感反。憊，皮拜反。推，通回反。語，上聲。難，去聲。隘音厄。扢，許訖反。樂音洛。共音恭。

「藜羹不糝」，純菜而無米也。「藉」，謂凌轢。「削然反琴」，聲反琴復鼓琴也。「扢然」，奮舞貌。「穎陽」、「丘首」，皆山名。《疏》曰：「共伯，名和，周王之孫也，懷道抱德，食封於共。厲王之難，天子曠絕，諸侯知共伯賢，請立為王，共伯不聽，辭不獲免，遂即王位。十四年，天下大旱，火。卜曰：厲王為祟。遂廢共伯而立宣王。共伯歸，食邑，立之不喜，廢之不怨，逍遙於丘首之山〔註33〕。」

舜以天下讓其友北人無擇，北人無擇曰：「異哉！後之為人也，居於畎畝之中，而遊堯之門！不若是而已，又欲以其辱行漫我。吾羞見之。」因自投於清冷之淵。行，下孟反。冷音零。

「不若是而已」似脫「但」字。

湯將伐桀，因卞隨而謀。卞隨曰：「非吾事也。」湯曰：「孰可？」曰：「吾不知也。」湯又因瞀光而謀。瞀光曰：「非吾事也。」湯曰：「孰

〔註32〕「日」，光裕堂刻本誤作「有」。
〔註33〕「山」，光裕堂刻本誤作「出」。

－236－

可？」曰：「吾不知也。」湯曰：「伊尹何如？」曰：「強力忍垢，吾不知其他也。」湯遂與伊尹謀伐桀，克之，以讓卞隨。卞隨辭曰：「後之伐桀也謀乎我，必以我為賊也；勝桀而讓我，必以我為貪也。吾生乎亂世，而無道之人再來漫我以其辱行，吾不忍數聞也。」乃自投椆水而死。行，下孟反。數音朔。

湯又讓瞀光曰：「知者謀之，武者遂之，仁者居之，古之道也。吾子胡不立乎？」瞀光辭曰：「廢上，非義也；殺民，非仁也；人犯其難，我享其利，非廉也。吾聞之曰：『非其義者，不受其祿；無道之世，不踐其土。』況尊我乎！吾不忍久見也。」乃負石而自沉於廬水。知，去聲。難，去聲。

三自沉，好名之過也。此事決無，策士妄傳耳。

昔周之興，有士二人，處於孤竹，曰伯夷、叔齊。二人相謂曰：「吾聞西方有人，似有道者，試往觀焉。」至於岐陽，武王聞之，使叔旦往見之，與之盟曰：「加富二等，就官一列。」血牲而埋之。二人相視而笑曰：「嘻，異哉！此非吾所謂道也。昔者神農之有天下也，時祀盡敬而不祈喜；其於人也，忠信盡治而無求焉。樂與政為政，樂與治為治，不以人之壞自成也，不以人之卑自高也，不以遭時自利也。今見殷之亂而遽為政，上謀而下行貨，阻兵而保威，割牲而盟以為信，揚行以說眾，殺伐以要利，是推亂以易暴也。吾聞古之士，遭治世不避其任，遇亂世不為苟存。今天下闇，周德衰，其並乎周以塗吾身也，不如避之以潔吾行。」二子北至於首陽之山，遂餓而死焉。若伯夷、叔齊者，其於富貴也，苟可得已，則必不賴。高節戾行，獨樂其志，不事於世，此二士之節也。治，去聲。揚行，下孟反。吾行、戾行同。要，平聲。樂音洛。

「祈喜」，祈福也。「並」，傍，同依也。

卷　十

盜跖第二十九　　雜篇

　　孔子與柳下季為友，柳下季之弟名曰盜跖。盜跖從卒九千人，橫行天下，侵暴諸侯，穴室樞戶，驅人牛〔註1〕馬，取人婦女，貪得忘親，不顧父母兄弟，不祭先祖。所過之邑，大國守城，小國入保，萬民苦之。從，才用反。樞戶，破人樞戶而取物也。小城曰保。

　　孔子謂柳下季曰：「夫為人父者，必能詔其子；為人兄者，必能教其弟。若父不能詔其子，兄不能教其弟，則無貴父子兄弟之親矣。今先生，世之才士也，弟為盜跖，為天下害，而弗能教也，丘竊為先生羞之。丘請為先生往說之。」柳下季曰：「先生言為人父者必能詔其子，為人兄者必能教其弟，若子不聽父之詔，弟不受兄之教，雖今先生之辯，將奈之何哉？且跖之為人也，心如湧泉，意如飄風，彊足以拒敵，辯足以飾非，順其心則喜，逆其心則怒，易辱人以言。先生必無往。」夫音扶。竊為，去聲，下請為、為我、竊為、使為皆同。說音稅。飄音標。易音異。

　　孔子不聽，顏回為馭，子貢為右，往見盜跖。盜跖乃方休卒徒太山之陽，膾人肝而餔之。孔子下車而前，見謁者曰：「魯人孔丘，聞將軍高義，敬再拜謁者。」謁者入通。盜跖聞之大怒，目如明星，髮上指冠，曰：「此夫魯國之巧偽人孔丘非邪？為我告之：『爾作言造語，妄稱文武，冠枝木之冠，帶死牛之脅，多辭謬說，不耕而食，不織而衣，搖脣鼓舌，

擅生是非，以迷天下之主，使天下學士不返其本，妄作孝悌，而傲幸於封侯富貴者也。子之罪大極重，疾走歸！不然，我將以子肝益晝鋪之膳。』」鋪，布吳反。日，申時食也。夫，音扶。冠枝，去聲。枝木之冠，言多飾如枝。死牛之脅謂革帶。

孔子復通曰：「丘得幸於季，願望履幕下。」謁者復通。盜跖曰：「使前來！」孔子趨而進，避席反走，再拜盜跖。盜跖大怒，兩展其足，案劍瞋目，聲如乳虎，曰：「丘來前！若所言，順吾意則生，逆吾心則死。」孔子曰：「丘聞之，凡天下有三德：生而長大，美好無雙，少長貴賤見而皆說之，此上德也；知維天地，能辯萬物，此中德也；勇悍果敢，聚眾率兵，此下德也。凡人有此一德者，足以南面稱孤矣。今將軍兼此三者，身長八尺二寸，面目有光，脣如激丹，齒如齊貝，音中黃鐘，而名曰盜跖，丘竊為將軍恥不取焉。將軍有意聽臣，臣請南使吳、越，北使齊、魯，東使宋、衛，西使晉、楚，使為將軍造大城數百里，立數十萬戶之邑，尊將軍為諸侯，與天下更始，罷兵休寧，收養昆弟，共祭先祖。此聖人才文之行，而天下之願也。」復，去。反走，小卻行也。少長，丁丈反。說音悅，下同。知，去聲。中，去聲。使，去聲。使、為，如字。為，去聲。共音恭。行，去聲。

盜跖大怒曰：「丘前來！夫可規以利而可諫以言者，皆愚陋恒民之謂耳。今長大美好，人見而說之者，此吾父母之遺德也。丘雖不吾譽，吾獨不自知邪？且吾聞之，好面譽人者，亦好背而毀之。今丘告我以大城眾民，是欲規我以利而以恒民畜我也，安可長久也？城之大者，莫大於天下矣。堯、舜有天下，子孫無置錐之地。湯、武立為天子，而後世絕滅。非以其利大故邪？夫音扶。譽，平聲。好，去聲。背音佩，下同。

且吾聞之，古者禽獸多而人民少，於是民皆巢居以避之。晝拾橡栗，暮棲木上，故命之曰『有巢氏之民』。古者民不知衣服，夏多積薪，冬則煬之，故命之曰『知生之民』。神農之世，臥則居居，起則于于，民知其母，不知其父，與麋鹿共處，耕而食，織而衣，無有相害之心。此至德之隆也。然而黃帝不能致德，與蚩尤戰於涿鹿之野，流血百里。堯、舜作，立群臣；湯放其主，武王殺紂。自是之後，以強凌弱，以眾暴寡。湯、武以來，皆亂人之徒也。今子修文、武之道，掌天下之辯，以教後

世。縫衣淺帶，矯言偽行，以迷惑天下之主，而欲求富貴焉，盜莫大於子。天下何故不謂子為盜丘，而乃謂我為盜跖？子以甘辭說子路而使從之，使子路去其危冠，解其長劍，而受教於子，天下皆曰：『孔丘能止暴禁非。』其卒之也，子路欲殺衛君而事不成，菹於衛東門之上，是子教之不至也。子〔註2〕謂才士聖人邪？則再逐於魯，削跡於衛，窮於齊，圍於陳、蔡，不容身於天下。子教子路菹此患，上無以為身，下無以為人，子之道奚足貴邪？橡音象。煬，羊亮反。處，上聲。行，下孟反。說音稅。去，上聲。菹，莊居反。以為，去聲，下同。

世之所高，莫若黃帝，〔註3〕尚不能全德，而戰涿鹿之野，流血百里。堯不慈，舜不孝，禹偏枯，湯放其主，武王伐紂，文王拘羑里。此六子者，世之所高也。孰論之，皆以利惑其真而強反其情性，其行乃甚可羞也。堯不慈，不傳子也。禹偏枯，治水勤勞，致偏枯之疾。孰、熟同。強，上聲。行，下孟反。

世之所謂賢士：伯夷、叔齊。〔註4〕辭孤竹之君，而餓死於首陽之山，骨肉不葬。鮑焦飾行非世，抱木而死。申徒狄諫而不聽，負石自投於河，為魚鱉所食。介子推至忠也，自割其股以食文公，文公後背之，子推怒而去，抱木而燔死。尾生與女子期於梁下，女子不來，水至不去，抱樑柱而死。此四子〔註5〕者，無異於磔犬流豕、操瓢而乞者，皆離名輕死，不念本養壽命者也。行，下孟反。為魚，去聲。食音嗣。背、倍同。磔，竹客反。操，七曹反。離，去聲，麗也。

世之所謂忠臣者，莫若王子比干、伍子胥。子胥沉江，比干剖心，此二子者，世謂忠臣也，然卒為天下笑。自上觀之，至於子胥、比干，皆不足貴也。丘之所以說我者，若告我以鬼事，則我不能知也；若告我以人事者，不過此矣，皆吾所聞知也。說音稅。

〔註2〕通行本此處有「自」。
〔註3〕通行本此處有「黃帝」。
〔註4〕通行本此處有「伯夷、叔齊」。《莊子集釋》校：「世德堂本『伯夷叔齊』四字不重。」
〔註5〕通行本作「六子」。成《疏》：「六子者，謂伯夷叔齊鮑焦申徒介推尾生。言此六人，不合玄道，矯情飾行，苟異俗中，用此聲名，傳之後世。亦何異乎張磔死狗，流在水中，貧病之人，操瓢乞告！此閒人物，不許見聞，六子之行，事同於此，皆為重名輕死，不念歸本養生，壽盡天命者也。」

今吾告子以人之情，目欲視色，耳欲聽聲，口欲察味，志氣欲盈。人上壽百歲，中壽八十，下壽六十，除病瘦死喪憂患，其中開口而笑者，一月之中不過四五日而已矣。天與地無窮，人死者有時，操有時之具，而託於無窮之間，忽然無異騏驥之馳過隙也。不能說其志意、養其壽命者，皆非通道者也。丘之所言，皆吾之所棄也。亟去走歸，無復言之！子之道，狂狂汲汲，詐巧虛〔註6〕偽事也，非可以全真也。奚足論哉！」說音悅。復，扶又反。

孔子再拜趨走，出門上車，執轡三失，目芒然無見，色若死灰，據軾低頭，不能出氣。歸到魯東門外，適遇柳下季。柳下季曰：「今者闕然，數日不見，車馬有行色，得微往見跖邪？」孔子仰天而歎曰：「然！」柳下季曰：「跖得無逆汝意若前乎？」孔子曰：「然。丘所謂無病而自炙也。疾走料虎頭，扁虎鬚，幾不免虎口哉！」上，時掌反。三，息暫反。幾音祈。舊註辨孔子與柳下惠不同時，是寄言也。

子張問於滿苟得曰：「盍不為行？無行則不信，不信則不任，不任則不利。故觀之名，計之利，而義真是也。若棄名利，反之於心，則夫士之為行，不可一日不為乎！」滿苟得曰：「無恥者富，多信者顯。夫名利之大者，幾在無恥而信。故觀之名，計之利，而信真是也。若棄名利，反之於心，則夫士之為行，抱其天乎！」行，下孟反。夫音扶。幾音機，要也。

言為名與利固當修行。若為心，尤不可一日不修行也。滿苟得謂名利不在修行，在無恥而信。若棄名利而為心，則士豈能獨抱其天而絕人間之事乎？猶取信之一字者。蓋無信雖錙銖刀錐之事不可行，故不得不存之耳。義不主財，則名利之仇也。

子張曰：「昔者桀、紂貴為天子，富有天下。今謂臧聚曰：『汝行如桀、紂』，則有怍色，有不服之心者，小人所賤也。仲尼、墨翟，窮為匹夫，今為宰相曰：『子行如仲尼、墨翟』，則變容易色，稱不足者，士誠貴也。故執〔註7〕為天子，未必貴也；窮為匹夫，未必賤也。貴賤之分，在行之美惡。」滿苟得曰：「小盜者拘，大盜者為諸侯。諸侯之門，義士存焉。昔者桓公小白殺兄入嫂，而管仲為臣；田成子常弒君竊國，而孔

〔註6〕「虛」，光裕堂刻本誤作「處」。
〔註7〕「執」，通行本作「勢」。

子受幣。論則賤之，行則下之，則是言行之情悖戰於胸中也，不亦拂乎！故書曰：『孰惡孰美？成者為首，不成者為尾。』」臧聚謂臧獲群輩。行，下孟反，下同。相，去聲。

言管仲、孔子心雖非之，而不能不下之，言與行違也。天下執而已矣。

子張曰：「子不為行，將使疏戚無倫，貴賤無義，長幼無序。五紀六位，將何以為別乎？」滿苟得曰：「堯殺長子，舜流母弟，疏戚有倫乎？湯放桀，武王殺紂，貴賤有義乎？王季為適，周公殺兄，長幼有序乎？儒者偽辭，墨者兼愛，五紀六位，將有別乎？且子正為名，我正為利。名利之實，不順於理，不監於道。吾日與子訟於無約，曰：小人殉財，君子殉名，其所以變其情，易其性，則異矣。乃至於棄其所為而殉其所不為，則一也。」疏、疎同。長，丁丈反，下同。五紀，五倫。六位，四方上下。別，彼列反。「堯殺長子」，崔云：「堯殺長子考監明。」適，丁歷反。為名、為利，去聲。「吾日與子訟」，言昔日嘗與汝諍於無約之前云云也。

故曰：無為小人，反殉而天；無為君子，從天之理。若枉若直，相而天極；面觀四方，與時消息。若是若非，執而圓機；獨成而意，與道徘徊。無轉而行，無成而義，將失而所為。無赴而富，無徇而成，將棄而天。比干剖心，子胥抉眼，忠之禍也。直躬證父，尾生溺死，信之患也。鮑子立乾，申子不自理，廉之害也。孔子不見母，匡子不見父，義之失也。此上世之所傳，下世之所語，以為士者正其言，必其行，故服其殃，離其患也。」「鮑子立乾」，鮑焦，不仕，採蔬而食。子貢曰：「污其君者，不食其祿。惡其政者，不踐其土。子惡其君，胡食其蔬乎？」焦遂棄其蔬而立槁於洛水之上〔註8〕。申子謂申生。孔子不見母，不聞。〔註9〕匡子，匡章。

此等文字，此等議論，必非出於莊子。而其口氣，卻從莊子來。所謂其父殺人報仇，其子必且行劫，為法之敝，一至於此。還不如迂儒仁義之談，尚顧惜體面也。莊子九泉之下見之，亦必咋舌自痛。

〔註8〕按：此處據《釋文》立說。
　　　《釋文》：「司馬云：鮑子，名焦，周末人，污時君不仕，採蔬而食。子貢見之，謂曰：『何為不仕食祿？』答曰：『無可仕者。』子貢曰：『污時君不食其祿，惡其政不踐其土。今子惡其君，處其土，食其蔬，何志行之相違乎？』鮑焦遂棄其蔬而餓死。《韓詩外傳》同。」又云：「槁洛水之上也。」
〔註9〕《釋文》「孔子不見母」：「李云：未聞。」成《疏》：「孔子滯耽聖蹟，歷國應聘，其母臨終，孔子不見。」

　　無足問於知和曰：「人卒未有不興名而就利者。彼富則人歸之，歸則下之，下則貴之矣。夫見下貴者，所以長生、安體、樂意之道也。今子獨無意焉，知不足邪？意知而力不能行邪？故推正不忘邪？」知和曰：「今夫此人，以為與己同時而生，同鄉而處者，以為夫絕俗過高之士焉；是專無主正，句。所以覺古今之時，是非之分也，與俗化世，讀。去至重，棄至尊，以為其所為也。此其所以論長生、安體、樂意之道，不亦遠乎！慘怛之疾，恬愉之安，不監於體；怵惕之恐，欣懽之喜，不監於心；知為為而不知所以為，是以貴為天子，富有天下，而不免於患也。」夫音扶。樂音洛。知，去聲，下並同。處，上聲。分，扶問反。去，上聲。監猶儆戒也。

　　「故推正不忘」，言為理所縛也。知和云云者，言此人自以為絕俗過高之士，其實全無道理。所以覽古今，辯是非者，不過世俗之變化。棄其至富至貴以務此，其於養生，不亦遠乎！

　　無足曰：「夫富之於人，無所不利，窮美究埶，至人之所不得逮，聖人之所不能及，俠人之勇力而以為威強，秉人之知謀而以為明察，因人之德以為賢良，非享國而嚴若君父。且夫聲色滋味權埶之於人，心不待學而樂之，體不待象而安之。夫欲惡避就，固不待師，此人之性也。天下雖非我，孰能辭之？」知和曰：「知者之為故，讀。動以百姓，不違其度，是以足而不爭。句。無以為故不求。句。不足故求之，爭四處而不自以為貪；有餘故辭之，棄天下而不自以為廉。廉貪之實，非以迫外也，反監之度。句。埶為天子，而不以貴驕人；富有天下，而不以財戲人。計其患，慮其反，以為害於性，故辭而不受也，非以要名譽也。堯、舜為帝而雍，非仁天下也，不以美害生也；善卷、許由得帝而不受，非虛辭讓也，不以事害己。此皆就其利，辭其害，而天下稱賢焉，則可以有之，彼非以興名譽也。」俛音挾。和，去聲。樂音洛。惡，去聲。要音邀。

　　「天下雖非我，孰能辭之」，言孰不好之也。「知者之為故」云云者，言知者之所為，動則以百姓為心，而不敢自放於禮度之外，故其心常足而不爭，無以為故不爭也。「反監之度」，言反而監之於禮度也。

　　無足曰：「必持其名，苦體絕甘，約養以持生，則亦久病長阨而不死者也。」知和曰：「平為福，有餘為害者，物莫不然，而財其甚者也。今富人，耳營鍾鼓筦籥之聲，口嗛於芻豢醪醴之味，以感其意，遺忘其業，

可謂亂矣；佚溺於馮氣，若負重行而上也，可謂苦矣；貪財而取慰，貪權而取竭，靜居則溺，體澤則馮，可謂疾矣；欲為〔註10〕富就利，故滿若堵耳而不知避，且馮而不舍，可謂辱矣；財積而無用，服膺而不捨，滿心戚醮，求益而不止，可謂憂矣；內則疑刦請之賊，外則畏寇盜之害，內周樓疏，外不敢獨行，可謂畏矣。此六者，天下之至害也，皆遺亡而不知察，及其患至求盡，性竭財單，以反一日之無故而不可得也。故觀之名則不見，求之利則不得，繚意絕體而爭此，不亦惑乎！」筲、管同。籥音藥。嗛，苦簟反。醮，力刀反。佚音礙，五代反。飲食至咽為佚。溺，奴弔反。溲，便也。馮音憤。馮氣，滿畜不通之氣也。上，時掌反。則馮音憑，下同。舍，上聲。醮音焦。樓疏，重樓內匝，疏軒外通，謂設備守具。單音丹。繚音了，反繞也。

　　富人享受踰分，聲色臭味感動其意，而使之溺喪於中，以忘其本分之業，可謂亂矣。多食而肥，於是咽於上而為佚，於下而為溺，行若負重物而上高山，可謂苦矣。貪財以慰己之心，貪權以竭人之情，居靜則數溲而溺，體澤故憑物而行，可謂疾矣。財有餘，徒滿積彼堵牆下耳，而尚不知辭避，且馮於心而截舍，空貽銅臭，可謂辱矣。多而無所用，翻為物所役，懣煩焦勞，日求益而不止，可謂憂矣。居則疑刦請之盜，行則防殺傷之禍，故內周其樓疏，外盛其僕從，可謂畏矣。犯此六患，而不知省，一旦患至，求平常之福而不可得，名與利於是乎兩失，豈不哀哉！而世方繚意絕體，爭此禍媒，烏可不謂之大惑也？此狀富人之苦，頗快意可誦。

說劍第三十　雜篇

　　昔趙文王喜劍，劍士夾門而客三千餘人，日夜相擊於前，死傷者歲百餘人，好之不厭。如是三年，國衰，諸侯謀之。太子悝患之，募左右曰：「孰能悅王之意止劍士者，賜之千金。」左右曰：「莊子當能。」太子乃使人以千金奉莊子，莊子弗受，與使者俱，往見太子曰：「太子何以教周，賜周千金？」太子曰：「聞夫子明聖，謹奉千金以幣從者。夫子弗受，悝尚何敢言？」莊子曰：「聞太子所欲用周者，欲絕王之喜好也。使臣上說大王而逆王意，下不當太子，則身刑而死，周尚安所事金乎？使臣上說大王，下當太子，趙國何求而不得也？」太子曰：「然。吾王所見，惟劍士也。」莊子曰：「諾。周善為劍。」太子曰：「然吾王所見劍

〔註10〕 「欲為」，通行本作「為欲」。

士，皆蓬頭、突鬢、垂冠，曼胡之纓，短後之衣，瞋目而語難，王乃說之。今夫子必儒服而見王，事必大逆。」莊子曰：「請治劍服。」好，去聲。使者，去聲。從，去聲。說音悅。「悅大王不當」，此說音悅。垂冠，將鬭冠故冠低也〔註 11〕。曼胡之纓，麤纓無文理也。曼，莫干反。短後之衣，便於事也。瞋，赤真反。語難，好語難能之事也。

治劍服三日，乃見太子。太子乃與見王，王脫白刃待之。莊子入殿門不趨，見王不拜。王曰：「子欲何以教寡人，使太子先？」曰：「臣聞大王喜劍，故以劍見王。」王曰：「子之劍何能禁制？」曰：「臣之劍，十步一人，千里不留行。」王大悅曰：「天下無敵矣。」莊子曰：「夫為劍者，示之以虛，開之以利，後之以發，先之以至。願得試之。」王曰：「夫子休就舍，待命令設戲請夫子。」王乃校劍士七日，死傷者六十餘人，得五六人，使奉劍於殿下，乃召莊子。王曰：「今日試使士敦劍。」莊子曰：「望之久矣。」王曰：「夫子所御杖，長短何如？」曰：「臣之所奉皆可。令，平聲。敦音團，聚也。所奉皆可，無不可也。

然且有三劍，唯王所用，請先言而後試。」王曰：「願聞三劍。」曰：「有天子劍，有諸侯劍，有庶人劍。」王曰：「天子之劍何如？」曰：「天子之劍，以燕谿石城為鋒，齊岱為鍔，晉魏為脊，周宋為鐔，韓魏為鋏，包以四夷，裹以四時，繞以渤海，帶以常山，制以五行，論以刑德，開以陰陽，持以春夏，行以秋冬。此劍直之無前，舉之無工，案之無下，運之無旁，上決浮雲，下絕地紀。此劍一用，匡諸侯，天下服矣。此天子之劍也。」文王芒然自失，曰：「諸侯之劍何如？」曰：「諸侯之劍，以知勇士為鋒，以清廉士為鍔，以賢良士為脊，以忠聖士為鐔，以豪傑士為鋏。此劍直之亦無前，舉之亦無上，案之亦無下，運之亦無旁。上法圓天，以順三光；下法地方，以順四時；中知民意，以安四鄉。此劍一用，如雷電之震也，四封之內，無不賓服，而聽從君命者矣。此諸侯之劍也。」王曰：「庶人之劍何如？」曰：「庶人之劍，蓬頭，突鬢，垂冠，曼胡之纓，短後之衣，瞋目而語難，相擊於前，上斬頸領，下決肝肺。此庶人之劍，無異於　雞，一旦命已絕矣，無所用於國事。今大王有天子之位，而好庶人之劍，臣竊為大王薄之。」王乃牽而上殿，宰人

〔註 11〕按：《釋文》「垂冠」：「將欲鬭，故冠低傾也。」

上食，王三環之。莊子曰：「大王安坐定氣，劍事已畢奏矣。」於是文王不出宮三月，劍士皆服斃其處也。燕，平聲。鍔，劍刃也。鐔音淫，又徒南反，劍鼻，又劍口，又劍環，夾劍把，鋏同。知勇，音智。竊為，去聲。上，上聲，下同。三環，繞饌三周，不能坐食也。斃，自殺也。

　　《說劍》一篇，全無意況。人非莊子人，學非莊子學，文非莊子文。使莊子說劍，必有徐无鬼、戴晉人等一段精彩，正恐其不屑為二人事耳。此文若戰國中新習口吻，小生所為，而以辱莊子，亦其生平口業報。

漁父第三十一　　雜篇

　　孔子游乎緇帷之林，休坐乎杏壇之上。弟子讀書，孔子絃歌鼓琴。奏曲未半，有漁父者下船而來，鬚眉交白，被髮揄袂，行原以上，距陸而止。左手據膝，右手持頤以聽。曲終而招子貢、子路，二人俱對。客指孔子曰：「彼何為者也？」子路對曰：「魯之君子也。」客問其族，子路對曰：「族孔氏。」客曰：「孔氏者何治也？」子路未應，子貢對曰：「孔氏者性服忠信，身行仁義，飾禮樂，選人倫，上以忠於世主，下以化於齊民，將以利天下，此孔子之所治也。」又問曰：「有土之君與？」子貢曰：「非也。」「侯王之佐與？」子貢曰：「非也。」客乃笑而還行，言曰：「仁則仁矣，恐不免其身。苦心勞形，以危其真。嗚呼！遠哉，其分於道也！」揄，揚也。上，上聲。飾音飭。齊民，齊等之民也。與，平聲。

　　子貢還報孔子，孔子推琴而起，曰：「其聖人與？」乃下求之。至於澤畔，方將杖挐而引其船。顧見孔子，還鄉而立。孔子反走，再拜而進。客曰：「子將何求？」孔子曰：「曩者，先生有緒言而去，丘不肖，未知所謂，竊待於下風，幸聞咳唾之音，以卒相丘也。」客曰：「嘻。甚矣，子之好學也！」孔子再拜而起，曰：「丘少而修學，以至於今，六十九歲矣。無所得聞至教，敢不虛心？」客曰：「同類相從，同聲相應，固天之理也。吾請釋吾之所有而經子之所以。子之所以者，人事也。天子、諸侯、大夫、庶人，此四者，自正治之美也。四者離位，而亂莫大焉。官治其職，人憂其事，乃無所陵。故田荒室露，衣食不足，徵賦不屬，妻妾不和，長幼無序，庶人之憂也。能不勝任，官事不治，行不清白，群下荒怠，功美不有，爵祿不持，大夫之憂也。廷無忠臣，國家昏亂，工技不巧，貢賦不美，春秋後倫，不順天子，諸侯之憂也。陰陽不和，寒

暑不時，以傷庶物，諸侯暴亂，擅相攘伐，以殘民人，禮樂不節，財用窮匱，人倫不飭，百姓淫亂，天子有司之憂也。今子既上無君侯有司之執，而下無大臣職事之官，而擅飾禮樂，選人倫，以化齊民，不泰多事乎？推，汀雷反。還鄉，音旋向。挈，女加、女居二反。牽，引也。咳，苦代反。唾，吐臥反。相，去聲。好，去聲。少，去聲。治，平聲。下不治，去聲。長，丁丈反。勝音升。行，下孟反。

且人有八疵，事有四患，不可不察也。非其事而事之，謂之摠；莫之顧而進之，謂之佞；希意道言，謂之諂；不擇是非而言，謂之諛；好言人之惡，謂之讒；析交離親，謂之賊；稱譽詐偽，以敗惡人，謂之慝；不擇善否，兩容頰適，偷拔其所欲，謂之險。此八疵者，外以亂人，內以傷身，君子不友，明君不臣。所謂四患者：好經大事，變更易常，以掛功名，謂之叨；專知擅事，侵人自用，謂之貪；見過不更，聞諫愈甚，謂之狠；人同於己則可，不同於己，雖善不善，謂之矜。此四患也。能去八疵，無行四患，而始可教已。」好，去聲。譽，平聲。兩容頰適，言善惡皆容口頰，順之也。掛音卦。叨音饕。知，去聲。更，平聲。狠，胡墾反。去，上聲。

孔子愀然而歎，再拜而起，曰：「丘再逐於魯，削跡於衛，伐樹於宋，圍於陳、蔡。丘不知所失而離此四謗者，何也？」客悽然變容曰：「甚矣，子之難悟也！人有畏影惡跡而去之走者，舉足愈數而跡愈多，走愈疾而影不離身，自以為尚遲，疾走不休，絕力而死。不知處陰以休影，處靜以息跡，愚亦甚矣！子審仁義之間，察同異之際，觀動靜之變，適受與之度，理好惡之情，和喜怒之節，而幾於不免矣。謹修而身，慎守其真，還以物與人，則無所累矣。今不修之身而求之人，不亦外乎？」惡，去聲。數音朔。離音利。處，上聲。好惡，去聲。幾音譏。

孔子愀然，曰：「請問何謂真？」客曰：「真者，精誠之至也。不精不誠，不能動人。故強哭者雖悲不哀，強怒者雖嚴不威，強親者雖笑不和。真悲無聲而哀，真怒未發而威，真親未笑而和。真在內者，神動於外，是所以貴真也。其用於人，理也。事親則慈孝，事君則忠貞，飲酒則懽樂，處喪則悲哀。忠貞以功為主，飲酒以樂為主，處喪以哀為主，事親以適為主。功成之美，無一其跡矣；事親以適，不論所以矣；飲酒以樂，不選其具矣；處喪以哀，無問其禮矣。禮者，世俗之所為也。真

者，所以受於天也。自然不可易也。故聖人法天貴真，不拘於俗。愚者反此。不能法天而恤於人，不知貴真，祿祿而變於俗，故不足。惜哉，子之蚤湛於人慾而晚聞大道也！」強，其丈反。下同。樂音洛，下同。處，上聲。祿與碌同。湛，丁南反，音耽，又音沉，下同。

孔子又再拜而起，曰：「今者丘得遇也，若天幸然！先生不羞而比之服役，而身教之，敢問舍所在，請因受業而卒學大道。」客曰：「吾聞之，可與往者與之至於妙道；不可與往者，不知其道，慎勿與之，身乃无咎。子勉之！吾去子矣，吾去子矣！」乃刺船而去，延緣葦間。顏淵還車，子路授綏，孔子不顧，待水波定，不聞挐音，而後敢乘。刺，七亦反。還、旋同。

子路旁車而問曰：「由得為役久矣，未嘗見夫子遇人如此其威也。萬乘之主，千乘之君，見夫子未嘗不分庭抗禮，夫子猶有倨傲之容。今漁父杖挐逆立，而夫子曲要磬折，再拜而應，無乃太甚乎？門人皆怪夫子矣，漁父何以得此乎？」孔子伏軾而歎曰：「甚矣，由之難化也！湛於禮義有間矣，而樸鄙之心至今未去。進，吾語女！夫遇長不敬，失禮也；見賢不尊，不仁也。彼非至人，不能下人。下人不精，不得其真，故長傷身。惜哉！不仁之於人也，禍莫大焉，而由獨擅之。且道者，萬物之所由也，庶物失之者死，得之者生，為事逆之則敗，順之則成。故道之所在，聖人尊之。今漁父之於道，可謂有矣，吾敢不敬乎？」旁，步浪反。乘音盛，下同。倨音據。要、腰同。折音舌。語女音御汝。夫音扶。長，上聲。下，遐嫁反。

列禦寇第三十二　　雜篇

列禦寇之齊，中道而反，遇伯昏瞀人。伯昏瞀人曰：「奚方而反？」曰：「吾驚焉。」曰：「惡乎驚？」曰：「吾嘗食於十漿，而五漿先饋。」伯昏瞀人曰：「若是則汝何為驚已？」曰：「夫內誠不解，形諜成光，以外鎮人心，使人輕乎貴老，而鼇其所患。夫漿人特為食羹之貨，〔註12〕多餘之贏，其為利也薄，其為權也輕，而猶若是，而況於萬乘之主乎！

〔註12〕《莊子集釋》此處補「無」字，稱：「『無』字依《闕誤》引江南古藏本及文如海張君房本補，據成《疏》亦當有『無』字。」

身勞於國，而知盡於事，彼將任我以事，而效我以功，吾是以驚。」伯昏瞀人曰：「善哉觀乎！汝處己，人將保汝矣。」無幾何而往，則戶外之屨滿矣。伯昏瞀人北面而立，敦杖蹙之乎頤，立有間，不言而出。賓者以告列子。列子提屨，跣而走，暨乎門，曰：「先生既來，曾不發藥乎？」曰：「已矣！吾固告汝曰人將保汝，果保汝矣。非汝能使人保汝，而汝不能使人無保汝也，而焉用之感豫出異也？必且有感，搖而本才，又無謂也。與汝遊者，又莫汝告也。彼所小言，盡人毒也。莫覺莫悟，何相孰也？巧者勞而知者憂，無能者無所求，飽食而遨遊，汎若不繫之舟，虛而遨遊者也。」瞀，茂、務二音。方，道也。惡音烏。饗音漿〔註13〕。謀音喋。圖，譜也，言形見於外如譜第也。鰲音齊，亂也。夫音扶。食音嗣。嬴音盈。乘音盛。知音智。敦音頓，豎也。賓、儐同，必㐫反，通客之人。跣，先典反。焉，於虔反。本才，本性〔註14〕也。告，入聲。知，去聲。

列子曰：「我食於賣饗之家，十家而五家先饋，敬我者如此其多也，蓋由我真誠之心未盡融釋，故致矜餙之容燁然暴露，以鎮壓夫人之心，使人移其所以貴貴老老者以事我。雖曰敬我，實禍我也。夫賣饗者特為食羹之貨，以求多餘之嬴，其取利甚薄，其制權甚輕，可無求於人矣。而猶儼然禮我如此，況萬乘之主，方身勞於國而不得依，智竭於事而不得理。聞我有異，必將任我以事，而驗我以功，則吾逐外物而喪真德矣。吾是以驚而不往。」伯昏瞀人曰：「善哉，汝之觀乎！能自審矣！汝其居矣，勿往矣，人將聚而從子矣。」此非許之之辭，蓋諷之，欲其盡鋤形謀之光也。而列子未能。無幾何，瞀人往見之，則戶外請益之屨滿矣。瞀人望其堂，北面而立，以杖拄頤。少間，不言而出。掌賓弟子以告列子，不月山暇納屨，提而跣足，追及之於門。請曰：「先生既肯惠臨，而不以一言教我，乃遂去乎？」瞀人曰：「已矣！不必言矣。我昔固告汝曰人將聚而守汝，果守汝矣。顧人所以保汝者，豈汝能使之乎？真性自流，真機自合。明於真者，不當使人之保己，而當使人之無保己。汝不能也，焉用人之保為哉？感人以和，徒出怪以驚眾也，必且有人來搖動爾本性矣。以真逐妄，甚無謂也。與汝遊者，皆出汝下，又誰告也？即有所告，不過菱菱小言，非藥石，盡鴉毒也。吾固告汝矣，汝莫覺悟，又安用誰何而請益也？吾聞之：巧者勞，智者憂。惟無所能者無所求，飽食而遊，汎乎若不繫之舟。何者？以

〔註13〕 「漿」，光裕堂刻本誤作「饗」。
〔註14〕 「性」，光裕堂刻本誤作「往」。

虛心而遊於世，已忘其德，而人亦忘其德，故完其真而復其性也。」自是之後，列子閒居鄭圃〔註15〕四十年，而竟成風仙，豈非師壺子而友督人之功哉？

　　鄭人緩也，呻吟裘氏之地。祇三年而緩為儒，河潤九里，澤及三族。使其弟墨，儒墨相與辯，其父助翟。十年而緩自殺，其父夢之曰：「使而子為墨者，予也。闔胡嘗視其良？既為秋栢之實矣！」夫造物者之報人也，不報其人而報其人之天，彼故使彼。夫人以己為有以異於人以賤其親，齊人之井飲者相捽也。故曰今之世皆緩也。自是，有德者以不知也，而況有道者乎！古者謂之遁天之刑。緩，人名。呻吟，誦讀聲。裘氏，地名。祇，適也。翟，墨翟，墨之師也。捽，於骨反。

　　緩受學於裘氏，僅三年而成儒。大有餘資，足以潤其三族。因資其弟，使之學為墨。弟既成墨，儒墨各以其道相辯於其父前，其父右祖墨氏。緩積不堪，十年竟自殺死之。後見夢於其父，曰：「使爾子成為墨者，吾之力也。爾胡嘗視我善哉，而使我中道夭。今我墓上之木拱矣。」死猶恨之如此，若緩可謂不達哉！蓋造化之報人也，不報其人之人，而報其人之天。天性可儒則儒，天性可墨則墨，非其人之能儒能墨，乃天之報以儒、報以墨也。今翟之能墨，造化故使之也。而緩以為己功而驕其親，此何異齊之飲井者相捽也。鑿井得泉，地所報也，而人誇以為功，以捽人之飲，功然乎哉？緩之貪天，齊人之貪地，一也。故曰今之人皆緩也，蓋非獨一緩而已也。是故有德者以忘智任天故稱德，有智則非德矣。有德尚然，而況有道者乎！若緩之自殺，古者謂之遁天之刑也。任天者安有此刑哉？

　　聖人安其所安，不安其所不安。眾人安其所不安，不安其所安。

　　此心自無始以來，不曾生，不曾滅，不屬有無，不計新舊，非長非短，非大非小，見見成成，停停當當。在眾人，此心不減；在聖人，此心不增。聖人只深自悟入，直下便是虛通寂靜，明妙安樂。世人不知，謂心上別有一法可證可取，更向外求，加之一分即太過，損之一分即不及，所以終身不得安穩。故聖人未嘗有不安，世人未嘗有安。

　　莊子曰：知道易，勿言難。知而不言，所以之天也。知而言之，所以之人也。古之人，天而不人。易音異。

如人在家者，終不說回家。如人識路者，終不說問路。論〔註16〕道者，必非知道者也。知道而至於不言，乃真知也。言之者，淺乎其知者也，故曰人也。故求道者雖未得道，慎弗論道，有若無，實若虛，庶幾入道，道聽而途說，猶棄之耳。幾叟云：有勿言心，去道愈遠。此又學者所當知。

朱泙漫學屠龍於支離益，單千金之家，三年技成，而無所用其巧。
泙音平。漫，朱旦反。單音丹，盡也。

任公子以五十犗餌釣，三年不得魚，終得大魚。朱泙漫殫千金之家，以學屠龍，終無所用其巧。吾將誰之是而誰之非，誰之從而誰之違。使大瓠而逢惠子，終將掊之無幸矣。使大樗而遇小匠，終將伐之無幸矣。使大用者必有用，則世皆任公子也，任公子何以見稱？使無用者必有用，則天下皆樗也，樗何以獨存？人弗以朱泙漫之弗售而遽笑之哉！吾惜朱泙漫無所售其千金之技，而至今為讀《莊子》者所笑，不能不撫然歎也。

聖人以必不必，故無兵；眾人以不必必之，故多兵。順於兵，故行有求兵，恃之則亡。

《老子》曰：「勇於敢則殺。」蓋惡人心之有必也。甚哉，必之害大也！聖人無心，雖其理必然，而猶不敢必，故大順而無爭。眾人不然。雖理未必然，而猶必之，故有爭而至於兵。夫兵家之言，不可順也。凡物可順而兵不可順，順於兵，故動有求而亡徵見。蓋既已為兵矣，豈有順哉？至人之於讓，猶且恥焉，而況於爭！至於爭，非吾類矣。

小夫之知，不離苞苴竿牘，敝精神乎蹇淺，而欲兼濟道物，太一形虛。若是者，迷惑於宇宙，形累不知太初。彼至人者，歸精神乎無始，而甘冥乎無何有之鄉，水流乎無形，發洩乎太清。悲哉乎！汝為知在豪毛，而不知大寧。 知音智。下「為知」同。離，去聲。苴，子餘反。甘如字，又音酣。冥如字，又音眠。

「苞苴」，以儀物相饋送也。「竿牘」，以書札相往來也。「小夫之知」，所終日營營而辨者，不過此事。上焉者以此周旋人情，下焉者則攀援結納，為請寄之事、奸利之謀。敝一生之精神於蹇劣淺小之處，而曰我能兼濟道物，大同形虛，上可以包裹道德而超虛無之境，下可以惠澤萬物而為形生之主，將誰欺哉？「若是者，迷惑於宇宙」，而不知古今上下之大觀；為形所累，而

〔註16〕「論」，光裕堂刻本誤作「詥」。

不知降衷受才之太初。至人不然。收斂此項精神，歸之於未始有始之域，而酣眠乎無何有之鄉，如水之流乎無形而泄乎太清。流乎無形，至靜之中有動存；泄乎太清，至動之中有靜存。動靜不離其根，故動亦靜，靜亦靜，而謂之大寧。悲哉乎！汝小夫之知，算頭算尾，言利析於秋毫，自謂人事鬼事無所不知矣，而不知大寧之為何物，終日膠擾紛紜，而草草以死也，可惜來宇宙中也走一遍。禮教之衰，流而為苞苴竿牘，而猶自託於鄒魯之微言，莊周疾之，故有此論。

　　宋人有曹商者，為宋王使秦。其往也，得車數乘。王說之，益車百乘。反於宋，見莊子曰：「夫處窮閭阨巷，困窘織屨，槁項黃馘者，商之所短也。一悟萬乘之主而從車百乘者，商之所長也。」莊子曰：「秦王有病召醫，破癰潰痤者得車一乘，舐痔者得車五乘。所治癒下，得車愈多。子豈治其痔邪？何得車之多也？子行矣！」為，去聲。使，去聲。乘音盛，下同。說音悅。阨，於解反。馘，古獲反。黃馘，面黃熟也。痤，徂禾反。舐音視。痔，治紀反。

　　項無餘肉而枯槁，耳無潤澤而黃薄，商之所短，非自狀其昔之困，乃陰以此譏莊子也。醫以瘍醫為下。瘍之中，尤以痔醫為下。痔醫而舐，尤為污辱，故事愈下，賞愈厚。子豈舐秦王之痔邪？何得車之多也？

　　魯哀公問於顏闔曰：「吾以仲尼為貞幹，國其有瘳乎？」曰：「殆哉圾乎！仲尼方且飾羽而畫，從事華辭，以支為旨，忍性以視民，而不知不信，受乎心，宰乎神，夫何足以上民？彼宜女與？予頤與？誤而可矣。今使民離實學偽，非所以視民也。為後世慮，不若休之。難治也！」施於人而不忘，非天布也。商賈不齒，雖以士齒之，神者弗齒。圾，魚及危也。夫音扶。與音餘。離音利。施，去聲。賈音古。

　　「貞幹」，猶云梁棟也。《易》曰：「貞者，事之幹。」貞固而事依以立也。「飾羽而畫」，修飾羽旄而加之以畫彩可觀也。「以支為旨」，以繁節為正意也。「忍性以視民，而不知不信」，言堅執己意，必以繁偽示民，而不知民心之不肯信從也。「受乎心」，以心識用事也。「宰乎神」，割裂其神明而不完也。「上民」，為民上也。「彼宜汝與？予頤與」，言仲尼與汝心相合與？汝以彼能代己養民與？誤用之則可，簡用之則不可，將使民離真而學偽，非所以示民也，必貽後世之患。如為遠慮，不如勿用也。難與共為治也。至人之治，使民被而不

知。彼且施於人而不忘，如天布濩之治，不若是也。商賈雖為利，猶以無心求之。若斯人之有心營營，雖商賈弗齒也，而猶自齒於士之列。形雖士，而神弗齒為士也。

為外刑者，金與木也；為內刑者，動與過也。宵人之離外刑者，金木訊之；離內刑者，陰陽食之。夫免乎外內之刑者，唯真人能之。訊音信，問也。

外刑則刀鋸、斧鉞、桁楊、桎梏是也，內刑則「吉凶悔吝生乎動」。過思過為，離緣督之中是也。闇人之罹外刑者，金木二物訊栲之；罹內刑者，陰陽二患薄蝕之。免乎內外之刑者，唯真人能之。夫非罪之刑人，固不可知。至於陰陽之患，誰能免者？晏然體逝，出於老病死苦之外，非赤灑灑地、圓陀陀地、活淡淡地，烏能到此？為不善者多於夜，故曰宵人。

孔子曰：「凡人心險於山川，難於知天。天猶有春秋冬夏旦暮之期，人者厚貌深情。故有貌願而益，有長若不肖，有順懁而達，有堅而縵，有緩而釬。故其就義若渴者，其去義若熱。故君子遠使之而觀其忠，近使之而觀其敬，煩使之而觀其能，卒然問焉而觀其知，急與之期而觀其信，委之以財而觀其仁，告之以危而觀其節，醉之以酒而觀其則，雜之以處而觀其色。九徵至，不肖人得矣。」願音願，謹愨也。益音溢。懁音儇。縵，武諫反。釬，胡旦反。卒，寸忽反。知音智。處〔註17〕，上聲。

此亦《人間世》之意與？「貌願而益」，言貌雖愨而心實漫溢也。「長若不肖」，言內有所長而外似不肖也。「順懁而達」，言異順懁急而達於事理也。「堅而縵」，形如堅固而實散漫也。「緩而釬」，外若和緩而實釬急也。

正考父一命而傴，再命而僂，三命而俯，循牆而走，孰敢不軌！如而夫者，一命而呂鉅，再命而於車上儛，三命而名諸父，孰協唐、許？父音甫。傴，紅矩反。僂音呂。

「正考父」，孔子十代祖，宋大夫也。公士一命，大夫二命，卿三命也。「傴」，曲背。「僂」，曲腰。「俯」，身伏。「循牆而走」，不敢當路也。正考父爵愈高而心愈下，其謙如此，而人亦不敢以非軌之事侮之也。「而夫」，凡夫也。「呂鉅」，誇大。「車上儛」，援綏而作矜態也。「名諸父」，呼諸父名也。唐堯、許由其讓如彼，斯人相去何遼遠哉！

〔註17〕「處」，光裕堂刻本誤作「虎」。

賊莫大乎德有心而心有睫。及其有睫也而內視，內視而敗矣。睫音接。

人惟一心。心者，神明之虛位也。《管子》曰：「館不辟除，人不來處。」〔註18〕心位不淨，神明寧復來捨止乎？神明之位，而為六欲所據，則道不居。雖能除欲，而有除欲之心在於胸中，此所謂「德有心」也。謂之理障，為害復與欲障等。此用智自私之過也，故曰「賊莫大焉」。既有理障，不能除障，而更為智以察之，心上加心，知上加知，所謂「已而為知者，殆而已矣」，是之謂「心有睫」，賊又莫大焉。蓋心有睫則內視之意必勤，防於東而生於西，如破屋禦寇相似，敗可必矣。故程子《定性書》曰：「天地之常以其心，普萬物而無心；聖人之常以其情，順萬事而無情。廓然而太公，物來而順應。」黃檗師亦曰：「此心明淨，猶如虛空無一點相貌。舉心動念，即乖法體。」學道人不悟心體，便於心上生心，著相修行，皆是惡法。心自無心，亦無心心者。將心無心，心卻成有，默契而已，絕諸思議。

凶德有五，中德為首。何謂中德？中德也者，有以自好也，而吡其所不為者也。好，去聲。吡，匹爾反。

仁義禮智中，五行之德，不執皆吉，執之皆凶，而執中之害尤甚。何也？彼皆自謂偏德，如春夏秋冬迭運迭已，當其時則凶，過其時則止。若非中而妄執以為中，不肯少加變通，舉一而廢百，害可言哉？故曰「有以自好也，而吡其所不為者也」。訑訑拒之於千里之外矣，故曰「君子而時中」〔註19〕。不時而稱中者，吾未之謂中也。

窮有八極，達有三必，形有六府。美髯、長大、壯麗、勇〔註20〕敢，八者俱過人也，困以是窮。緣循、偃佒、困畏不若人，三者俱通達。知慧外通，勇動多怨，仁義多責。達生之情者傀，達於知者肖，達大命者隨，達小命者遭。佒，於丈反。知音智，下同。傀，公回反，偉也。

極窮之道有八，必達之道有三，有形之府有六。「極」，究也。「必」，決也。「府」者，聚也。「美」，好也。「髯」，鬚也。「修」，長也。「偉」，大也。「強」，壯也。「娟」，麗也。「勇」，健也。「果」，敢也。八者過人之事，而實窮之基，

〔註18〕《管子·心術上第三十六》：「神者至貴也，故館不辟除，則貴人不捨焉，故曰不潔則神不處。」
〔註19〕《中庸》。
〔註20〕「勇」，光裕堂刻本誤作「盅」。

如桀、紂、智伯是已。「緣循」，杖物而行者也。「傴佹」，不能俯執者也。「困畏」，困苦危懼者也。三者皆不及人之事，而反為達之本。孤臣孽子，操心危，慮患深，故達也。凡有知慧者，皆外通多能而無內蘊之明。凡為勇動者，皆躁擾多怨而乏安靜之福。凡為仁義者，必責望四集而抱副稱之憂。達生之情者，不務生之無以為而傀然恬解矣。達知之情者，則消然釋散而無所繫累矣。達命之情者，大達則任其所止而休焉，與化俱逝；小達則知其不可奈何而安之，不與之爭；皆無所苦矣。此所謂「形有六府」，有象而必聚會者也。

人有見宋王者，錫車十乘，以其十乘驕穉莊子。莊子曰：「河上有家貧恃緯蕭而食者，其子沒於淵，得千金之珠。其父謂其子曰：『取石來鍛之！夫千金之珠，必在九重之淵而驪龍頷下。子能得珠者，必遭其睡也。使驪龍而寤，子尚奚微之有哉？』今宋國之深，非直九重之淵也；宋王之猛，非直驪龍也。子能得車者，必遭其睡也。使宋王而寤，子為螢粉矣。」乘音盛。鍛，丁亂反，謂鎚破也。重，平聲。驪音梨。驪龍，黑龍也。頷音憾。螢音躋。

「驕穉」，驕矜而稚視莊子，故莊子亦以父自處，而子訓之以報也。「緯蕭」，織葦為薄也。珠者，龍所甚愛。今乘其睡而取之，龍寤必且來索，子尚有遺類乎？故以石鍛碎之。今子竊宋王之車以來，乘其不覺而取之也。宋王寤，必且誅汝矣。此真實語，非獨為驕穉抵對，覽者危之惕之。

或聘於莊子，莊子應其使曰：「子見夫犧牛乎？衣以文繡，食以芻菽。及其牽而入於太廟，雖欲為孤犢，其可得乎？」使、衣、食，並去聲。夫音扶。

此與龜喻同。

莊子將死，弟子欲厚葬之。莊子曰：「吾以天地為棺槨，日月為連璧，星辰為珠璣，萬物為齎送，吾葬具豈不備邪？何以加此！」弟子曰：「吾恐烏鳶之食夫子也。」莊子曰：「在上為烏鳶食，在下為螻蟻食，奪彼與此，何其偏也！」齎音資。

楊王孫最得此意。歷觀古來厚葬者皆不肖人，薄葬皆達者。嗟夫！孟嘗君安在哉？桓司馬安在哉？

以不平平，其平也不平；以不徵徵，其徵也不徵。明者唯為之使，神者徵之。夫明之不勝神也久矣，而愚者恃其所見入於人，其功外也，

不亦悲乎！夫音扶。

是非、彼我、然不然、可不可，復通為一，謂之平。明於道之大宗，備天地之美，稱神明之容謂之征。惟不平，故能平。及其稱平，正以不平故也。惟不徵，故能微。及其和徵，正以不徵故也。即《齊物論》所謂「可不可，然不然」者，又即所謂「以其知之所知養其知之所不知，而後稱知之盛」者。正不當以平求平，以徵求徵也。今夫智慧、聰明、言語、文字，譚道者烏能捨哉？然此其指也，非月也；此其糟粕也，非精神也。可以為使，而不可以為徵者也。惟神者能告之，惟神者能征之。執役者明也，主宰者神也。明之不能勝神久矣，愚者乃欲以智慧、聰明、言語、文字區區之臆見以入於人，務外功而詘內修，末矣，故終身役役無成功也。悲夫！蓋明者人之識神，神者人之元神，人多認識神為元神，故流於鬼道。莊子以不知為宗，而欲人返本還源，歸性命之真，以作此書，故於此深致意云。此節是莊子自敘其立言之旨也。

天下第三十三　雜篇

天下之治方術者多矣，皆以其有為不可加矣。古之所謂道術者，果惡乎在？曰：「無乎不在。」曰：「神何由降？明何由出？聖有所生，王有所成，皆原於一。」不離於宗，謂之天人；不離於精，謂之神人；不離於真，謂之至人。以天為宗，以德為本，以道為門。兆於變化，謂之聖人；以仁為恩，以義為理，以禮為行，以樂為和，薰然慈仁，謂之君子。以法為分，以名為表，以參為驗，以稽為決。其數一二三四是也。百官以此相齒，以事為常，以衣食為主，蕃息畜藏，老弱孤寡為意，皆有以養民之理也。惡音烏。離，去聲。行，去聲。分，扶問反。

此篇莊子自敘其著書之意，歷舉當時之方術而論列之，以見己之宗乃神明最上一乘，而世人之學皆淺淺從枝葉上起，議論失神明之本，與己大相懸者也。謂今天下之治方術諸多矣，各以其所有者為不可加矣，乃古之所謂道術者何所在哉？有所在則限於方隅而不能相通，不可謂之道。古之所謂道術者，無所不在也。且夫流動充滿於天地間，不知其所以然而然者謂之神，神何從降乎？藏於人心，英英萬古不滅者謂之明，明何從出乎？得此道者謂之聖，聖何所生乎？行此道於天下者謂之王，王何所成乎？皆原於一。一者，太樸混沌不散之物，絕無一切對待蹤跡、限量名言，無有邊際，不可忖量，非情思學解可得。千類萬類，皆是一類，餘二即非真，這方是大道宗旨。不離此宗者，謂之天人；

不離於精者，謂之神人；不離於真者，謂之至人。三樣人雖同，亦有等級，如精金之色、美玉之情，不可一例，看得者自別。若乃以天為宗，以德為本，以道為門，「兆於變化」者，謂之聖人。雖亦不離於宗，而既有道德之名，似亦少遜於前三者矣。又若「以仁為恩，以義為理，以禮為行，以樂為和」，薰然有仁民愛物之名於天下者，謂之君子。此則已離於宗而失道德之源，只從四德上起見解，止可謂之君子而已。猶華封人所謂「吾以子為聖人，若然君子也」。第能修身謹行成名於天地間耳，豈足與語聖人之道？而況天人與！又若「以法為分，以名為表，以參為驗，以稽為決」，「以事為常」，若此者皆養民之理，有司之事，不必君子而能也。雖至人之所不廢，而不可謂之大道也。「法」謂法度，故有分別。「名」是名稱，則有表著。「參」者，參其情。「稽」者，考其事。以此為驗為決。參稽之數，則一二三四之類。而百官之事，皆以此相齒序也。「以事為常」者，以人事為日用之常。出作入息，日日辦此而不休也。事莫大乎衣食，以「蕃息畜藏，老弱孤寡為意」，此一日不可闕者，故曰常。自「以法為分」以下，無非為民而設，故曰「皆養民之理也」。李元卓曰：「昔之語道者，以謂道烏乎在？曰無乎不在，期之以在有邪？古之人常言之矣。在古無古，在今無今，在陰非陰，在陽非陽，在遠不離眉睫，在近獨高象先，在聚而流出萬有，在散而收歛一毫。道果在有哉？期之以在無邪？古之人常言之矣。在天而天，在地而地，在谷滿谷，在坑滿坑，有在於螻蟻，有在於瓦礫，道果在無哉？無不在無，名謂之無，而真無不無也。有不在有，名謂之有，而真有不有也。而在在者有無不可得而名焉。昔之明在在之妙於天下者，不敢以形數擬，不敢以畛域睨，即其互古今而自成，入散殊而皆一者，強名之曰古人之大體。是猶萬水著見，一月之所攝也；萬竅怒號，一風之所鼓也；萬象森羅，一氣之所積也；萬物紛錯，一道之所原也。神明得之而降出，帝王得之而生成，天人得之不離於宗，神人得之不離於精，至人得之不離於真，聖人以是而變化，君子以是而慈仁，以是為法名操稽之數，以是為詩書禮樂之文。古之人即之以為道術者，非累於心也，故不可謂之心術；非鑿於智也，故不可謂之智術；非機也，故不可謂之機術；非技也，故不可謂之技術。此術而謂之道，其該徧者也。惜夫大全裂，道德散，百家諸子隨所見而自滯，以謂道術在是也。自其所見則殊，而自其所造之道觀之，則不知其殊也。此何故？一石之微與太山均於成體，一米之細與太倉均於成數，一蔂與大澤共虛，一毛與馬體皆備。此百家雖裂，而大體未始有離也。沒百家無大全，離大全無百家，非百家則不見大全，

非大全則百家不立，其原一也。」

　　古之人其備乎！配神明，醇天地，育萬物，和天下，澤及百姓，明於本數，繫於末度，六通四辟，小大精粗，其運無乎不在，其明而在曆數者，舊法世傳之史尚多有之。其在於《詩》、《書》、《禮》、《樂》者，鄒魯之士、縉紳先生多能明之。《詩》以道志，《書》以道事，《禮》以道行，《樂》以道和，《易》以道陰陽，《春秋》以道名分。其數散於天下而設於中國者，百家之學時或稱而道之。天下大亂，賢聖不明，道德不一，天下多得一察焉以自好。譬如耳目鼻口，皆有所明，不能相通。猶百家眾技也，皆有所長，時有所用。雖然，不該不徧，一曲之士也。判天地之美，析萬物之理，察古人之全，寡能備於天地之美，稱神明之容。是故內聖外王之道，闇而不明，鬱而不發，天下之人各為其所欲焉以自為方。悲夫！百家往而不反，必不合矣。後世之學者，不幸不見天地之純，古人之大體，道術將為天下裂。辟、闢同。行，去聲。分，扶問反。好，去聲。稱，去聲。

　　惟古之人，為能抱一無為，備而不分，故配神明，醇天地，育萬物，和天下，澤及百姓，莫不明於本數而繫於末度，本末兼舉，體用互入，雖為仁義禮樂之事，以至於名法參稽之末，而未嘗離於道德之宗。故六通四辟，小大精粗，其運用無所不在，未嘗限於方隅而有定也。今雖往而不可見矣，然其治天下之跡，明而在曆數者，如律度量衡之類，舊法世傳之史典籍之中尚多有之。其精微者，在《詩》、《書》、《禮》、《樂》，鄒魯搢紳先生尚多能明之。其數之散於天下而設於中國、不可得而廢者，如農圃醫卜之流，百家之學，時或稱而道之。此皆古人治天下之具，出於本數而發於末度者也，豈謂可廢哉？顧當以道德一之，而後不離於宗，可以稱內聖外王之學。自天下大亂，賢聖不明，道德不一，凡中智以下，各以其一隙之明窺見一班，遽謂道在是矣，竊竊焉家驕人壁而自好之。譬如耳目鼻口皆其用，而不能相通。又如百家眾技皆有所長，時有所用，而不該不徧，止稱一曲之士。於是判天地之美，析萬物之理，離古今之全，而鮮有備天地之美，副神明之大者。是故內聖外王之道闇而不明，鬱而不發，天下之人各為其意之所欲為者，以道術名。悲夫！百家從此往而不返，必無復合之期矣。後世之學者，不幸生不逢年，不見天地之純全、古人之大體，道術遂將為天下破裂而不可收矣，吾安得不探神明之秘，闡道德之原，發人甕雞坫電之見而還之舊觀，庶幾不離於宗也哉！若此，則歷詆聖人以下，亦有所不得已

矣。然莊子雖歷詆大聖，而此敘中絕無詆之之語。以鄒魯縉紳家列於簡首，不與諸家伍，然後敘墨子而下諸家，則固有分寸在。

不侈於後世，不靡於萬物，不暉於度數，以繩墨自矯，而備世之急，古之道術有在於是者。墨翟、禽滑釐聞其風而悅之。為之大過，已之大循。作為非樂，命之曰節用，生不歌，死無服。墨子汎愛兼利而非鬥，其道不怒；又好學而博，不異，不與先王同，毀古之禮樂。黃帝有《咸池》，堯有《大章》，舜有《大韶》，禹有《大夏》，湯有《大濩》，文王有《辟雍》之樂，武王、周公作《武》。古之喪禮，貴賤有儀，上下有等，天子棺槨七重，諸侯五重，大夫三重，士再重。今墨子獨生不歌，死不服，桐棺三寸而無槨，以為法式。以此教人，恐不愛人；以此自行，固不愛己。未敗墨子道，雖然，歌而非歌，哭而非哭，樂而非樂，是果類乎？其生也勤，其死也薄，其道大觳，使人憂，使人悲，其行難為也，恐其不可以為聖人之道，反天下之心，天下不堪。墨子雖獨能任，奈天下何！離於天下，其去王也遠矣。墨子稱道曰：「昔者禹之湮洪水，決江河而通四夷九州也，名山三百，支川三千，小者無數。禹親自操槀耜而九雜天下之川，腓無胈，脛無毛，沐甚風，櫛疾雨，置萬國。禹，大聖也，而形勞天下也如此。」使後世之墨者多以裘褐為衣，以跂蹻為服，日夜不休，以自苦為極，曰：「不能如此，非禹之道也，不足謂墨。」相里勤之弟子，五侯之徒，南方之墨者苦獲、已齒、鄧陵子之屬，俱誦《墨經》，而倍譎不同，相謂別墨。以堅白、同異之辯相訾，以觭偶不仵〔註21〕之辭相應，以鉅子為聖人，皆願為之尸，冀得為其後世，至今不決。墨翟、禽滑釐之意則是，其行則非也。將使後世之墨者，必自苦以腓無胈、脛無毛相進而已矣。亂之上也，治之下也。雖然，墨子真天下之好也。將求之不得也，雖枯槁不舍也，才士也夫！墨翟，宋大大夫。禽滑釐，滑音骨，翟弟子也。大過，大音泰。後大過、大多、大少放此。好，去聲。夏，戶雅反。辟音璧。重，平聲。樂而音洛。觳，苦角反。行，下孟反。離，去聲。操，七曹反。槀音託。耜音似。腓音肥。胈音脛、音幸。櫛，側筆反。跂，其逆反，音屐。蹻，紀略反，音屬。麻曰屬，木曰屐，鞋類也。相，去聲，相里勤也。五侯也，苦獲也，已齒也，鄧陵子也，皆墨弟子。倍音佩。訾音紫。觭音雞。仵音誤。鉅子，墨家號其先生之名。行，下孟反。治，平聲。好，去聲。舍，上聲。夫音扶。

〔註21〕「仵」，通行本作「忤」。

　　古人之道術，亦有敦尚樸儉而不為後世之侈，愛惜萬物而不輕有所費，謂輝煌度數為無用而不之貴，厘厘以繩墨自檢制而積其有餘，以為世間不虞之備。若此者，墨翟、禽滑釐二人聞其風而悅之，以是為宗，而又為之太過，止之太拘。為非樂之說，曰：吾以此節用。於是使人生無歌詠之適，死無衰麻之服。又汎愛兼利，而以鬬為非。其道不怒，又好學而博，不異其道，尚同，毀先王之禮樂，而行其儉約之說。昔自黃帝以來皆有樂，自天子至於庶人皆有喪禮，而彼獨生不歌，死無服桐棺三寸而無槨。以此法教人，恐不愛人。以此法自行，亦不愛己。今墨子之道雖盛行未敗，然歌而非歌，哭而非哭，樂而非樂，是果與人情類乎？其生也勤，其死也薄，其道大觳，使人憂悲，其行難為，恐不合於聖人之道。反天下之心，天下之人皆不堪之。墨子雖獨能，而安能強天下之從己？既與天下離，而可稱外王之道乎？墨子之道自謂出於禹，其言曰：「禹湮洪水，足跡遍於九州四夷，親操橐耜，以釟治之。至於腓無胈，脛無毛，沐甚風，櫛疾雨，勤苦若此。而況於我輩乎！故當以裘褐為衣，屐屩為履，日夜不休，以自苦為極。不如此，非禹道也，不足為吾弟子。」又有相里勤之弟子，五侯之徒，與夫南方之墨苦獲、已齒、鄧陵子之屬，俱誦墨子之書，而時倍譎不盡，同人詆之為別墨。凡為墨者，以堅白、同異之辨相訾毀，以觭偶不忤之辭相應和。推其門之高座弟子為聖人而願尸祝之，冀得嗣其宗祜，相爭真膺，至今不決。其尊翟之道如此。墨翟、禽滑釐之意則是，而行非也。將使後世之學者必自苦，以腓無胈、脛無毛相尚而已。反於人情，亂之易而治之難也。雖然，墨子亦可謂天下豪傑士矣，真吾所謂自好者矣。若求行其道而不得，雖枯槁以死，不捨矣。可不稱天下才士也哉？

　　不累於俗，不飾於物，不苟於人，不忮於眾，願天下之安寧以活民命，人我之養畢足而止，以此白心，古之道術有在於是者。宋鈃、尹文聞其風而悅之。作為華山之冠以自表，接萬物以別宥為始，語心之容，命之曰心之行，以聏合驩，以調海內，請欲置之以為主。見侮不辱，救民之鬬，禁攻寢兵，救世之戰。以此周行天下，上說下教，雖天下不取，強聒而不舍者也，故曰上下見厭而強見也。雖然，其為人大多，其自為大少，曰：「請欲固置五升之飯足矣，先生恐不得飽，弟子雖饑，不忘天下。」日夜不休，曰：「我必得活哉！圖傲乎救世之士哉！」曰：「君子不為苛察，不以身假物。」以為無益於天下者，用〔註22〕之不如已也。

──────────────

〔註22〕「用」，通行本作「明」。

以禁攻寢兵為外，以情慾寡淺為內。其小大精粗，其行適至是而止。恑
音至。銒音刑。別，彼列反。聑音而。說音悅。舍，上聲。強，上聲。為，去聲。行，
下孟反。

　　古之道術固有和調混合，於俗無所累患，於物無所文飾，於人無所苟且，
於眾無所忮害，願天下之安寧以活民命，人與我之養皆足而止，共享太平之福。
以此自顯其心者，宋銒、尹文二人聞其風而悅之。制冠如華山狀，削成而四方
者，戴之而自表異。其接遇萬物，則以辨物居方、寬容赦宥為始，形容心體以
立教。其言曰：心之為用，所以聑合歡而調海內者也。「聑」者，和也。「聑合
歡」，有寬容赦宥之義。「調海內」，使之各得其所，有辨物居方之義。請置此
心以為主。見侮不辱，救民之鬪，禁攻寢兵，救世之戰。以此周行天下，上以
說其君，下以教其民。雖人不聽，而猶強聒之不舍。故其書曰：「上下見厭而
強見也。」雖然，其為人之意大多，而自為之意大少矣。其於天下之人，無不
以先生稱之，而自稱為弟子。其言曰：「請但置五升之飯，足矣。先生恐不飽，
若弟子雖饑不害，不忘救天下。」日夜不休，曰：「天下若飽，則吾豈有不活
之理？」可謂揮斥高大、強力忍訴之士哉！其言又曰：「君子當務其大者，不
宜為苛察小明，以鶩口辯。不宜以身借人，而為報恩從仇險異之行。」皆無益
於天下，不如勿為也。惟以禁攻寢兵為外事，以節情寡欲為內學。雖其小大精
粗，為說尚多，而制行歸趣適止此已，無他奇矣，是未聞大道者也。宋銒，即
宋榮子。說見《逍遙遊》。

　　公而不黨，易而無私，決然無主，趣物而不兩，不顧於慮，不謀於
知，於物無擇，與之俱往，古之道術有在於是者。彭蒙、田駢、慎到聞
其風而悅之。齊萬物以為首，曰：「天能覆之而不能載之，地能載之而不
能覆之，大道能包之而不能辨之。」知萬物皆有所可，有所不可，故曰：
「選則不徧，教則不至，道則無遺者矣。」是故慎到棄知去己，而緣不
得已，泠汰於物以為道理，曰：「知不知，將薄知而後鄰傷之者也。」謑
髁無任而笑天下之尚賢也，縱脫無行而非天下之大聖，椎拍輐斷，與物
宛轉，舍是與非，苟可以免，不師知慮，不知前後，魏然而已矣。推而
後行，曳而後往，若飄風之還，若羽之旋，若磨石之隧，全而無非，動
靜無過，未嘗有罪。是何故？夫無知之物，無建己之患，無用知之累，
動靜不離於理，是以終身無譽。故曰：「至於若無知之物而已，無用賢
聖，夫塊不失道。」豪傑相與笑之曰：「慎到之道，非生人之行而至死人

之理，適得怪焉。」田駢亦然，學於彭蒙，得不教焉。彭蒙之師曰：「古之道人，至於莫之是、莫之非而已矣。其風窢然，惡可而言？」常反人，不見觀，而不免於魭斷。其所謂道非道，而所言之韙不免於非。彭蒙、田駢、慎到不知道。雖然，槩乎皆嘗有聞者也。易音異。於知音智。下棄知、用知同。去，上聲。泠音零。汰音泰。泠汰，猶沙汰也。謑音奚。髁，戶寡反。謑髁，訛倪不正貌。行，去聲。下人之行同。椎，直追反。拍，普百反。輐音緩。斷音短。舍，上聲。師知，去聲。魏音危。飄音標。還音旋。磨，末佐反。隧音遂，回也。夫音扶。離音利。窢，況逼反，逆風聲。惡音烏。魭斷，即上文輐斷，字少異耳。韙音委。

　　古之道術亦有大公而不黨，平易而不偏，如吹劍吷然而無主定，隨物所趨，不與之二，不起心，不任智，物無揀擇，與之俱往，是亦一宗也。彭蒙、田駢、慎到聞其風而悅之。首以齊萬物為事。其言曰：「天能覆之而不能載之，地能載之而不能覆之，各有所偏。惟大道能包之而不能辨之，此道所以為大也。」天地且有能，有不能，萬物豈無可不可哉？故事不可揀擇，揀擇則不能周偏矣。人皆有能有不能，任其天性，不必強教，教則不能至道矣。惟道始能無遺，因物付物，以事處事，不選不教，故得無遺。若強之而至於不偏不至，反有所遺矣。其說如此。是故慎到之道，棄知去己，而遇事之來，皆不得已而後起。清汰於物，不著不沾，以此為理。其言曰：「人若強知其所不知，必將迫近於知，而不免幾傷之者也，何益哉！」故謑髁無任而笑天下之尚賢，縱脫無行而譏天下之尊聖。「謑髁」，不定貌。「縱」，縱恣。「脫」，脫略也。「椎拍輐斷」，皆刑截者所用。屈折矯揉，順時宛轉，勿論是非。苟免於世，不師智慮，不知前後，魏然不動，如是而已。推之而後行，曳之而後往，若飄風之回，若飛羽之旋，若磨石之轉，故能自全而無譏，動靜皆當而無罪。何以故？蓋天下惟無知之物，始無立己之患與用知之累，動靜不離於理，而終身無譽。譽雖不及，毀亦免矣。故學者當若無知之物而止，烏用賢聖為？惟土塊不失道，故人皆安之也。其說如此。豪傑之士相與笑之曰：「慎到之道，譏生人有為之行，而尚死人無知之理，適得怪焉。」田駢亦然。學於彭蒙，而得其所謂教則不至之說。彭蒙之師之言曰：「古之有道者，至於人莫之是、莫之非而已矣。其風過而不留，應而無跡。若逆風過物之聲，窢然而已。惡可言哉？」其說如此。故常反於人而不為人所從，己亦不免於委曲以從人。其所謂道，不可謂之道；所謂是，不可謂之是。三人未知道也。雖然，不可謂之無所聞，亦得道之膚矣。世人不知則謂

之非道，而道人觀之，豈無取焉？觀莊子《齊物論》及《秋水》篇多此意。顧三人止得其流，而莊子直探其源，則相去遠矣。大率三人其鄉愿之流與？

以本為精，以物為粗，以有積為不足，澹然獨與神明居，古之道術有在於是者。關尹、老聃聞其風而悅之。建之以常無有，主之以太一，以濡弱謙下為表，以空虛不毀萬物為實。關尹曰：「在己無居，形物自著。」其動若水，其靜若鏡，其應若響。芴乎若忘〔註23〕，寂乎若清，同焉者和，得焉者失。未嘗先人而常隨人。老聃曰：「知其雄，守其雌，為天下谿；知其白，守其黑，為天下谷。」人皆取先，己獨取後，曰：「受天下之垢。」人皆取實，己獨取虛，無藏也故有餘，巋然而有餘。其行身也，徐而不費，無為也而笑巧。人皆求福，己獨曲全，曰：「苟免於咎。」以深為根，以約為紀，曰：「堅則毀矣，銳則挫矣。」常寬容於物，不削於人，可謂至極。關尹、老聃乎！古之博大真人哉！澹音淡。聃音眈。芴音忽。垢音苟。巋音鬼。費音沸。

古之道術有以本為精，以物為粗，以有積為不足者。本在內而至精，至精則愈積愈精，安見其有餘？末在外而至粗，至粗則不當積，積之更為累，豈非不足之事？故曰微妙玄通，不可測識。良賈深藏若虛。君子盛德，容貌若愚。聖人不積，「既以予人己愈有，既以予人己愈多」是也。古者有此道矣，關尹、老聃二人聞其風而悅之。老子則建之以常無有，主之以太一，以濡弱謙下為表，以虛空不毀萬物為實。老子之言曰：「常無，欲以觀其妙；常有，欲以觀其徼。」常無者，無極之真。常有者，二五之精。常無者，不動之體。常有者，感通之用。常無者，真空；常有者，妙有。有無相生，真常不變，故曰「建之以常無有」。老子曰：「夷、希、微三者，混而為一。聖人抱一，以為天下式。道生一，一生二，二生三，三生萬物。」蓋有無二者，猶不免於對待。混而為一，則所謂「窈窈冥冥，其中有精」者，故曰「主之以太一」。以上皆語道體也。其用則曰慈，曰儉，曰不敢為天下先。故曰「以濡弱謙下為表」也。「有之以為利，無之以為用」，則其空非頑空，乃不毀萬物之空也，故曰「以虛空不毀萬物為實」。以上道之用也。老子之道如此。關尹子之言曰：「在己無居，形物自著。」人惟以有心迎物，故心見於外而物反得以蔽吾之心。有如在我者，本廓然蕩然，絕無偏主，由是人各以其所挾持者來叩。我既無先發，彼不得不竭其情。吾因

〔註23〕「忘」，通行本作「亡」。

以形付形，則妍孈美惡自當其分。故曰其動若水，無心自流；其靜若鏡，雖照不照；其應若響，雖鳴不鳴。芴乎若亡，寂乎若清。與物大同，同焉者和。得無所得，得焉者失。未嘗先人而常隨人，主應而已。故老子又曰：「知其雄，守其雌，為天下谿。知其白，守其黑，為天下谷。」人皆爭先，己獨讓後，謂有道者必當受天下之垢也。人皆貴實，己獨貴虛，謂無所藏者乃歸然有餘也。其行身也，舒徐簡儉而不多費，漠然無為而笑人之巧利。人皆求福，己獨曲全，以為苟免於咎足矣。得與亡孰病也？「以深為根」，如所謂「玄之又玄，眾妙之門」者。「以約為紀」，如所謂「治人事天莫如嗇」者。曰堅則必毀，銳則必挫，常事寬容而不務嚴削，可謂至極之道矣。若二子者，其古之博大真人哉！曰「博大」，又曰「真」，蓋並包六合而不離於宗，與神明俱者也。若是乎莊子之尊之矣，胡不以己附於二子之統，而別稱一家，何哉？詳莊子之意，謂老子渾樸慈儉，有無雙存，乃應化之真人也，而己則高明倜蕩，獨與造化遊，直是本體真人，非其的孤，故不肯稱衣鉢弟子。然道則無二矣，故每每獨尊之云。

　　芴漠無形，變化無常，死與？生與？天地並與？神明往與？芒乎何之？忽乎何適？萬物畢羅，莫足以歸，古之道術有在於是者。莊周聞其風而悅之。以謬悠之說，荒唐之言，無端崖之辭，時恣縱而不黨〔註24〕，不以觭見之也。以天下為沈濁，不可與莊語；以卮言為曼衍，以重言為質〔註25〕，以寓言為廣。獨與天地精神往來，而不敖倪於萬物，不譴是非，以與世俗處。其書雖瓌瑋而連犿無傷也，其辭雖參差而諔詭可觀。彼其充實不可以已，上與造物者遊，而下與外死生、無終始者為友。其於本也，弘大而辟，深閎而肆；其於宗也，可謂稠適而上遂矣。雖然，其應於化而解於物也，其理不竭，其來不蛻，芒乎昧乎，未之盡者。芴音忽。與，平聲。觭音羈。倪音詣。處，上聲。瓌，古回反。犿音翻。連犿，宛轉相從貌。參，初林反。差，初宜反。諔，尺叔反。辟音闢。稠音調。蛻，始銳反。

　　古之道術亦有窮性命之歸，通晝夜之知，其體則芴漠無形，其用則變化無常，視死與生為一途，與天地而俱存，與神明而俱往，荒乎何之，忽乎何適，藏天下於天下而不得遁，畢羅萬物而莫之歸。若是者，莊周聞其風而悅之。以虛遠之說，廣大之言，無窮盡之辭，時放任縱恣，而畢其口吻，亦不偏黨，亦不觭介。以為世方沉濁，不可以雅重之言與之談，故以卮言為曼延，以重言為

〔註24〕「黨」，通行本作「儻」。
〔註25〕「質」，通行本作「真」。

考實，以寓言為廣博。獨與天地之至精至神者往來相應，而不屑睨視夫萬物，以為此皆末數，不足置諸口頰也。至於物論之是非，則以環中之無窮應之，而不加譴責，與之並處而不爭。其書雖瓌瑋宏壯，可驚可駭，而連犿和混，與物無所傷害也。其辭雖參差不齊，或短或長，而諔詭滑稽，殊可以覽而觀也。彼其流於既溢之餘，發於持滿之後，有弸中彪外而不可以已者，故亦不自知其談之所以然。上與造物者遊，而下與一死生、無終始者為友。所謂神何由降、明何由出者，自謂其有獨得，故可以乘天地之正，御六氣之變，以遊無窮。死生亦大矣，而不與之變。其於本也，弘大而辟，深閎而肆，與世之拘曲儒者不同。其於宗也，可謂與造化神明調和順適，而上遂矣。本者何？即前所謂「以德為本」者也。本於天德之自然，而廣大無垠，幽玄莫測，不為仁義以下之談也。宗者何？即前所謂「以天為宗」者也。手攀月窟，足躡天根，洞陰達陽，遊於無何有之鄉，與神明俱無極也。此莊子所謂內聖之德也。又不肯自謂無用，故曰「雖然，其應於化而解於物也，其理不竭，其來不蛻」，荒乎昧乎，幽遠而不可盡。蓋言應物無跡，運化不窮，外王之道，無不備舉。無為而無不為，還斯世於容成栗陸之上可也。故曰「芒乎昧乎，未之盡者」。「其來不蛻」者，凡體與用離則蛻，治天下而不離於宗，故曰「不蛻」也。莊子之自任如此。蓋自謂泰皇以來一人，握元氣之權輿，而遊垓埏之無窮也。視世事皆齷齪糞土，不足為，不得已而為之，將使大地皆化為黃金。其志如此，豈屑附於老聃之統？且自狀以為謬悠荒唐恣縱之徒也。甚似哉！甚似哉！

　　惠施多方，其書五車，其道舛駁，其言也不中。歷物之意，曰：「至大無外，謂之大一；至小無內，謂之小一。無厚不可積也，其大千里。天與地卑，山與澤平。日方中方睨，物方生方死。大同而與小同異，此之謂小同異；萬物畢同畢異，此之謂大同異。南方無窮而有窮，今日適越而昔來。連環可解也。我知天下之中央，燕之北、越之南是也。氾愛萬物，天地一體也。」惠施以此為大，觀於天下而曉辯者，天下之辯者相與樂之。卵有毛，雞三足，郢有天下，犬可以為羊，馬有卵，丁子有尾，火不熱，山出口，輪不蹍地，目不見，指不至，至不絕，龜長於蛇，矩不方，規不可以為圓，鑿不圍枘，飛鳥之景未嘗動也，鏃矢之疾而有不行不止之時，狗非犬，黃馬驪牛三，白狗黑，孤駒未嘗有母；一尺之棰，日取其半，萬世不竭。中，去聲。睨音詣，側視也。觀，去聲。樂音洛。蹍，女展反，音輾。枘，如銳反。景、影同。鏃，子木反。驪音黎。棰，章蕊反。

　　天下學術，各有師承，各有宗旨。獨惠施之學，第騰口說，絕無意謂。雖著書多至五車，而其道舛駁，其言不中。其歷覽萬物之意，如云：「至大無外，謂之大一；至小無內，謂之小一」，謂天下止知數起於一，而不知有大一、有小一，從至大處起數向小邊來謂之大一，從至小處起數向大邊去謂之小一。又云：厚薄是厚薄，大小是大小，不可便謂厚、大為一類，薄、小為一類。故有薄不可積者，其大可以千里，如日月之光滿天下而不可積，春氣動則蒼波青草滿天下而不可積是也。又云：「天與地卑，山與澤平。」地上皆天，故云霧霜雪風雷生焉；山上有水，故草木生溪澗流龍魚游焉。又云：「日方中方睨，物方生方死。」日方中，中不可留，睨將繼之矣；人方生，生不可留，死將及之矣。又曰：居西者呼為中，處東者呼為睨。人今日之生生，則昨日之生死也。天下有大同異，有小同異。大同而與小同殊者，破壞大同之體，止可謂之小同異。惟萬物畢同畢異者，方謂之大同異。「南方無窮而有窮」，天實無窮，地實有窮也。不足東南，則謂之窮矣。「今日適燕而昔來」，夏革曰：「朕東行至營，人民猶是也。問營之東，猶營也。西行至豳，人民猶是也。問豳之西，復猶豳也。以是知四海、四荒、四極不異是也。」〔註26〕則今日適燕可以謂昔至矣。或曰形則今日適，神已昔日至，亦可。「連環可解」者，一動一靜，則連環未嘗運也。且環之貫，貫於空處，不貫於環也。兩環貫空，各自通轉，非解而何？「我知天下之中央，燕之北、越之南是也」，日月之行，竟無停跡；二十八宿，日夜旋轉；誰為天下之中？皆謂之中亦可。又曰：越不見燕，燕不見越，各以所在而定中。如中庭月色，寧分比隣哉？萬物皆我所當愛也，天地亦我氣相屬也。由上諸言，止是反同為異，反異為同，初無奧義。惠施以此為大學問，以觀示天下而曉辯者，天下之人因為傾動而樂從之，增益其辭。如云「卵有毛」，使卵無毛，則生之後安得有毛？惟其有毛，故鷇而毛也。「雞三足」，蓋雞以兩足行而不著於地，此必復有一足矣。如梯兩足，則著地而不行矣。「郢有天下」，郢有王也，又燕北、越南皆為天下之中，則謂郢有天下亦可。且孔子曰：「天下猶是也」，謂郢之全有天下亦可。「犬可以為羊」，羊、犬之名，從人之呼而已。犬生而名之為羊，則終犬之世，呼羊而搖尾至矣。況犬肯入羊之群乎！「馬有卵」，夫馬能生騾，騾非馬矣，安知不再傳而為卵乎？「丁子有尾」，丁子者，蟆也。蟆之始生曰蝌斗，有尾，長而尾落，安得不謂之有尾？「火不熱」，熱者火用，非火體。火之質，木陰也。又火之前為木，木不熱。火之後為炭，炭

不熱。前後不熱，中安得熱？且冬火尚不能自溫也，又況天下之有寒焰也！南方有食火之獸也，皆不熱之類也。「山出口」，空谷能應，又能吐雲霧也。「輪不輾地」，輾地則膠而不行矣，惟不輾地，故能行。譬夫馬之善行者，足不動塵，如浮空而去然。又，諺謂人忙不住者曰腳不落地。輪忙則亦不輾地矣。「目不見，指不至」，據公子牟言。蓋云無視則皆見，有視則有不見矣；無指則皆至，有指則有不至矣。或云目之見物，必待於緣，無緣安得見乎？指能指物，安能至物，故指不至。至「不絕」者，既謂之至，則不絕矣。絕則安稱至乎？「龜長於蛇」者，長於蛇，故能制蛇，否則為蛇所制矣。「矩不方」，矩之象，一縱一橫，曷嘗方？惟規亦然，本無圓相。況為方圓者，匠也，規矩豈能為之哉！「鑿不圍枘」，鑿之孔，小大定矣，不以有枘而實，無枘而虛。先有枘而圍之者，可謂圍枘也。「飛鳥之影未嘗動」，公子牟曰：「有影不移，說在改也。」蓋形自動爾，何與影事？鏃矢之疾，而有不行不止之時，公子牟曰：「善射者能令後鏃中前括，發發相及，矢矢相屬，前矢造準而無絕落，後矢之括猶嘲弦，視之若一鈞後於前故也。」若是則未見其有行有止之時矣。或曰不至其地，不可謂之行；不貫其所，不可謂之止。「狗非犬」，既曰狗，又安得稱犬？「黃馬驪牛三」，公子牟曰：「形名離也。馬也，牛也，色也，是之謂三。」「白狗黑」，不見則黑白與物一色，而時有不見，稱黑可矣。「孤駒未嘗有母」，公子牟曰：「非孤也。小馬有母者謂之駒。無母，安得稱駒乎？」且彼生而未嘗見母，則謂生於空桑亦可。「一尺之捶，日取其半，萬世不竭」，今日取上半，明日取下半，上下循環，何竭之有？以上惠施及當時相應之論，未嘗無理，但無宗旨。其「萬物一體」一句盡可為宗旨，而施又不能獨以為譚資耳。所以莊子惜其無成也。在釋氏謂之弄精魂，吾道直謂之佞，學者之大戒。僕之所解，雖未必盡得彼情，而當時原無玄旨。若舊注有云：「數之所起，自無適有；名之所指，從人假呼。人情則有分別，道眼原無彼此。」又引《肇論》云：「旋嵐偃岳而常靜，江河競注而不流。野馬飄鼓而不動，日月曆天而不周。前跡已過，後塗未至。除卻前後，更無中間。」此等見解，卻有大宗旨在，非惠施所知。止以公子牟等語推類求之，當時之意不過如此。

　　辯者以此與惠施相應，終身無窮。桓團、公孫龍辯者之徒，飾人之心，易人之意，能勝人之口，不能服人之心，辯者之囿也。惠施日以其知，與人之辯，特與天下之辯者為怪，此其柢也。然惠施之口談，自以為最賢，曰：「天地其壯乎！」施存雄而無術。南方有倚人焉，曰黃繚，

問天地所以不墜不陷，風雷霆之故。惠施不辭而應，不慮而對，徧為萬物說，說而不休，多而無已，猶以為寡，益之以怪。以反人為實，而欲以勝人為名，是以與眾不適也。弱於德，強於物，其塗隩矣由天地之道觀惠施之能，其猶一蚉一宦之勞者也，其於物也何庸！夫充一尚可，曰愈貴，道幾矣！惠施不能以此自寧，散於萬物而不厭，卒以善辯為名。惜乎！惠施之才，駘蕩而不得，逐萬物而不反，是窮響以聲，形與影競走也。悲夫！知音智。倚、畸同，音雞。繚音了。徧為，去聲。隩，烏報反。宦音盲。駘，蕩亥反，廣大意。

　　當時之辯者，日以此等話與惠施更相應和，窮年卒歲，無有已時。如桓團、公孫龍之徒，簧鼓人之心，移易人之意，但能勝人口，不能服人心，往往角勝於詞場者甚多。而惠施日以其知與人辯，既無詮理之功，亦乏用世之效，特與之為怪。凡前所云者，其大抵也。樂正子輿言「公孫龍行無師，學無友，佞給而不中，漫衍而無家，好怪而妄言」，意正同此。蓋乍聽之若不可解，既解則索然無餘味，此喋喋利口舌辯之雄而已。而惠施方自以為賢，曰天地聞吾言必增而壯哉。蓋施徒存雄心而無學術者也。南方有畸人黃繚者，嘗問天地所以不陷不墜及風雷霆之故，惠施意氣飆舉，不辭謝而應，不思慮而對，徧為說以告之。告之不已，乃為怪說以益之。蓋今《列子》所載殷湯夏革之問答及女媧鍊石補天、巨鼇舉首載地等言，想皆此輩撰出也。惠施惟以反人情之事為實，欲強辨勝人，而盜其名，是以與眾不合。弱於德而強於物，其塗太僻隩矣。由天地之大道而觀，惠子之小能，譬之一蚉一宦集於丘莽之下也，何所用之？以充萬物之一數，猶之可耳。而曰愈於貴道者，此於道無萬分一也。曾幾何哉！惠施方技癢不能自寧，散精神於萬物而不厭，卒以善辯成其名。惜乎！才如惠施，亦不多得，乃放蕩於辭辯之間，而不得真源之趣，馳逐萬物之末，而不反寧一之途，是猶窮響以聲，競形於影，不出於庸人稚子之見，又何取於才士也。天選其形，而以堅白鳴。悲夫！宋有少年暢潛道者，見司馬公論性善惡混不休。司馬公作色曰：「顏狀未離於嬰孩，高談已至於性命。」伊川笑之，問：「莫鑠應否？」對曰：「某應舉得祿爾。」嗟夫！惠子之辯也，意者亦猶夫暢生之得祿也。吾又悲夫世之為惠子、暢生者比比也。

附錄一：沈一貫傳〔註1〕

張廷玉《明史》卷二百十八

　　沈一貫，字肩吾，鄞人。隆慶二年進士。選庶吉士，授檢討，充日講官。進講高宗諒陰，拱手曰：「託孤寄命，必忠貞不二心之臣，乃可使百官總己以聽。苟非其人，不若躬親聽覽之為孝也。」張居正以為刺己，頗憾一貫。居正卒，始遷左中允。歷官吏部左侍郎兼侍讀學士，加太子賓客。假歸。

　　二十二年起南京禮部尚書，復召為正史副總裁，協理詹事府，未上。王錫爵、趙志皋、張位同居內閣，復有旨推舉閣臣。吏部舉舊輔王家屏及一貫等七人名以上。而帝方怒家屏，譙責尚書陳有年。有年引疾去。一貫家居久，故有清望，閣臣又力薦之。乃詔以尚書兼東閣大學士，與陳于陛同入閣預機務，命行人即家起焉。會朝議許日本封貢。一貫慮貢道出寧波，為鄉郡患，極陳其害，貢議乃止。未幾，錫爵去，於陛位第三，每獨行己意。一貫柔而深中，事志皋等惟謹。其後於陛卒官，志皋病瘖久在告，位以薦楊鎬及《憂危竑議》事得罪去，一貫與位嘗私致鎬書，為贊畫主事丁應泰所劾。位疏辨，激上怒罷。一貫惟引咎，帝乃慰留之。

　　時國本未定，廷臣爭十餘年不決。皇長子年十八，諸請冊立冠婚者益迫。帝責戶部進銀二千四百萬，為冊立、分封諸典禮費以困之。一貫再疏爭，不聽。二十八年，命營慈慶宮居皇長子。工竣，諭一貫草敕傳示禮官，上冊立、冠婚及諸王分封儀。敕既上，帝復留不下。一貫疏趣，則言：「朕因小臣謝廷讚乘

〔註1〕沈一貫傳記，另可參（明）過庭訓《本朝分省人物考》卷四十八《沈一貫》、
　　　　（明）徐象梅《兩浙名賢錄》卷十四《吏部尚書中極殿大學士沈肩吾一貫》以
　　　　及其子沈泰藩撰《沈文恭公年譜》。

機邀功，故中輟。俟皇長子移居後行之。」既而不舉行。明年，貴妃弟鄭國泰迫群議，請冊立、冠婚並行。一貫因再草敕請下禮官具儀，不報。廷議有欲先冠婚後冊立者，一貫不可，曰：「不正名而苟成事，是降儲君為諸王也。」會帝意亦頗悟，命即日舉行。九月十有八日漏下二鼓，詔下。既而帝復悔，令改期。一貫封還詔書，言「萬死不敢奉詔」，帝乃止。十月望，冊立禮成，時論頗稱之。會志皋於九月卒，一貫遂當國。初，志皋病久，一貫屢請增閣臣。及是乃簡用沈鯉、朱賡，而事皆取決於一貫。尋進太子太保、戶部尚書、武英殿大學士。

自一貫入內閣，朝政已大非。數年之間，礦稅使四出為民害。其所誣劾逮繫者，悉滯獄中。吏部疏請起用建言廢黜諸臣，並考選科道官，久抑不下，中外多以望閣臣。一貫等數諫，不省。而帝久不視朝，閣臣屢請，皆不報。一貫初輔政面恩，一見帝而已。東征及楊應龍平，帝再御午門樓受俘。一貫請陪侍，賜面對，皆不許。上下否隔甚，一貫雖小有救正，大率依違其間，物望漸減。

迨三十年二月，皇太子婚禮甫成，帝忽有疾。急召諸大臣至仁德門，俄獨命一貫入啟祥宮後殿暖西閣。皇后、貴妃以疾不侍側，皇太后南面立稍北，帝稍東，冠服席地坐，亦南面，太子、諸王跪於前。一貫叩頭起居訖，帝曰：「先生前。朕病日篤矣，享國已久，何憾。佳兒佳婦付與先生，惟輔之為賢君。礦稅事，朕因殿工未竣，權宜採取，今可與江南織造、江西陶器俱止勿行，所遣內監皆令還京。法司釋久繫罪囚，建言得罪諸臣咸復其官，給事中、御史即如所請補用。朕見先生止此矣。」言已就臥。一貫哭，太后、太子、諸王皆哭。一貫覆奏：「今尚書求去者三，請定去留。」帝留戶部陳渠、兵部田樂，而以祖陵沖決，削工部楊一魁籍。一貫復叩首，出擬旨以進。是夕，閣臣九卿俱直宿朝房。漏三鼓，中使捧諭至，俱如帝語一貫者。諸大臣咸喜。翼日，帝疾，廖悔之。中使二十輩至閣中取前諭，言礦稅不可罷，釋囚、錄直臣惟卿所裁。一貫欲不予，中使輒搏顙幾流血，一貫惶遽繳入。時吏部尚書李戴、左都御史溫純期即日奉行，頒示天下，刑部尚書蕭大亨則謂弛獄須再請。無何，事變。太僕卿南企仲劾戴、大亨不即奉帝諭，起廢釋囚。帝怒，並二事寢不行。當帝欲追還成命，司禮太監田義力爭。帝怒，欲手刃之。義言愈力，而中使已持一貫所繳前諭至。後義見一貫唾曰：「相公稍持之，礦稅撤矣，何怯也！」自是大臣言官疏請者日相繼，皆不復聽。礦稅之害，遂終神宗世。

帝自疾瘳以後，政益廢弛。稅監王朝、梁永、高淮等所至橫暴，奸人乘機

虐民者愈眾。一貫與鯉、賡共著論以風，又嘗因事屢爭，且揭陳用人行政諸事。帝不省。顧遇一貫厚，嘗特賜敕獎之。一貫素忌鯉，鯉亦自以講筵受主眷，非由一貫進，不為下，二人漸不相能。禮部侍郎郭正域以文章氣節著，鯉甚重之。都御史溫純、吏部侍郎楊時喬皆以清嚴自持相標置，一貫不善也。會正域議奪呂本諡，一貫、賡與本同鄉，寢其議。由是益惡正域，並惡鯉及純、時喬等，而黨論漸興。浙人與公論忤，由一貫始。

三十一年，楚府鎮國將軍華趆訐楚王華奎為假王。一貫納王重賄，令通政司格其疏月餘，先上華奎劾華趆欺罔四罪疏。正域，楚人，頗聞假王事有狀，請行勘虛實以定罪案。一貫持之。正域以楚王饋遺書上，帝不省。及撫按臣會勘並廷臣集議疏入，一貫力右王，嗾給事中錢夢皋、楊應文劾正域，勒歸聽勘，華趆等皆得罪。正域甫登舟，未行，而「妖書」事起。一貫方銜正域與鯉，其黨康丕揚、錢夢皋等遂捕僧達觀、醫生沈令譽等下獄，窮治之。一貫從中主其事，令錦衣帥王之禎與丕揚大索鯉私第三日，發卒圍正域舟，執掠其婢僕乳媼，皆無所得。乃以皦生光具獄。二事錯見正域及楚王傳中。

始，都御史純劾御史於永清及給事中姚文蔚，語稍涉一貫。給事中鍾兆鬥為一貫論純，御史湯兆京復劾兆鬥而直純。純十七疏求去，一貫佯揭留純。至歲乙巳，大察京朝官。純與時喬主其事，夢皋、兆鬥皆在黜中。一貫怒，言於帝，以京察疏留。久之，乃盡留給事、御史之被察者，且許純致仕去。於是主事劉元珍、龐時雍、南京御史朱吾弼力爭之，謂二百餘年計典無特留者。時南察疏亦留中，後迫眾議始下。一貫自是積不為公論所與，彈劾日眾，因謝病不出。三十上四年七月，給事中陳嘉訓、御史孫居相復連章劾其奸。一貫憤，益求去。帝為黜嘉訓，奪居相俸，允一貫歸，鯉亦同時罷。而一貫獨得溫旨，雖賡右之，論者益訾其有內援焉。

一貫之入閣也，為錫爵、志皋所薦。輔政十有三年，當國者四年。枝拄清議，好同惡異，與前後諸臣同。至楚宗、妖書、京察三事，獨犯不韙，論者醜之，雖其黨不能解免也。一貫歸，言者追劾之不已，其鄉人亦多受世詆諆云。一貫在位，累加少傅兼太子太傅、吏部尚書、建極殿大學士。家居十年卒。贈太傅，諡文恭。

附錄二：李士表《莊列十論》[註1]

莊周夢蝴蝶論第一

　　萬物同根，是非一氣，奚物而為周，奚物而為蝶。認周以為非蝶，是未能忘我也；執蝶以為非周，未能忘物也。物我對待，萬態紛糾，謂彼不齊，皆妄情爾。不知物自無物，雖蝶亦非；我自無我，雖周亦幻。況容有分也。栩栩然而夢為蝶，即蝶無周；蘧蘧然而覺為周，即周無蝶。此見之所獨，而物之所齊也。夫覽一身而私，膠萬物而執。以形開之覺，而為事之實；以魂交之寐，而為夢之虛。不知一夕之覺夢，一形之開合是也；一形之開合，一性之往來是也。一化為物，戚然而惡；一復為人，忻然而樂。物固奚足惡？人固奚足樂？此特萬化而未始有極者爾。一範其形，竊竊然而私之，妄也。必有大覺而後知大夢，必有真人而後有真知。夢不知覺，故不以夢為妄；覺不知夢，故不以覺為真。周不知蝶，故不以蝶為非；蝶不知周，故不以周為是。靈源湛寂，觸處皆知；變化代興，隨遇無擇。而吾心未始有知焉。故是篇立喪我之子綦，以開齊物之端；寓夢蝶之莊周，以卒齊物之意。噫！舉世皆寐，天下一夢也。礫社之木，以夢告人；元君之龜，以夢求免。尹氏之役夫，以夢而樂；鄭人之得鹿，以夢而訟。華胥以夢遊帝，所以夢至，隨其所遇而安之者，知其幻而非真也。何獨於此不然？彼致道者，疏以通其礙，靜以集其虛，誠以生其神，寂以反其照。將視世間得失，是非貴賤，成敗生死，真夢幻爾。奚獨於周與蝶而疑之？古之真人，其寢不夢，其覺無憂，吾嘗因是說而知周非特為寓言。

[註1] 據《正統道藏》正一部整理。

庖丁解牛論第二

即無物之自虛者，履萬化而常通；執有物之為實者，應一塗而亦泥。然物本無物，其體自離。道無不通，安所用解？而謂之解牛者，離心冥物，而未嘗見牛；乘虛順理，而未嘗遊刃。解牛於無解乎？且以刀則十九年，歷陰陽之數，不為不久；以解則數千牛，應世變之故，不為不多。疑若敝矣，而刀刃若新發於硎者。蓋執跡則瞬息已遷，操本則亙古不去。妙湛之體，在動而非搖；虛明之用，入塵而非垢。意者一身已患，孰為能奏之刀？萬物皆妄，孰為可解之牛？有刀則能存，有牛則所以立。物我既融，能所斯泯，浮遊乎萬物之祖，其虛莫之礙也。故能未嘗批而大郤自離，未嘗導而大窾自釋，未嘗爭而同然者自因，未嘗有而技經肯綮之自宜，況大軱乎！以是奏刀騞然，而無應物之勞；動刀甚微，而無競物之心；釋刀而對，而無留物之累；提刀而立，而無逐物之逝。其用之終，又將善刀而藏之，復歸於無用矣。此刀之所以未嘗傷也。雖然，至道無在而在，妙用非應而應。在手應觸而觸，不知手在；肩應倚而倚，不知肩在；足應履而履，不知足在；膝應踦而踦，不知膝在。天機自張，而各不自知；大用無擇，而咸其自爾。此其刀所以恢恢乎有餘地矣。一將有見牛之心，則有解牛之累，而衛生之經亦已傷矣。此良庖以其割，故歲更刀；族庖以其折，故月更刀也。是刀也，非古非今，時不能攝；非長非短，數不能圍；非新非故，化不能移；非厚非薄，質不能定。本然之剛，不煅而堅；湛然之用，不淬而明。此庖丁用之，如土委地，而族庖每見其難為也。以道冥之，在解無解，非礙則解亦不知；在礙無礙，非解則礙亦不立。以庖丁而視族庖者，解其礙也；以族庖而視庖丁者，礙其解也。解礙俱遺，虛而已矣。切原莊周之意，託庖丁以寓養生之主次。養生於齊物、逍遙之後，夫何故？物物皆適，囿於形體之累者，不能逍遙；物物皆一，列於大小之見者，不能齊物。以是賓賓然與物靡刃於膠擾之地，其生鮮不傷矣。惟內無我者，故能逍遙於自得之場；惟外無物者，故能齊物於至一之域。夫然體是道而遊於萬物之間，彼且烏乎礙哉？故莊周以是起解牛之喻，而文惠以是達養生焉。

藏舟山於壑澤論第三

自物之無而觀之，真常湛寂，亙古而不去；自物之有而觀之，大化密移，交臂而已。達此者，即其流動之境，了乎不遷之宗。夫然遊塵可以合太虛，秋毫可以納天地。寄萬化於不化之有，宜使負之而走，將安之乎？昧此者，覽其

有涯之生，託乎必遯之地。夫然而停燈者，前焰非後焰；比形者，今吾非故吾。雖使執之而留，皆自冥冥中去矣。此莊周所以有藏舟山於壑澤之喻。夫壑與澤，虛明之用，所以洗造物之無心；舟與山，動止之物，所以況有形之有體。道一而已。一固無方，壑之與澤為有方矣；一固無體，舟之與山為有體矣。夫一隨於動止而遊於有方，一昧於虛明而囿於有體，則一者自此而對矣。有盛而衰為之對，有新而故為之對，有生而死為之對。一則無二，故獨往獨來而無古無今；對則有耦，故相形相傾而隨起隨滅。是故以火藏火，一也，藏之水則滅；以水藏水，一也，藏之土則湮。又況以舟山且有體矣，壑澤且有方矣，摯而藏之且有心矣。彼造物者之未始有物，所以夜半得以負之而走也。雖然，不物者乃能物物，不化者乃能化化，若驟若馳，日徂於一息不留之間。化故無常也，我知之矣。此特造物者愚群動，而有心者所以妄存亡也。是心存則物存，是心亡則物亡。方且藏之壑澤，心之所見自以為固矣，不知此纖毫未嘗立；俄而失之夜半，心之所見自以為去矣，不知此纖毫未嘗動。惟知夫大定持之者，故能遊於物之所不得，遯而皆存。夫物之所不得，遯而皆存之處，乃萬物之所繫，一化之所待。古之人藏天下於天下者，以此。夫天下者，萬物之所一也，而人者又萬物之一耳。誠其得一之全，故知萬化之未始有極者，動無非我，則天老終始皆所欲之，而無所惡也。與夫一犯人形而喜之者，其樂可勝計耶？古之人嘗言之矣：「萬物皆備於我，反身而誠，樂莫大焉。」是樂也，昧者終日用之而不知，且宅爾，陳人爾，與物周流於造化之逆旅爾，安得莊周藏天下於天下而論之？

顏回坐忘論第四

　　心非汝有，孰有之哉？是諸緣積習而假名耳。身非汝有，孰有之哉？是百骸和合而幻生耳。知心無心，而萬物皆吾心，則聰明烏用黜？知身無身，而萬象皆吾身，則支體烏用墮？況於仁義乎！況於禮樂乎！若然，動靜語默，無非妙處；縱橫逆順，無非天遊。孰知其為忘也耶？不然，厭擾而趣寂，懼有以樂無，以是為忘，則聚塊積塵皆可謂之忘矣。夫回幾於聖人而未盡，過於眾人而有餘。順一化之自虛，了物我者，聖人也；隨眾境而俱逝，繫乎有物者，眾人也。了乎無物，則無往而非忘；繫乎有物，則無時而能忘。此顏回所以坐忘乎？反萬物流轉之境，冥一性不遷之宗。靜觀世間，則仁義禮樂舉皆妄名；寂照靈源，則支體聰明舉皆幻識。忘物無物，則妄名自離；忘我無我，則幻識自盡。然仁義禮樂，名不自名，妄者執以為名；支體聰明，識不自識，幻者認以為識。

知身本於無有，則支體將自墮，必期於墮之者，未離於身見也；知心本於不生，則聰明將自黜，必期於黜之者，未離於心見也。且支體聰明之尚無，則仁義禮樂之安有？向也作德於肝膈之上，而物物皆知，今也無知；向也役心於眉睫之間，而物物皆見，今也無見。茲乃坐忘乎？然既已謂之忘，仲尼不容於有問，顏回不容於有應。亦安知一毫之益，亦安知一毫之損，亦安知仁義禮樂之忘為末，亦安知支體聰明之墮黜為至已乎？夫即妙而觀，墜者之忘車，沒者之忘水，人之忘道術，魚之忘江湖，亦忘也。即麤而觀，得者之忘形，利者之忘真，怒臂者之忘車轍，攫金者之忘市人，亦忘也。將以彼是而此非乎？道無是非。將以彼真而此偽乎？道無真偽。顏氏之子，背塵而反妙，損實而集虛者爾。吾知其忘，猶未忘也。使進此道，不忘亦忘。孔子所以行年六十而六十化也，又奚貴忘？

季咸相壺子論第五

神之妙物者未嘗顯妙，物之受妙者未嘗知妙，是之謂神。彼巫則誣神之言，以死生存亡、禍福壽夭以告人者，其驗雖歲月旬日之可期，似妙而非妙，特若神矣。既已謂之神巫，而又曰季咸者，以寓物之妙而有感者也。且咸則有感，而感則有心。方且以我之有心而感人之心，以我之有見而見人之見，故死生存亡，禍福壽夭者，妄名起矣。名既已妄，又妄見之；見既愈妄，又妄言之。世之滯於相而不能冥妄者，又妄受之。直以是為真，故棄而走也。雖列子猶見之而心醉，以其未能剟心也。以其道之至於壺子，以其未能絕學也。故使人得而相汝。夫壺者，以空虛不毀為體，以淵深不測為用，子則有出母之道以應世者，故能託無相於有相之間。季咸則有心感者，故每入則皆曰見；壺子則無心而應者，故每至皆曰示。彼無心者，踐形於無形之表，彼安得而相之？超數於無數之先，彼安得而知之？季咸方且累於形數而未離見，見之處直以為死生在是，而莫之逃也。故始也，示之以地文，則歉之以其死。次也，示之以天壤，則幸之以其生。不知死本無死，心滅則死；生本無生，心生則生。形之生死，心之起滅也；心之起滅，見之有無也。至人未始有心，靜而與陰同德，動而與陽同波。與陰同德，彼亦不得而見也，必示之以地文，而文者物之所自雜也。與陽同波，彼亦不得而見也，必示之以天壤，而壤者物之所自生也。示之以太沖，遂以為不齊焉。地文則陰勝陽，天壤則陽勝陰，沖則陰陽之中莫勝，則天地之平也。萬法一致，本無高下，彼見不齊焉。然三者皆謂之機，意其動之微而見

之先，故得而見之也。示之以未始出吾宗，則示出於無所示矣。彼以實投我，而此以虛；彼以有受我，而此以無。彼之起心役見，為有盡；此之離人藏天，為無盡。以有盡相無盡，殆以此。季咸所以望之而走，追之而滅也。雖然，壺子之告列子，且曰是見吾杜德機，又曰殆見吾善者機，又曰是見吾衡氣機。皆曰吾者，猶且立我。至於吾與之虛而委蛇，不知其誰何。雖吾亦喪之，示之者其誰耶？相之者其誰耶？故逃也。壺子之心，太虛矣。太虛之體，空明妙湛，總持萬有，飾之以榮華而不留，揮之以兵刃而不傷，沃之以水而不濡，燎之以火而不焚，一以是故爾。壺子之心，弔之以死，受之而不惡；慶之以生，受之而不悅；名之不齊，受之而不爭。彼卒自失而滅，亦不以為勝而得，亦以是虛爾。莊周方論應帝王，而言此者。夫帝王應世，惟寂然不動，故能感而遂通；惟退藏於密，故能吉凶與民同患。一將出其宗，敝敝然以天下為吾患，役於萬物而非所以役萬物，使人得而相汝，可乎？此古之應帝王者，所以蕩蕩乎無能名也。

象罔得玄珠論第六

　　赤水之北源，含陽而不流；崑崙之丘體，安靜而不撓。以況性之自本者，南望則交物而起見，還歸則涉動而旋。復以況性之反本者，性天一開，塵境並起，既湛人偽，遂迷大道，玄珠其遺乎？然性不可因人而知，使之者又其誰耶？性不可有心而知，索之者又其誰耶？使之而非集虛也，索之非默契也。是三子者，智窮乎所欲知，目竭乎所欲見，口費乎所欲言，而道終弗得。夫何故？遊塵聚塊，妙道皆存；瓦礫糠枇，至真咸在。近不間於眉睫，遠不離於象先，流出乎方寸之境，縱橫乎日用之際，追之則冥山在前而愈遠，問之則大隗非遙而盡迷。以其索之不得故也。且性本無知，而知非知也；性本無見，而見非見也；性本無言，而言非言也。即在是性以知，索知反為知迷；即見是性以見，索見反為見礙；即言是性以言，索言反為言縛。謂之象，似有而非有也；謂之罔，似無而非無也。去智而迷者靈，去見而礙者徹，去言而縛者解，此象罔所以獨得之也。方其探入道之本，則聖如黃帝，有聖乃遺；愚如象罔，無心乃得。及其冥大道之原，則一性無性，在得非聖；一真無真，在失非凡。向也遺之，黃帝亦無一毫之虧；今也得之，象罔亦無一毫之得。互古互今，而獨露真常；大惑大靈，而咸為覺性。庸詎知三子之弗得為非，而象罔之得為是也？故雖黃帝，特異之。

莊子游濠梁論第七

物之所同者，同乎一；一之所同者，同乎道。道之所致，無所從來。生者自生，而生本無生；形者自形，而形本無形。凡流佈於貌象聲色之間者，無不具此道，我於物奚擇焉？一性之分，充足無餘；一天之遊，逍遙無累。物與我咸有焉。惟契物我之知者，於此蓋有不期知而知，其妙冥契，其理默會。神者先受之，有不能逃遊其先者。此莊子所以知魚樂於濠梁之上也。夫出而揚，遊而泳，無濡沫之涸，無網罟之患，從容乎一水之中者，將以是為魚之樂乎？以是為樂，《齊諧》且知之矣，又奚待周而後知？蓋魚之所樂，在道而不在水；周之所知，在樂而不在魚。惟魚忘於水，故其樂全；惟周忘於魚，故其知一。至樂無樂，魚不知樂其樂；真知無知，周不期知而知。然莊周以是契之於無物之表，蓋將無言；惠子嘗交於莫逆之際，蓋將無問。莊子於此非不能默，惠子於此非不能悟。以謂非問，則周之言無所託；非言，則道之妙無所見。直將祛天下後世，離我與物為兩者之蔽爾。將物自有其物，則周固非魚矣，是安知我而知魚之為樂也耶？將我自有其我，則魚固非周矣，是安知我不知魚之樂也耶？知與不知，皆道之末，此周所以請循其本也。其本未嘗不知，昔人嘗言之矣。眼如耳，耳如鼻，鼻如口，無不同也，在我者蓋如也。視死如生，視富如貧，視周如魚，視人如豕，視我如人，在物者蓋如也。如則物物皆至遊，無非妙處，奚獨濠梁之上也哉？如則物物皆真樂，無非天和，奚獨儵魚之樂也哉？吾知夫周與魚未始有分也。然則《秋水》之作，始之以河伯、北海若相矜於小大之域；次之以蟲、夔、蛇、風相憐於有無之地。又安知物之所以一，則樂之所以全？故周託儵魚之樂以卒其意，而至樂之說因此而作也。古之明乎至樂無有者，常見於其言矣，曰奚樂奚惡。

醉者墜車論第八

執物以為有，所見者誠車矣；認我以為實，所知者誠墜矣。知見立而乘墜分，庸詎無傷耶？彼醉者之全酒，知以之泯，見以之冥，乘不知有車，墜不知有地，身不知有觸，觸不知有傷，凝然無所分焉。且暫寄其全於酒者，猶足以外死生而忘驚懼，況性天之全，未始離者乎！天下一車爾，託而乘其上者，內開知見之營營，外逐幻化之擾擾，一將傾覆於諸妄之地，非直骨節之傷、驚懼之入也。一開其天，萬態俱入，猶醒者之視車覆，且得無傷乎？雖然，探形之始，則天地與我並生；原數之先，則萬物與我為一。奚物而謂車，奚物而謂人，

奚物而謂墜，奚物而謂傷。且心與物對，則開天而人；心與物冥，則離人而天。機械去，而所循者天理也；適莫融，而所休者天均也。行而無跡，是謂天遊；動而無畛，是謂天機。舉不足以憂之者，天樂也；舉不足以美之者，天和也。以是相天，無所助也；以是事天，無所役也。夫是之謂全於天。彼其視得失、哀樂、死生、窮通，猶醉者之墜車矣。嘗原周之意，以是說於《達生》之篇者，以謂有生者必盡，有盡者必生。知夫生本無生，故曰內觀無心，外觀無身，泛觀無物。乃能一其性而不二，養其氣而不耗，合其德而不離，通乎物之所造而不為，奚往而非天哉？形全於天而形，形者未嘗有；耳全於天而聲，聲者未嘗發；目全於天而色，色者未嘗顯；口全於天而味，味者未嘗呈。夫是之謂全於天。是篇既託之以醉者之墜車矣，又次之以復讎者不折鏌鋣，又次之以忮心者不怨飄瓦。此其何故也？物自無物，何心於有？我自無我，何心於物？物我未始有分也，故墜者不傷，讎者不折，飄者不怨。一天之自虛矣，然則以其對人，故謂之天。一性無性，況有天乎！以其對開，故謂之藏。一天無天，況有藏乎！悟此然後契達生之妙趣也。

古之道術論第九

昔之語道者，以謂道烏乎在，曰無乎不在。期之以在有也耶？古之人常言之矣。在古無古，在今無今，在陰非陰，在陽非陽，在遠不離眉睫，在近獨高象先，在聚而流出萬有，在散而收斂一毫，道果有在哉？期之以在無耶？古之人常言之矣。在天而天，在地而地，在谷滿谷，在坑滿坑，有在於螻蟻，有在於瓦礫，道果在無哉？無不在無，名謂之無，而真無不無也；有不在有，名謂之有，而真有不有也。而在在者，有無不可得而名焉。昔之明在在之妙於天下者，不敢以形數擬，不敢以畛域倪，即其互古今而自成，入散殊而皆一者，強名之曰古人之大體。是猶萬水普見，一月之所攝也；萬竅怒號，一風之所鼓也；萬象森羅，一氣之所積也；萬物紛錯，一道之所原也。神明得之而降出，帝王得之而生成，天人得之不離於宗，神人得之不離於精，至人得之不離於真，聖人以是而變化，君子以是而慈仁，以是為法名操稽之數，以是為詩書禮樂之文。古之人即之以為道術者，非累於心也，故不可謂之心術；非鑿於智也，故不可謂之智術；非機也，故不可謂之機術；非技也，故不可謂之技術。此術者而謂之道，其該徧者也。惜夫大全裂於道德之一散，百家諸子隨所見而自滯，以謂道術有在於是也。其生不歌，其死不哭，而墨翟、禽滑釐聞其風而悅之。為人

太多，為己太寡，而宋鈃、尹文子聞其風而悅之。謑髁無任而笑上賢，縱脫無行而非大聖，蒙、駢、慎到聞其風而悅之。以謙下為表，以虛空無己，關尹、老聃聞其風而悅之。此數子者，或以獨任不堪而滯道，或以強聒不舍而滯道，或以死生之說而滯道，或以博大之域而滯道。計其術之在道中，猶壘空之在大澤也，猶稊米之在太倉也，猶小石之在太山，猶毫末之在馬體也。自其所見則殊，而自其所造之道觀之，則不知其殊也。此何故？一石之微與太山均於成體，一米之細與太倉均於成數，一壘與大澤共虛，一毫與馬體皆備。此百家雖裂道於多方，而大體未始有離也。嗚呼！沒百家無大全，離大全無百家，非百家則不見大全，非大全則百家不立，其原一也。終日大全而不知大全者，百姓也；欲至大全而未及大全者，賢人也；已極大全而泯跡大全者，聖人也。堯、舜之相授，授此者也；禹、湯之相傳，傳此者也；周公之仰思，思此者也；仲尼之潛心，潛此者也；孟子之養浩，養此者也；伊尹之先覺，覺此者也。莊周之書，卒於是篇。深包大道之本，力排百家之敝，而終以謬悠之說、無津涯之辭，自列於數子之末，深抵其著書之跡，以望天下後世，孰謂周蔽於天而為一曲之士？

宋華子病忘論第十

宋者火所次而明，陽者性常浮而動。裏則處而非奧，華則敷而離根。子則又其嬰孩之時也，中年則湛人偽之深病。忘則還性天之暫，復而謂之病者，是世俗之病，非迷罔之疾也。故動而開天，所以生智慧；靜而藏天，所以全淵默。德有心則作德於物，物之知心有眼則役心於物，物之見知見立則方寸擾矣。本然之忘，恬不為迷；妄情之息，反以為病。安知夫古人語致道者，必貴忘乎？夫人相忘於道術，真也；魚相忘於江湖，性也。有足則屨，非真忘足，則屨適矣；有腰則帶，非真忘腰，則帶適矣。隨姻而上下者，忘火也；操舟若神者，忘水也；醉者墜而不傷，忘車也；兀者喪而不見，忘足也。彼忘者若是，其真也。華子之病，幾其真者歟？真則致一矣。夫朝取而夕忘，一於朝也；夕與而朝忘，一於夕也；在途而忘行，一於途也；在室而忘坐，一於室也。今不識昔，一於今也；後不識今，一於後也。忘取與，是忘物也；忘行坐，是忘所也。卒也先後之不識，非獨忘也。且獨奈何以此而謂之病也耶？既以謂之病，則宜有受之者。忘則又受之者，誰乎不知？未嘗問且闔室而毒之，毒之弗已，又從而卜之，不知此非吉凶之所能知也；卜之不已，又從而禱之，不知此非鬼神之所

能窺也；禱之弗已，又從而醫之，不知此非陰陽之所能寇也。三者無所用其術。儒者又躡其後而唱之，欲為治之也。魯者文物之地，儒者仁義之術，大全自此祈也。然彼自無疑，則卦卜奚占？彼自無愆，則祈請奚禱？彼自無疾，則藥術奚攻？欲愈其忘，試化其心，使心有知；試變其慮，使慮知有。露之使知寒，餓之使知饑，幽之使知明，心非一而為物耦矣。其寒而知求衣，其饑而知求食，其幽而知求明，見非獨而有對矣。鑿之七日，混沌之七竅遂開；除之一日，世間之萬態俱起。大怒而黜妻子，知其有親於我而責之深也；操戈而逐儒生，知其有求於我而憾之切也。數十年之境，頓生須臾之忘，安得？是故存亡也，得失也，哀樂也，好惡也，向也各不知，今也營營不已。蓋無心則忘，有心則恐。是八者，安知足以累心乎？子貢問於孔子而怪之，以其溺於博學之辯也；孔子顧謂顏回而記之，以其造於坐忘之虛也。然華子病忘，非誠忘也。方其忘，則冥然而忘；及其悟也，則弗然而怒。是將以擾擾者為妄耶？默默者為真耶？殊不知忘時擾擾之境自存，悟時默默之妙非遠。夫何恐之有？嗚呼！心本無心，因物則心，故心亡為忘；智本無智，因知而智，故智徹為德。徹則不知忘之為忘，而忘亦忘矣。古之人貴夫坐忘而遺照。

附錄三：胡樸安《莊子章義》[註1]

自序

　　清代學者以文字聲韻求訓詁，深得東漢學者之意，於經部大有收穫。而出其餘以治子部，所得頗少。蓋治子方法與治經不同。經義如日月經天，江河行地，訓詁明而義即與之俱明。子部重在學說之統序，統序不明而訓詁轉覺支離。且子部之訓詁，除儒家以外，與經部之訓詁，其義多不相應。如儒家之道字與道家之道字截然不同。《禮記・中庸》云：「天命之謂性，率性之謂道。」是道由天出也。老子《道德經》云：「道生一，一生二，二二生三。」一，大極也。二，兩儀也。三，天地人也。是天由道出也。儒家之道在人生日用事物之常，人行之大路也。道家之道在空間之虛，時間之無，宇宙之本體也。本訓詁以治子，往往違於子之本義。清儒本鄭玄治《毛詩》之法治經，不能本班固《漢書・藝文志》之說治子，宜乎於子部無所收穫也。余治子部，注意於各家源流與其派別。民國十二年，曾箸《周秦諸子學略》，雖非煌煌巨冊，而十家之學源流必明，派別必詳，略涉其樊，即知其要，或亦治子部者之所不廢。本擬徧及十家各家之學說，而時不我許，只成荀子、墨子、商君學說三種。竊謂荀子之學在於性惡，因性惡故貴學，因貴學故尊師，因尊師故大分，因大分故重禮，因重禮故尊君。據《荀子》全書，諷詠其本文，思惟其意義，為性惡說、貴學說、尊師說、大分說、重禮說、尊君說六篇，合

〔註1〕據《樸學齋叢書》第二集（民國三十二年安吳胡氏刊）整理。

為《荀子學說》。墨子之學在於非攻。而世之相攻也，其故有二。一則物力不足供所求，墨子以節用救之。其節用也，故非禮、非樂、節葬、短喪。一則國家之界限太明，墨子以兼愛救之。其兼愛也，故尚同、法天。據《墨子》全書，諷詠其本文，思惟其意義，為非攻說、節用說、非禮非樂說、節葬說、短喪說、兼愛說、尚同說、法天說七篇，合為《墨子學說》。商君之學在於強國以富民，以法治為本，以農戰為用。其務農也，算地以定墾，地有餘而民不足，則徠民以墾，然後去文尚樸，貴粟米，輕末技，以盡力農之利。其務戰也，壹言以教練之，壹賞以鼓勵之，壹刑以驅策之，然後尚武重力，尊公門，賤游說，以作能戰之氣。據商君全書，諷詠其本文，思惟其意義，為法治說、農戰說、墾土徠民說、貴粟米輕末技說、去文尚武說、壹賞壹刑壹教說六篇，合為《商君學說》。覽茲三種學說，雖未詳讀《荀子》、《墨子》、《商君》之書，而於荀子、墨子、商君之思想與其行為亦可以得其大概矣。孟子學說雖未遑整個的整理，嘗為性善說、貴民說、辨王霸說、仁義與功利說、仁者無敵說、同樂獨樂說、制民產說、興教育說八篇，合為《孟子政治學說》。《老子》只有零星的筆記，而《管子》、《韓非子》、《鄧析子》、《尹文子》、《公孫龍子》、《鬼谷子》只在《周秦諸子學略》中論其大概而已。

余治《莊子》，始於民國紀元之初。《天下》篇云：「莊周以謬悠之說、荒唐之言、無端崖之辭，時恣縱而不儻，不以觭見之也。以天下為沉濁，不可與莊語。」於是讀《莊》者，說《莊》者皆以為《莊子》一書無論其在文字上，在義理上，只可以謬悠、荒唐、無端崖讀之，而以謬悠、荒唐、無端崖說之。所以雖熟讀郭象《注》、成玄《疏》，僅能得斷續之玄理，終不能得莊子思想之統序。然而《天下》篇云：「其書雖瑰瑋，而連犿無傷也。其辭雖參差，而諔詭可觀。」是《莊子》一書雖「以卮言為曼衍，以重言為真，以寓言為廣」，而莊子必有所以為卮言、重言、寓言者在也。人第求之瑰瑋、參差之形，而不求之無傷可觀之實，莊子獨與天地精神往來之真，而世終無由知之。竊嘗取內篇七篇諷詠其本文，思惟其意義，以其不瞭解《莊子》本文，即無由瞭解《莊子》意義。《莊子》一書，其文狂洋恣肆，莫可端倪，譬如黃河，千里一曲，觀者但驚其浩蕩澎湃之勢，莫知其蜿蜒奔赴之形，非如溪澗之水，歷歷可指也。所以讀《莊》者，第歎其用意之奇、行文之肆，試一問其用意之何以奇、行文之何以肆，而莫能得其用意旨趣之所在及行文起落之所由，凡此皆章義不明故也。王氏先謙雖略分章，而未言其故，讀《莊》者

猶苦難曉。要知《莊子》之學說，其精華全在內篇。內篇七篇不明，無由窺莊子用意之旨趣。章義不明，無由見莊子行文之起落。乃將內篇七篇分其章段，說其大意，使七篇之大意皆由章段而明，不僅文從字順，抑且理析義解，而用意之奇、行文之肆能明其所以然之故，《天下》篇所謂「其於本也，宏大而闢，深閎而肆。其於宗也，可調適而上遂矣」者，皆可得之於謬悠之說、荒唐之言、無端崖之辭之間也。余既作《莊子內篇七篇章義淺說》，本之以讀《莊子》，覺《莊子》一書其義雖瑰瑋，而無不平易；其辭雖參差，而無不整齊。蓋其瑰瑋、參差者，乃其表面上之義與辭；而其平易、整齊者，乃宇宙自然之極致也。余藏有《莊子》之注解，自《道藏舉要》外，計四十餘種，雖有斷續之玄理發見，而求其能整理《莊子》全書成為有統序之學說者，似乎未有。而清儒注解，於訓詁外未能有所發明。余半身偏廢，閉戶閒居，箸《周易古史觀》既卒業，日求莊子獨與天地精神往來之真，於是知莊子以空間之虛、時間之無的宇宙觀為人生觀也。夫空間之虛，非杳冥之虛，乃真實之虛；時間之無，非惝恍之無，乃妙有之無。以真實之虛、妙有之無建築人生觀基礎，故一切任其自然。自然者，是大宇宙之環境。渺小人生之環境與極大宇宙之環境息息相通，此莊子所以獨與天地精神往來也。既求得莊子之真，乃作《道家源流及其派別》一篇，以明莊子之派別與老子異其源流；作《莊子之自然思想》與《自然即道》二篇，以明莊子學說之根本；作《自然的功用》一篇，而於《逍遙遊》篇說明之；從自然的思想演出人我是非一致，作《人我是非一致》一篇，而於《齊物論》篇說明之；由人我是非一致的思想演出對於死生的觀念，作《死生觀念》一篇，而於《養生主》篇說明之；由死生齊一的觀念演出入世的方法，作《入世方法》一篇，而於《人間》篇說明之；由以出世的方法為入世必須要有精神的休養，作《精神的休養》一篇，而於《德充符》篇說明之；德充滿於內，與形體合符，便是莊子理想中的人格，作《理想中的人格》一篇，而於《大宗師》篇說明之；由理想中的人格產出理想中無為而治的政治，作《無為而治》一篇，而於《應帝王》篇說明之。其他諸子，其學說糅雜於全書之中，必整理後而始得其統序。而《莊子》學說，即於此內篇七篇次第聯貫而下，此余所謂其義平易、其辭整齊者也，亦即《天下》篇所謂「其書瑰瑋而連犿無傷，其辭雖參差而諔詭可觀」者也。余治《莊子》，既得其學說之統序，又將《內篇章義》修改一通，更及於外篇、雜篇，乃以莊子學說之統序為總說以冠其首，而以內篇、外篇、雜

篇三十三篇之章義合為《莊子章義》，或亦可為治《莊子》者之一助云爾。民
國三十二年三月，安吳胡樸安自序。

題詞

素性不諧俗，久與冠蓋疏。苦無買山錢，城市小結廬。廬小僅一室，平分半列
書。結交盡貧士，門無貴人車。晨夕飽粗糲，佐以盤中蔬。蒙莊多妙理，坐臥
與之俱。窮居罕人事，息影即良圖。悟得齊同理，終朝常澹如。 其一總起。

殺人盈城野，山川有苦顏。仁義不救世，干戈自年年。漆國獨超脫，箸書在名
山。莫謂言荒唐，荒唐皆妙言。 其二《南華》全經。

至小非蟭螟，至大非山丘。萬物任自然，曠放莫與儔。白日自西走，黃河自東
流。斗室藏天地，神與太虛遊。 其三《逍遙遊》。

真理無是非，大道無陰陽。建者通為一，俗士妄短長。塊然一壞土，中夜有奇
光。悠悠夢魂黑，栩栩蝴蝶黃。 其四《齊物論》。

上壽不過百，人生亦可憐。下士未聞道，海上求仙山。長生詎在藥，至理不可
言。君子貴緣督，雖夭亦盡年。 其五《養生主》。

猛虎能食人，爪牙不傷木。耳目廢視聽，虛懷常若谷。至潔每易污，聖人不數
浴。明鏡燭妍媸，以其不自燭。 其六《人間世》。

良馬不在力，嘉木不在蔭。伏櫪自千里，孤榦自成林。所以魯兀者，舉國欽德
音。百骸皆可廢，耿耿餘寸心。 其七《德充符》。

大地積塊耳，塊散不久常。偶然一著物，變化已無常。真人終年寂，風露以為
糧。風靜露華空，遊澹天中央。 其八《大宗師》。

愚者常惡影，每與影競走。倏忽鑿混沌，混沌呼負負。矯首望太虛，寥落具眾
有。南面治無為，重華名垂後。 其九《應帝王》。

大道不離宗，百川皆匯海。末世徒紛裂，祖述各有在。莊語難覺民，詭誂終不
悔。連犿理無窮，稠適若可待。 其十《天下》。

世儒不識莊，紛紛多異旨。與老同一源，謂莊學不死。玄妙本無跡，眇視跛能
履。上與造物遊，小智買足恃。 其十一注莊者。

迂拙常滯物，愧我非達士。瞑心息眾慮，紛擾不能止。況投塵網中，清澈亦偶
而。采藍不盈襜，未足贈之子。 其十二讀莊後。

造物無盡藏，古今有真才。如何降水浸，不聞神禹來。偯俸多自逸，直諒每見
猜。鼓腹且讀書，於我何有哉！其十三總結。

右《讀莊十三首》，用陶淵明《讀山海經》韻，是民國七年時所作者。今《莊子章義》全書告竣，諷誦一過，而《莊子》大義若可得於文字之外，為錄於卷首云。

民國二十三年四月，安吳胡樸安記。

總說

道家源流及其派別

《漢書·藝文志》云：「道家者流，蓋出於史官。」古者黃帝執道以治天下，立史官而世守之。史掌一代之書，成敗禍福存亡之跡皆具於是。多讀藏書，知盛極之必衰也，故「清虛以自守」；知剛強之必折也，故「卑弱以自持」。閱世多，更事富，然後秉要執本，建之以常無有，主之以太一。由是言之，道家之出於史官，由於閱世多，更事富，有過去之觀念，而後有未來之思想。過去之觀念愈豐富，未來之思想愈發達。道家豐富之思想，由於歷史而來也。《莊子·天下》篇云：「以本為精，以物為粗，以有積為不足，澹然獨與神明居。古之道術有在於是者，關尹、老聃聞其風而說之。」道家者流，徵之《天下》篇，固不必原於史官。惟是上古之時，史為學術之總。《天下》篇所謂「古之道術有在於是者」，要亦不能出史之範圍外，特未明言官守耳。道家之正宗，是用之於政治，故《漢志》云「南面之術」。後遂流為老莊之道家。莊子雖是道家，非老子之嫡傳，觀《天下》篇莊子與老子異源可知。蓋老子求長生，莊子齊死生也。晚周以來，道家派別區分為四。以與為取，以後為先，道家之權謀派也，政治家嘗用之；死生一致，人我同體，道家之虛無派也，達觀家嘗用之；無搖女精，無勞女神，道家之寂滅派也，養生家嘗用之；服氣養神，納新吐故，道家之凝鍊派也，術士家嘗用之。寂滅兼權謀，老子學派之流也。寂滅者無為也，權謀者無為而治也，故老子之學以之修己，多養生之言；以之入世，有政治之用。莊子乃道家之虛無派。莊子忘人我，齊死生，老子則日求不死之術。莊子之「可以盡年」，與老子之「谷神不死」截然不同也。由是論之，道家派別可總為二，而術士不與焉。老子不能了生死，入世派也；莊子能了死生，出世派也。世謂莊子之學出於老子，以老子比孔子，以莊子比孟子，特未深察之故耳。《天下》篇歷述諸家之所自出，而莊周與老聃、關尹為二，則是老莊

派別之不同由來久矣。自偽關尹子出，後世術士推老子為教主，於是道家之學一變而為清靜寂誠，凝神昇天；再變而為嬰兒蕊女，金縷絳宮；三變而為青蛟白虎，寶鼎紅爐，極於符籙咒誦，而道家學荒矣。道家之弊不在漢代幣在晉。《後漢志》云：「放者為之，獨任清虛，可以為治。」《隋志》云：「迂誕譎怪，而失其真。」是漢代道家之弊不過「獨任清虛」而已，晉後道家之弊始「迂誕譎怪」也。

莊子之自然思想

莊子與老子同為道家。道家學說，純一自然之學說。雖然，老子用自然，莊子任自然，思想之原起則一，其流不同也。蓋生民之初，一切取給於自然。游牧時代食草木之實與鳥獸之肉，所缺乏者惟水，住往有因飲水而起爭鬥之事，觀《易》卦《大象》「天與水違行，訟」可知也。《春秋元命苞》引《說文》釋「荊」字云：「荊從井從刀，井以飲人，爭陷於泉，以刀守之。」可見水之缺乏。人為之水，究竟有限。天雨之水，設法屯積之以應用。《易‧屯》卦《大象》云：「雲雷，屯。君子以經綸。」屯有屯積之義。天之將雨也，必先有雲有雷。積此種觀察，知雨必先屯積於雲雷而後下。經綸者，即取法雲雷之屯積雨而屯積水也。游牧時代進而至耕種時代，水之需要更巨。所需之水，斷非人力所能為。《易‧需》卦《大象》云：「雲上於天，需。君子以飲食宴樂。」上古時代，人功縱極其努力，而有需於自然界之力為多，不僅所需之水而已。一切器用之製造，皆取法於自然。《易‧繫辭》云：「作結繩而為罔〔註2〕罟，以佃以漁，蓋取諸《離》。斲木為耜，揉木為耒。耒耜之利，以教天下，蓋取諸《益》。日中為市，致天下之民，聚天下之貨，交易而退，各得其所，蓋取諸《噬嗑》。垂衣裳而天下治，蓋取諸《乾》、《坤》。刳木為舟，剡木為楫。舟楫之利，以濟不通，蓋取諸《渙》。服牛乘馬，引重致遠，以利天下，蓋取諸《隨》。重門擊柝，以待暴客，蓋取諸《豫》。斷木為杵，掘地為臼。臼杵之利，萬民以濟，蓋取諸《小過》。弦木為弧，剡木為矢。弧矢之利，以威天下，蓋取諸《睽》。上棟下宇，以待風雨，蓋取諸《大壯》。棺槨取諸《大過》。書契取諸《夬》。」皆取自然界之現象，以製器用，蓋自然之力，天為主牢，凡人功無能為力之事，悉歸於天。上古之人對於天之信仰極堅。儒家言天，徵之人事，以天為道理之天。墨家言天，尊為神靈，以天為有人格之天。道家言天，歸於

〔註2〕「罔」當作「網」。

自然，研究天之本體，知其廣大而無所不包，虛之至也；知其連綿而無終始，無之極也。虛為實之本，無為有之本。實有者，人為也；虛無者，自然也。人生活於自然之中，皆受自然之支配。人之生活雖亦有由於人為之努力，但人力只能及於一部分，不能普及於大部分。近世科學極其發達，亦只於可能範圍之中，以人力勝天，而廣大無垠之世界，終不能不隨自然界之力以運行，如飲食必需於雨，此其顯然也。道家自然之思想，由於生活之習慣。不過老子利用自然，以與為奪，以後為先，以讓為爭，以賤為貴，以柔為剛，以拙為巧，以訥為辨，總之以無為為有為。莊子一任自然，混與奪、後先、讓爭、賤貴、柔剛、拙巧、訥辨而一之，始於無為，終於無為也。道家自然思想之緣起，由於生活之習慣。因有歷史之記載，豐富於過去之觀念耳。

自然即道

　　莊子的自然思想從何處表見，在《莊子》書中少見「自然」二字。大的「自然」二字是一個道字。這個道字，儒家解釋是君臣父子兄弟夫婦朋友之倫與人生事物之一切。莊子之道，不在實而在虛，不在有而在無，虛屬於空間，無屬於時間，虛無二字是莊子的宇宙觀，即是莊子的思想根本。普通人以眼所見是實的，身所歷是有的，此是受環境的束縛，不能放開眼光，超出於環境之外。儒家亦只能就此環境中尋出一個條理，以範圍一般人。試舉首空間，許多星球，各自運行，不相接觸，而又有眼力所看不到的無窮星雲星氣。可見莫大的空間，虛處比實處多。我的身不過是人類中一個小己，人類不過地球中一個動物，地球不過大陽系中一個行星，太陽不過無數恆星中一個恆星，一個很小的我與莫大的空間相比較，在物質等於無有，故人生亦虛也。試前後求索，從有史時代推到無史時代以前，再推到未有人類以前，再推到未有物類以前，再推到未有地球以前，再推未有大陽以前，時間的長久不可思議。本此種思想而向下推，從現在推到人類、物類、地球消滅以後，時間的長久亦不可思議。人壽不過百年，以百年的時間與不可思議的時間相比較，在數學上等於零，故人生亦無也。人生活於空間，其實皆是時間的存在，一切動作與追求皆是時間的作用。時間既無，即無有生活的存在，更無有爭名奪利的意義。《齊物論》云：「有始也者，有未始有始也者，有未始未始有始也者；有有也者，有無也者，有未始有無也者，有未始未始有無也者。」此種上推無極之思想，自然以轉瞬即逝之時間為無。《齊物論》又云：「俄而

有無矣，而未知有無之孰為有無也。」此言時間之不可思議也。從未始夫未始有無到未始有無，從未始有無到有無，有為暫時之有，無為永久之無。莊子此種時間無之觀念，吾人有時在最短時間中也可發見。譬如乘電車的時候，坐位盡可讓給他人，因時間很短。乘火車，住棧房，便不肯輕易讓人，因時間較長。至於自己的房屋，統無讓人的道理，以時間的長不僅及於身，且及於子孫。照莊子的時間思想，乘電車的時間固然是短，乘火事、住棧房時間亦是短，即住自己房屋的時間又何嘗是長？時間既無，空間當然不能認為實。莊子建築了虛無的恩想，以宇宙觀為人生觀，演成齊同的觀念，一切任其自然，此之所謂道也，故曰「天下莫大於秋毫之末，而泰山為小」，此空間虛的觀念也；「莫壽於殤子，而彭祖為夭」，此時間無的觀念也。

自然的成功

關於莊子所講的自然之理，可用第一篇《逍遙遊》說明。自然完全根據虛無論。物體大小、年壽長短，在虛無論中都是一樣，所以應該一任其自然。「朝菌不知朔晦，蟪蛄不知春秋」，基於虛無觀念，其時間不為短。「上古有大椿者，八千歲為春，八千歲為秋」，基於虛無觀念，其時間亦不為長。一切任其自然，便能逍遙。否則必發生痛苦。「水擊三千里，摶扶搖而上九萬里」，基於虛無觀念，其空間並不大。「騰躍而上，不過數仞而下，翱翔蓬蒿之間」，基於虛無觀念，其空間亦並不小。大鵬與斥鷃，一各任其自然，別無希望，隨時隨地都是快樂，所以一切反自然的名利，一概不以動其心，與儒家所講的「素富貴行乎富貴，素貧賤行乎貧賤，素夷狄行乎夷狄，素患難行乎患難」極其相近，不過儒家是居夷以俟命，雖則素位而行，不念乎外，實則未嘗忘記自己所處之地位；莊子則委心任運，早將富貴、貧賤、夷狄、患難渾而忘之，一任其自然，故曰「至人無己，神人無功，聖人無名」。莊子此種自然的思想雖與現在奮鬥時代潮流相反，平心而論，自然的勢力終比人為的勢力為大。譬如冬天的火爐，夏天的風扇，雖能抵抗一部分之冷熱，而到了廣大無垠的空間，即失其效力，反不如一任自然者，尚不感覺有猝然之痛苦。五石之瓠慮以為大樽，而遊於江湖。擁腫不中繩墨之大木，樹之於無何有之鄉，廣漠之野，任其自然，各得其用。此所謂無用之用。而必以人為之力與自然相抵抗，在最小之空間最短之時間或有一部分之效力，此所謂有用之用，而拙於用大矣。惟一般人之思想不能超越本身所歷之空間時間，無形之中受自然勢力之支配，而在自然勢力範

圍之內圖爭軋，此莊子之所深非也。莊子從這樣的任自然思想而演出人我是非一致的思想。

人我是非一致

關於人我是非一致思想，可用第二篇《齊物論》說明。是非所以不一致者，由於人我之界限太明。人我之界限所以太明者，由於未能認識宇宙之本體是虛無。倘能認識宇宙本體是虛無，便無人我的區別，亦無有是非的判斷。

（一）是非不一致，何以由於人我之界限太明？ 是非本無一定之標準，是相對的，不是絕對的，有時間性，有空間性，有各個人的觀念性，此一時以為是，那一時又以為非，此一處以為是，那一處又以為非。同一時間，同一空間，因各個人的觀念不同，我以為是，彼以為非，我以為非，彼以為是。此三者之中，後者尤為複雜。所謂「彼亦一是非，此亦一是非」。此種是非，無由正之。「使同乎若者正之，既與若同矣，惡能正之？使同乎我者正之，既同乎我矣，惡能正之？使異乎我與若者正之，既異乎我與若矣，惡能正之？使同乎我與若者正之，既同乎我與若矣，惡能正之？」是非無由正，不在是非，而在認為是非之人。我和之以天倪，人我之界限悉忘，是非自然消滅了。

（二）人我界限太明，何以由於未能認識宇宙之本體是虛無？ 吾人何以要認個我，更何以要認他不是我，因為認我他是實有的，因此認實有的我所產生的思想議論為是，實有的他所產生的思想議論為非，未會推想到我他的本體究竟是實是虛，是有是無。本體既未認識，何能判斷思想及議論的是非？莊子以宇宙本體虛無的觀念為人生觀，認定本體虛無是真的我，有限有窮的我是假的我，故曰「天地與我並生，萬物與我為一」。知我與天地萬物同虛無的本體，人我的界限自然泯化了。人我是非一致的思想，在於能忘。忘人由於忘我，忘我由於忘死生，因此推演出死生的觀念。

死生觀念

關於死生的觀念，可用第三篇《養生主》說明。死生觀念，莊子與老子不同。老子求長生，故曰：「穀種不死，是謂玄牝。玄牝之門，是謂天地根。綿綿若存，用之不勤。」莊子齊死生而一之，適來時，適去順，「安時而處順，哀樂不能入」。莊子的死生觀念，可用「盡年」二字包括。所謂「盡年」者，盡其自然之年，任其自然，不貪生，所以不求長生；不祈死，所以不自殘其生。老子求長生的思想與近代自殺的心理，皆不知盡年也。莊子不但不自殺，即無

形的戕賊也不願意。世人求表面之快樂與稱譽，增加內部之痛苦，所謂「貪夫殉財，烈士殉名」。譬如犧牛，衣以文繡，入於太廟，究竟牛之所得者何在。所以莊子語楚大夫云：「吾將曳尾於塗中。」言寧做一個曳尾塗中的龜，不願做一個留骨而貴的龜。可以看出莊子是一個看重生命的，同時須知莊子並不是貪生怕死。《養生主》一篇內，庖丁解牛的故事即是莊子處置生命的方法。總之，莊子是從一切世俗的拘束裏解脫出來，求得精神上自由，得到生死一致的觀念，並得到不生不死的境界。莊子對於死生的觀念，即是「盡年」二字，所以能忘我，忘我所以能忘人忘我，忘人所以能忘世，能忘世所以能入世，由此推演出入世方法。

入世的方法

關於入世的方法，可用第四篇《人間世》說明。依莊子的死生觀念，是出世的，不是入世的，不過精神上出世，而身體上則不能不入世。精神可遊於無何有之鄉，廣漠之野，身體則不能有無何有之鄉、廣漠之野可遊。身體既不能出世，必要絕人而立於獨，隱跡於深山窮谷，不與世相接，便不是自然的本色。因此便以出世的方法為入世的方法。莊子入世的方法有三個過程。

（一）不脫離現世

一個人的生存必有一個人的環境，家庭、社會、國家、世界是無法脫離的。在世界、國家、社會、家庭裏面，既然有我，則我自然與環境發生關係。如要脫離環境，便是違反自然。所以莊子的思想不脫離現世。

（二）不與現世相牴觸

努力奮鬥與現世相牴觸，莊子認為極其危險，故一切任其自然，不凝滯於物而與世推移，身體上苦樂勞佚一切不管，精神上永遠是快樂的。

（三）忘人忘我

既不脫離現世，又不與現世相牴觸，其總要在一個忘字。先能忘我，然後可以忘人。既能忘人，雖在現世之中，如入無人之世，故可以不必脫離現世。我既忘人，自然人亦能忘我。迨舉世之人皆已忘我，我雖處現世之中現世之中，並無有我，故能不與現世相牴觸。《人間世》云：「回之未使，實自回也。得使之也，未始有回也。」忘我也。又云：「乘物以遊心，託於不得已以養中。」忘我也。又云：「彼且為嬰兒，亦與之為嬰兒。彼且為無町畦，亦

與之為無町畦。彼且為無崖，亦與之為無崖。達之，入於無疵。」忘人也。忘字是莊子〔註3〕入世的方法。如何能做到忘字，要有精神的修養。

精神的修養

關於精神的修養，可用第五篇《德充符》說明。此篇大意，德充滿於內，與形體符合，形體是假的，德是真的。莊子之所謂德，即充滿於宇宙之道。得之於我，謂之德也。道充滿於宇宙，是宇宙之本體。道充滿於己身，是己身之精神。精神能改變形體，縱形體極其卑陋，或有殘缺，但能精神極其充滿鄙陋殘缺的形體，自然使人忘其鄙陋殘缺，但覺精神充滿於中而揚溢於外。所以申屠嘉學於伯昏無人，伯昏無人不知其兀；哀駘它與魯哀公遊，不至於數月而有意乎其為人；衛靈公說闉跂支離無脤，齊桓公說甕𤬅大癭，皆遺其形體而契其精神，並非不見其形體之醜惡，因其神精之充滿，而醜惡之形體隱伏於精神充滿之中而不見，所以修養之功不在形體而在精神。如遺棄精神，專在形體上修養，結果如狙子之死母，皆棄之而走。如遺棄形體，專在精神上修養，官天地，府萬物，直寓六骸，象耳目，一知之所知，而心未嘗死，擇日登假，人則是從。蓋養於其外而內必有虧，養於其內而與外合一，養之至，精神充滿於內，外之形體與之俱化，便是莊子理想中的人格。

理想中的人格

關於莊子理想中的人格，可用第六篇《大宗師》說明。大宗師之人格，謂之真人。其人格有三。

（一）有澈底的真知

普通的人皆囿於環境之中，所謂國家、社會、民族、世界、君主、民主一類的觀念，皆是有時間空間性，各個人的觀點性沒有固定的，既非固定，便非真知，悉是一種假說的。謂之假人，不是真人。真人有真知，絕對固定，永久不變。看到宇宙本來面目，不受一切觀點判斷。

（二）與天地同道

天地是虛無，人也是虛無。出於虛，入於虛；生於無，滅於無。便是天地與我為一的境界。

〔註3〕「子」，底本誤作「于」。

（三）無入而不自得

既與天地為一，便無入而不自得，不受一切物質的傷害，不受一切環境的刺激，登高不慄，入水不溺，入火不熱，無入而不自得。有了這樣境界的人便是真人，真人即是吾人的大宗師，即是莊子理想中的人格。由理想中人格產出理想中無為而治。

無為而治

關於無為而治的理想，可用第七篇《應帝王》說明。帝王是一國之王，須與人民相應，與孔子所謂「為政以德，譬如北辰，居其所而眾星共之」相似。不過孔子所謂之德與莊子所謂之德不同。孔子所謂之德，是以儒家實有之環境有得於心之謂；莊子之所謂德，是以道家虛無之本體有得於心之謂。本體既虛無，一切當然虛無。人人認識此虛無，自然可以無為而治。

結論

從上而觀，在《莊子》內篇七篇中演繹出莊子思想的統系。內篇大概無有真偽的問題，外篇、雜篇未能皆是真的，所以只以內篇為根據。至於莊子修養的歷程，可分如下：

外天下　外物　外生　朝徹　見獨　無古今　不生不死

莊子之目的在於不生不死，但是不生不死之觀念不是一朝可以得到的。要不生不死，先要無古今；要無古今，先要見獨；不見獨，空間虛，時間無，看不澈底；要見獨，先要朝徹，始不為外物蒙蔽；要朝徹，先要外生；要外生，先要外物；要外物，先要外天下。必經過六個歷程，方能達到不生不死的觀念，與佛家不生不滅之說不同。佛家不生不滅是本來實體，莊子不生不死是一種觀念。知了固然是不生不死，即不知亦是不生不死，不過不知的人要做出許多生死的迷夢。此便是莊子的宇宙觀、人生觀一貫的結論。

莊子章義內篇　　涇縣胡樸安著

逍遙遊第一

莊子之學，以虛無為體，以靜寂為用，以自然為宗，以無為為教。「逍遙遊」者，遊於虛無之鄉，寂靜一任其自然，無為而無不為也。「天之蒼蒼者，

其正色耶，其遠而無所至極耶」，虛之謂也。「朝菌不知朔晦，蟪蛄不知春秋」，「大椿以八千歲為春，八千歲為秋」，無之謂也。「不食五穀，吸風飲露」，「其神凝，使物不疵癘而年穀熟」，寂之謂也。「樹之於無何有之鄉，廣莫之野，徬徨乎無為其側，逍遙乎寢臥其下」，靜之謂也。鵬鳥之大，蜩與學鳩之小，無大無小，各不相知，皆有悠然自得之樂，自然之極致也。「水擊三千里，摶扶搖而上者九萬里」，鵬之遊也。「決起而飛，槍榆枋，時則不至，而控於地」，蜩與學鳩之遊也。各因其自然，皆有以自適，無為之極致也。《莊子》全書皆是虛無、寂靜、自然、無為之遞演。此篇為第一篇，統括全書之意。逍遙物外，任心而遊，而虛無、寂靜、自然、無為之旨隨在可見。能瞭解此意，《莊子》全書即可瞭解。全篇分八章如右。

第一章　自「北溟有魚」至「湯之問棘也是已」為第一章，言物之逍遙也。以物自觀，物各有其逍遙；以人觀物，物固逍遙而非其至。鵬鳥之大，其徙南冥也，水擊三千里，摶扶搖而上者九萬里，可謂逍遙矣。然必待野馬塵埃之以息相吹，非真逍遙也。蜩與學鳩決起而飛，奚必九萬里，一無所待，控地自樂，可謂逍遙矣。然以小自矜，而笑鵬鳥，非真逍遙也。惟鵬鳥只知九里之圖南，不知野馬塵埃之待，不羨蜩與學鳩；蜩、學鳩只知槍榆枋之控於地，不知遠而無所至極之天，不羨鵬鳥。各不相知，各自逍遙，故曰「小知不及大知，小年不及大年」。若相知，必以己之不足羨人之有餘而不逍遙矣。此以無知為逍遙而非其至也。

第二章　自「窮髮之北」至「此小大之辨也」為第二章，再將二事重敘一遍，而以「小大之辨」一語總結上章也。鵬鳥之飛九萬里，大有大之逍遙。斥鷃之飛數仞，小有小之逍遙。各不相知，各不相羨。鵬鳥雖不鄙斥鷃，然斷不知斥鷃之逍遙。斥鷃雖笑鵬鳥，亦斷不知鵬鳥之逍遙。惟鵬鳥自樂其逍遙，不羨斥鷃，而亦不鄙斥鷃；斥鷃自樂其逍遙，雖不羨鵬鳥，而卻鄙鵬鳥；故曰「此小大之辨也」。

第三章　自「故夫知效一官」至「聖人無名」為第三章，言人之逍遙也。物有大小，人亦有大小。物之大小在形，人之大小在知。物不相知，故不相羨。人相知，故相羨。相羨即不逍遙。人之所以相羨者，以其有知也。設有知而去知，在己自無不足，在人不見有餘，即不相羨，無在而不逍遙也。「知効一官，行比一鄉，德合一君，而徵一國」，（郭慶藩「而」讀為「能」。）雖非真逍遙，而自以為逍遙也。宋榮子進已，舉世譽之不加勸，舉世非之不加沮，定內外之

分，辨榮辱之竟，而猶有未樹，亦非其至。雖非真逍遙，而亦自以為逍遙也。列子更進矣，御風而行，泠然善也。雖免乎行，猶有所待。近於逍遙，非真逍遙，而亦自以為逍遙也。「若夫乘天地之正，御六氣之辯，（辯即變字。）遊於無窮」，毫無所待，此真逍遺也。忘物我，忘功名，任其自然，無入而不自得。「至人無己，神人無功，聖人無名」，逍遙之極致也。

第四章　自「堯讓天下於許由」至「尸祝不越樽俎而代之矣」為第四章，言聖人無名也。聖人無名，非無名也，實至名歸，不自以為名。爝火之光不及日月，日月出而爝火不息，是無光之實而為光之名也。浸灌之澤不及時雨，時雨降而猶浸灌，是無澤之實而為澤之名也。凡身之果，名纍之也。無實之名，其累更甚。無名則累自去。此尸祝所以不能代庖人治庖也。

第五章　自「肩吾問於連叔曰」至「孰肯以物為事」為第五章，言神人無功也。神人無功，非無功也，為一世蘄乎亂而不自以為功也。「乘雲氣，御飛龍，遊乎四海之外」，淡然無為，遊行自在也。「其神疑，使物不疵癘而年穀熟」，任其自然，其功普庇也。肩吾狂而不信，不自以為功而人不知也。「有旁礴萬物之德，而不肯弊弊焉以天下為事，塵垢粃糠將猶陶鑄堯、舜」，有功而不見其功，此所以無功。凡身之禍，功禍之也。無功則禍自消，此所以物莫之傷也。

第六章　自「宋人資章甫而適諸越」至「窅然喪其天下焉」為第六章，言至人無己也。至人無己，非無己也，窅然喪其天下，不自有己也。宋，冠裳之國；越，斷髮文身之國。宋人資章甫適越，知有己，不知有人。執己之見，是以至越無所用之也。凡身之害，己害之也。無己則害自除。治天下之民，平海內之政，而不執己見，無己自能無人，所以窅然喪其天下焉。無己者，人不得而害之。無功者，世不得而禍之。無名者，實不得而纍之。遊優於天地之間，俯仰於宇宙之內，真逍遙也。

第七章　自「惠子謂莊子曰：『魏王貽我大瓠之種』」至「則夫子猶有蓬之心也夫」為第七章，言不滯於物，大小皆可用也。五石之瓠，不能盛水漿，剖為瓢則瓠落無所容，是不可用也。然慮以為大樽，而浮乎江湖，是不可小用而可大用也。不滯於物，因村施用。不龜手之藥，小用之可以洴澼絖而獲數金，大用之可以水戰，裂地而封。隨所用而用之，此逍遙之旨也。

第八章　自「惠子謂莊子曰：『吾有大樹』」至「無所可用，安所困苦哉」為第八章，言無用者正所以為大用也。大木擁腫，不中繩墨；小枝捲曲，不中

規矩。是無用之木也。夫山木自寇，有用故也；散木能壽，無用故也。有用之用，其用有盡；無用之用，其用無窮。卑身而伏，以候敖者，可謂能自用其智矣，而卒不免罔罟之死者，智與物相攖也。樹之於無何有之鄉，廣漠之野，可謂不能自用其身矣，而卒不夭斤斧之害者，身與世相忘也。智與物攖，無在非荊棘之集；身與世忘，到處皆逍遙之遊。無用之用，惟在於忘。自忘己以至忘人，自忘人以至忘世，自忘世以至世忘我。迨舉世忘我，用我者希，則我之用全矣，此逍遙之極致也。

齊物論第二

齊物論者，忘彼我，泯是非而齊之者也。彼我屬於物，是非屬於論。未齊物者有彼我之見，未齊論者有是非之見，各以己為是，各以人為非。有物之不齊致論之不齊，有論之不齊愈致物之不齊，由一而二，由二而三，由三而萬，以至於無窮。極萬物萬論不齊，而天下囂囂然矣。齊物論是莊子平一之思想，以虛無之宇宙觀為虛無之人生觀，恢大而無涯也。自《文心雕龍》云「莊周齊物，以論名篇」，彥和一言，貽誤千古。後之讀莊者皆以為齊物而不為齊論，遂多模糊影響之談，不能確指其意旨之所在。竊嘗究其章義，知物論平列之說確不可易。全篇分九章如右。

第一章　自「南郭子綦隱几而坐」至「咸其自取，怒者其誰耶」為第一〔註4〕章，物論並舉也。「嗒焉似喪其耦」，齊物論之形也。「吾喪我」，齊物論之心也。「形如槁木，心如死灰」，此所以能齊物論也。「大木百圍之竅穴，似鼻，似口，似耳，似枅，似圈，似臼，似洼者，似污者」，物不齊也。萬竅怒呺之聲，激如水泚者，嗃如箭去者，叱出而聲粗者，吸入而聲細者，叫高而聲揚者，讓下而聲濁者，宊深而聲留者，咬鳴而聲清者，論不齊也。聲之不同，由於竅之不同。各種不同之竅，即發為各種不同之聲。論之不齊，由於物之不齊。各種不齊之物，即發為各種不齊之論。實則不齊，虛則自齊。有則不齊，無則自齊。莊子立於虛無之點，物論無不齊也，故曰「泠風則小和，飄風則大和，厲風濟則眾竅為虛」。論係不齊之表見，而不齊之根本則在於物。「咸其自取，怒者其能耶」，言不齊之論，不齊之物自取之也。

第二章　自「大知閒閒，小知閒閒」至「雖有神禹，且不能知，吾獨且奈何哉」為第二章。物不齊也，除論之外，一切皆是物。大知與小知之不齊，大

〔註 4〕「第一」，底本誤作「一第」。

言與小言之不齊，寐與覺之不齊，縵者、窖者、密者之不齊，小恐與大恐之不齊，發與留之不齊，種種不齊，以至喜怒哀樂、慮歎變慹、姚佚啟態，性情之不齊，無聲而有聲，無形而有形，不齊之萬物，日夜相代而莫知其所萌，必有共同之真宰，而人不見。即至一人之身，百骸、九藏〔註5〕、六藏亦不齊。所以然者，以無有為有故也。「樂出虛，蒸成菌」二語是一章總意，言聲形皆自無而有也。不明自無而有之道，「若有真宰，而特不得其朕」。即一身之百骸、九竅、六藏，而亦不知吾誰與為親。此不齊之百骸、九竅、六藏，有為使者，有所使者，皆其為臣妾乎？抑其遞相為君臣乎？冥冥之中必有真君存焉。求而得之，或求而不得，於真君初無損益也。形無常而心有常，若形化，其心與之俱化，是則大可哀也。蓋不齊者形，齊者心。人能師其心，而形之化代可無問也。不知師心以無有為有，則萬物之不齊日夜相代乎前，莫可究極。雖有神禹之知，且不能知也。

　　第三章　自「夫言非吹也」至「故曰莫若以明」為第三章。論不齊也，言如風波，愈泛濫而愈不可遏止。各有是非，固不齊也。我以為是而彼非之，彼以為是而我又非之，則不齊更甚。夫道體本虛無，而言論自齊一。自謏見短聞者各執一偏，於是道有真儒而言有是非，故曰「道隱於小成，言隱於榮華」。儒有儒之道而有儒之言，墨有墨之道而有墨之言，儒墨各相是非，以致是其所非而非其所是，論不齊也。要知物無彼此，彼此之見泯則是非之論息，是以聖人不由而照之於天也。彼亦一是非，此亦一是非，彼此之是非無窮，而我照之以本然之明，一任其自然，論不齊者自然齊也。

　　第四章　自「以指喻指之非指」至「為是不用而寓諸庸，此之謂以明」為第四章，齊物也。天地一指，萬物一馬，物本齊也。自人強為分別，可乎可，不可乎不可，而齊者不齊矣。莛與楹，厲與西施，分與成，成與毀，以物視之，致不齊也；以道視之，可通為一。道者何？一也。一者何？虛無也。以虛無之眼光觀世間一切之物，實無有大小、美惡、成毀之分，故曰「惟達者知通為一，為是不用而寓諸庸」。何謂不用，任天下之是非而兩行，用物而未始有物也。次則有界域矣，又次則有是非矣，是非成而道虧。有成與虧，如昭氏之鼓琴，宮成則商虧，商成則角虧，角成則徵虧，徵成則羽虧。無成與虧，如昭氏之不鼓琴，宮商角徵羽皆無成，宮商角徵羽皆無虧。齊物者，滑疑之耀必圖而去之，以不用為用，照之以本然之明也。

〔註5〕按：「九藏」，《莊子》原作「九竅」。下文亦作「九竅」。

第五章　自「今且有言於此」至「而不知其所由來，此之謂葆光」為第五章。齊論也。言之齊與不齊，或與是類，或與是不類，本不可知，但無言則自齊，有言則不齊。自無言至於有言，本至齊之無而生出不齊之有。自其小而言之，秋毫為大；自其大而言之，泰山為小。其壽而言之，彭祖為夭；自其天而言之，殤子為壽。大小夭壽各以發言者之觀念不同。自一而二，自二而三，巧歷不能計其數。自無言至於有言，不齊如是，而況自有言至於多言乎！論之所以不齊者，以其有言也，是以「六合之外，存而不論；六合之內，論而不議。春秋經世先王之志，議而不辯」。大辨不言，知止其所不至，曠然虛空，包括萬有，此之謂天府。注不滿，酌不竭，深之又深，神之又神，而不知其所由來。不辯之辯，善葆其光采也。

第六章　自「故昔者堯問於舜曰」至「而況德之進乎日者乎」為第六章，齊物之證也。堯欲伐宗、膾、胥而心不能忘，故南面而不釋然。若心無一物，照之以本然之明，如十日並出而萬物皆照，此忘物者能齊物之證也。

第七章　自「齧缺問乎王倪曰」至「而況利害之端乎」為第七章，齊論之證也。物之異同不知，我之所不知亦不知，物之可知不可知亦不知，不知則無言，無言則論自齊。夫知即是不知，不知即是知，以一切之物未有正知也。民濕寢則腰疾，鰌魚則否。民木處則恂懼，猨猴則否。以至各以適口者為正味，而未知果孰是正味；各以悅目者為正色，而未知果孰是正色。各是其是，各非其非，議論紛紜，樊然殽亂，所以至人默然無言，一任是非非者之自生自滅。「大澤焚而不能熱，河漢沍而不能寒，疾雷破山、風〔註6〕振海而不能驚。」遊心於虛無之境，死生之大不動其心，況區區利害之端、言論之是非乎！此忘言者能齊論之證也。

第八章　自「瞿鵲子問乎長梧子曰」至「振於無竟，故寓諸無竟」為第八章。前為齊物之法，後為齊論之法也。齊物者，不就利，不遠害，不喜求，不緣道，遊乎塵垢之外，參透死生之理，生不足說，死不足悲。人生一大夢，夢固是夢，覺亦是夢，愚者終身在夢之中，必遇大聖而知其解。能解人生若夢，而物自齊矣。此齊物之法也。兩人相辯，或是或非，或俱是，或俱非，無從取正。同乎若者不能正，同乎我者亦不能正，異乎我與若者不能正，同乎我與若者亦不能正。不齊之論，無從取正也。惟和之以天倪。天倪者，自然也。是不是，然不然，皆無辯。忘年忘義，任其自然，此齊論之法也。

〔註6〕按：《莊子》「風」前有「飄」字。

第九章　自「罔兩問景曰」至「此之謂物化」為第九章，齊物論之極致也。景隨形而坐起，若有待而實無所待，故曰「惡識所以然，惡識所以不然」。忘景忘形也。莊周夢為胡蝶，夢之時，不知為周也；覺之時，不知其為蝶也。不知莊周之夢為胡蝶，抑胡蝶之夢為莊周。忘物忘我也。形景物我俱忘，不知有齊，焉知物論？與物俱化，物與我無分而有分，有分而無分，齊之至也。

養生主第三

養生主者，不滯物，不攖天，任自然以養生也。莊子之學與老子異者，在於生死一事。老子求長生，莊子忘死生。老子以谷神不死為養生，莊子以任自然為養生。養生之道，入於物而不滯，順乎天而不攖。不傷生，不畏死，視死生為一致，真養生之主也。後世呼吸生納，以及服食之類，決非莊子養生之道。全篇分五章如右。第一章總論，以下四章設五喻以明之。

第一章　自「吾生也有涯」至「可以盡年」為第一章，總論養生之道，任自然也。生有涯而知無涯，以有涯之生隨無涯之知，為善為惡，皆無所容心。緣督為經，不著兩邊，善惡渾忘，名刑兩遠，自然可以保身、全生、養親。但保身、全生、養親雖是養生之道，而非養生之極致。養生之極致在於可以「盡年」一語。盡年者，不傷生，不求生，不畏死，不祈死也。「盡年」二字是一篇之主義，亦是莊子一生之大受用處。不及年而死者固不得謂之盡年，過於年而不死者亦不得謂之盡年，可見摧傷身體者非養生之道，而鍛練身體者亦非養生之道也。

第二章　自「庖丁為文惠君解牛」至「吾聞庖丁之言，得養生焉」為第二章，言入於物而不滯也。人生於世，萬物紛紜，皆與我相刃相摩。養生者以無厚入有間，不滯於物，恢恢乎遊刃有餘，則萬物之競來傷吾生者皆不足以傷吾生。不滯於物，最好不入於物。善刀而藏，蕭然物外，故善養生者遠離於物也。而以庖丁解牛喻之，以神遇，不以目遇，依天理，批大卻，導大窾，因其固然，解數千牛而刃若新發於硎，而又善刀而藏，喻養生處世當如是也。

第三章　自「公軒文見右師而驚曰」至「神雖王，不善也」為第三章，言順乎天而不攖也。人之生，以人視之，以全於人而生；以道視之，以全於天而生也。不善養生養於外，善養生養於內。全於天，不全於人，善養生者也，右師之介是也。全於人，不全於天，不善養生者也，澤雉之畜樊中是也。故養生者宜保其真也。

第四章　自「老聃死，秦失弔之」至「古者謂是帝之縣解」為第四章，言養生者不傷生，不畏死也。始也以為人，故來弔。今也以為非人，故三號而出。適來為時，不傷生也。適去為順，不畏死也。彼哭者不知盡年之理，為遁天倍情，拘於死生也。「哀樂不能入」者，了達盡年之理，為帝之縣解，忘乎生死也，故養生者當置死生於度外也。

第五章　自「指窮於為薪」至「不知其盡也」為第五章，言死生一致之理也。薪盡火傳，形死神在，後之薪非前之薪，而火則一；後之形非前之形，而神無殊。火既傳而不知薪之盡，神常在而不知形之死，養生者當視死如生也。形不死何如神不死，故與其保持塊然滯於跡之形，何如保持妙然無不在之神也。

人間世第四

人生於世，不能不與世相接。所以不免有禍患者，以其利害之心太審。所以不能忘利害者，以其人我之見太明。無人無我，自忘利害。忘利害，自無禍患。人間世者，不得已而入世，即以出世之法而為入世之方。其方法維何？無人無我是也。假說君、奉使、傅君以言入世之事，皆以出世之法處之，而後可免以禍患也。無用之木，匠石不顧。無用之人，終其天年。必無我始可無人也。無用之用，其用無窮。全篇分六章如右。

第一章　自「顏回見仲尼請行」至「而況散焉者乎」為第一章，為入世之說君者言之也。凡說君不免乎有福患者，在於有我，不能忘名與知也。名者相軋也，知者爭之器也。雖多方以說之，即免罪，而亦不能化君，以其師心自用而有我也。夫說君之難，非說之難，在於使君忘我難。欲君忘我，必先自我忘君。欲我忘君必先我自忘我。故說君之要，當虛己以待物。「未得使，實自回」，得使之未始有回，是忘我也。「入遊其樊，無感其名，入則鳴，不入則止」，是忘君也。無翼而飛，無知而知，本無我也，何有於君，更何有於說。其說君也，寓於不得已也。寓於不得已者，無翼而飛，運之以神也；無知而知，照之以寂也。虛之至而光明自生，故曰「瞻彼闋者，虛室生白」。不行之行，行於不得已，鬼神將來舍也。

第二章　自「葉公子高將使於齊」至「莫若致命，此其難者」為第二章，為入世奉使者言之也。人之處世，不擇地而安之，不擇事而安之，知其不可奈何而安之若命，此處世之要也。夫奉使之難，在於傳命，喜言溢美，怒言溢惡，

溢美之言必不信，溢惡之言易啟戎。傳其溢言，不信啟戎之過，傳言者當之。言猶風波。其始作也簡，其將畢也巨。一言所及，而禍不知其所終，故曰「無遷令，無勸成」。此所謂傳其常言也。傳其常言者，就其不溢之言而傳之。既不遷令，並不勸成，此之謂致命。致命之要，在於無我，任物之自然，遊心於虛無之境，託於命之不得已，以養吾心之不動。能無我，始能致命也。

第三章　自「顏闔將傅衛靈公大子」至「意有所至，愛有所忘，可不慎邪」為第三章，為入世之傅君者言之也。入世最怕有我見。一有我見，則到處是危機。即為師者，亦不可以我見傅之也。傅君之難，無方則誤國，有方則危身。其要在於自正其身，順意以遷善。「形莫若就」，順意也。「心莫若和」，遷善也。「就不欲入」，無人也。「和不欲出」，無我也。無方而有方。「與之為嬰兒」，「與之為無町畦」，「與之為無崖」，「達之，入於無疵」，人我兩忘也。如養虎者，「時其饑飽，達其怒心」，使彼與我相順，始可盡傅之之能，而其要在於虛己。虛己故能忘己，忘己故能物相隨也。

第四章　自「匠石之齊，至乎曲轅」至「此乃神人之所以為大祥也」為第四章，以木為證也。無用之木，匠石不顧，而得保其天年，故能若是之壽。人之有才，而知我者多，不能自用，每為人所用，不如我無可用之才，無人知我，知我者希，而我者貴也。凡人之患，皆因於才。猶之木然，未終其天年而中道夭於斧斤者，材之患也。此世之所以為不祥者，神人之所以為大祥也。

第五章　自「支離疏者，頤隱於齊」至「又況支離其德者乎」為第五章，以人為證也。有用之人，每為人用，而損其天壽；無用之人，足以養身而自用，終其天年。蓋人慾用世而世即因以用我，憂慮攻於內，禍患攻於外。支離其形，不為世用；支離其德，而世更無由用之矣。此無用者所以終其天年也。以上木、人兩證，總言入世耀名炫才以求有用者必自害其身也。

第六章　自「孔子適楚」至「而莫知無用之用也」為第六章，言無用之用大於用也。引接輿之歌，見今之世不可入。山木自寇，膏火自焚，桂可食故伐，漆可用故割，處處皆是禍患，而禍之來皆由自取，故與其以出世之法為入世之方，不如安於無用而不入世，其用更大也。

德充符第五

全於天者謂之德。德充於內，物應於外，內外相符，故曰德充符。以德為尊，不以形為重也。德充於內，形雖毀於外，而無害其德也。故刑餘醜厲之人

苟充於德，形雖殘，彌足尊；容貌姣好之人苟缺於德，形雖美，不足重。通篇只此一意之運演。全篇分六章如右。

　　第一章　自「魯有兀者王駘」至「彼且何肯以物為事乎」為第一章，言有德者可以為人師也。「立不教，坐不議」，寂然不動也。「虛而往，實而歸」，人自應之也。此德充於內而形忘於外也。德充於內，故死生不得與之變；形忘於外，故天覆地墜亦不與之遺。此能轉物而不為物所轉也。其工夫全在於觀。觀其同而不觀其異，遊心於德之和，視其所一而不見其所喪，所以視喪其足猶遺土也。得其常心，寂然不動，觀之久，靜如止水。己能止，始能止人之止也。「官天地，府萬物」，言其德之充盈也，人則從是，所謂「感而遂通」也。

　　第二章　自「申徒嘉，兀者也」至「子產蹴然改容更貌曰：『子無乃稱』」為第二章，言有德者可以為人友也。德充於內，坦然自忘，而人相與忘之。形，外也，當忘者也。德，內也，不當忘者也。不忘於形而忘於德，是遊於形骸之內而不索於形骸之外也。子產以執政自矜，忘於德也；申徒嘉不以兀自戚，忘於形也。忘形之要，在於知不可奈何而安之若命。能安之若命，一切外境皆可忘也。

　　第三章　自「魯有兀者叔山無趾，踵見仲尼」至「無趾曰：『天刑之，安可解』」為第三章，言有德者可以為人弟子也。德充於內，悠然自足，而不知其所不足，故曰「猶有尊足者存」。尊足者，必務有以全之。不僅形骸之足是外，詭詭幻怪之名亦是外。凡外者，皆是桎梏之類。德充於內者，無死無生為一條，無是無非為一貫，則桎梏自解，天不能刑也。

　　第四章　自「魯哀公問於仲尼曰」至「德友而已矣」為第四章，言有德者可以為人臣也。德充於內，渾然不自知，和而不唱，潛移默化，而人亦不自覺，故魯哀公與哀駘它處不期年，若無與樂是國也。在內為德，在外為才。才全者豫悅流通，與物為春；德不形者平停如水，而不外蕩，與之處者不僅忘其才，而並忘其德，是以物自然不能離也。

　　第五章　自「闉跂支離無脤說衛靈公」至「謷乎大哉，獨成其天」為第五章，為上四章之總結也。「德有所[註7]長，形有所忘」，尊德不重形，為一篇之大旨。「人不忘其所忘，而忘其所不忘，此謂誠忘」，此三句最宜注意。夫人不能無形，故曰「有人之形」。有形而自忘其形，故曰「無人之情」。「德有所

─────────────────────────
〔註7〕「有所」，底本誤作「所有」，據《莊子》改。

長」者，忘形之本也。「是非不得於身」者，忘形之徵也。德屬於天，德充符者能獨成其天也。

第六章　自「惠子謂莊子曰：『人故無情乎』」至「子以堅白鳴」為第六章，德充符之反證，一篇之餘意也。惠子不能全於德，外乎神，勞乎精，雖以堅白鳴，而物無應者，反不如刑餘醜厲之人也。

大宗師第六

天地之間，一自然之運化。吾人生活於自然護化之中，而不知自然運化之妙，是無真知也。真知必待真人。真人者，虛懷任物，無人無我也。真人效法自然，吾人當效法真人，故真人可謂吾人之大宗師也。通篇皆言真人之道。全篇共分八章如右。第一章總論真人，以下七章設七事以明之。

第一章　自「知天之所為，知人之所為者，王矣」至「而此於列星」為第一章，總論真人也。又分為七小節。自「知天之所為」至「且有真人而後有真知」為第一小節，言世人不能任自然，強以不知為知，是無真知也。知必有所待。世人之知，其待未定。天人之際，自謂知之甚明，實則顛倒錯亂。真知必待真人，故曰「有真人而後有真知」。自「何謂真人」至「是知之能登假於道也若此」為第二小節，言真人不逆寡，不雄成，不謨士，是無人也。登高不慄，入火不熱，入水不濡，是無我也。無人無我，是以有真知也。自「古之真人，其寢不夢」至「其天機淺」為第三小節，言真人無人無我之功用。絕思慮，故不夢也。隨所遇而安，故無憂也。淡然忘世，故食不甘味也。寂然不動，故其息深深也。耆欲不深，是以滿腹天機也。自「古之真人，不知說生，不知惡死」至「而不自適其適者也」為第四小節，言真人無人我之交感。不說生，不惡死，無我之極致也。能無我，故出不訢而入不距，喜怒通四時，與物有宜，而莫知其極，無人之極致也。能無人，故亡國而不失人心，利澤施乎萬世而不為愛人。自「古之真人，其狀義而不朋」至「是之謂真人」為第五小節，言真人無人無我之狀態。其無我也，觚而不堅，虛而不華，似喜非喜，似動非動，色澤充粹，志意間適，同乎流俗，而又警然高放，連乎似閉，悗乎忘言。其無人也，假刑為體，假禮為翼，假知為時，相時而動，假德為循，依德而行，好弗好一致也。人一也，而我一；人不一也，而我亦一。我守一於天，以任人之紛紛也。自「死生命也」至「而一化之所待乎」為第六小節，言人之所以不能無人我者，以其不能忘也，故曰「而其譽堯而非桀，不如兩忘而化其道」。所以不能忘者，以

其有私也，故曰「若夫藏天下於天下，而不得所遯」。不得所遯，是以皆存。計較不起於心，不祈忘而自忘也。自「夫道，有情有信」至「而比於列星」為第七小節，言真人能大公而忘，無人無我也。真人之無人無我者，不在逐物之末，而在得道之本。是道也，在未有天地之先，以王天地既滅之後，無不常存，則凡天地間一切之物，悉受是道之支配，是道可傳而不可受，可得而不可見。為一章之總結。

第二章　自「南伯子葵問乎女偊曰」至「參寥聞之疑始」為第二章，言真人修養之方也。由外天下而後能外物，由外物而後能外生，由外生而後能朝徹，由朝徹而後能見獨，由見獨而後能無古今，由無古今而後能出於不死不生，此真人修養之次第。然只有自修，不可受，不可見，推而至於「參寥聞之疑始」。疑始者，似有始而未嘗有始也。

第三章　自「子祀、子輿、子犁、子來四人相與語曰」至「成然寐，蘧然覺」為第三章，言真人自忘死生也。真人之養修，自忘天下始，至忘死生終。能忘死生，則無不忘矣。無為首，生為脊，死為尻。有生必有死，死生存亡一體，即不忘者，亦不能免。真人則澹然忘之。其未死也，因雞而求時夜，因彈而求鴞炙，因輪馬而乘駕。其既死也，為鼠肝可，為蟲臂亦可。天地為大爐，造化為大冶，人不能逃出自然勢力之外。而必與自然相抵抗，可乎哉？不如「成然寐，蘧然覺」之為愈也。

第四章　自「桑子戶、孟子反、子琴張三人相與為友」至「人之君子，天之小人也」為第四章，言真人忘人之生死也。自忘死生固難，忘人之死生亦不易。臨喪編曲，鼓琴而歌，是真能忘人之死生也。以生為附贅縣疣，以死為決疣潰癰，不以生為可欣，故不以死為可悲也。況死生為一氣之循環，反覆終始，不知端倪。真人遊乎天地之一氣，生本假異物，託同體；死則忘肝膽，遺耳目。彷徨塵垢之外，畸於人而侔於天。天之所為，異乎人之所為。任其自然者，天之所為也。牽拘禮法者，人之所為也。故曰「天之小人，人之君子。人之君子，天之小人也」。

第五章　自「顏回問仲尼曰」至「乃入於寥天一」為第五章，言死生之故，非人之所能自主也。真人自忘死生，以至忘人之死生，非矯情也。人即不忘死生，豈能長生不死？蓋死生之故，非人之所能自主也。方將化，惡知其不化？方將不化，惡知其已化？死生循環一理，人在天地變化之中，如夢而不自覺。夢為鳥而厲乎天，夢為魚而沒於淵，夢時不自知，覺時亦不自知。「造適不及

笑，獻笑不及排」，有莫知其然而然者。瞭解乎此，自然能忘也。

第六章　自「意而子見許由」至「此其遊也已」為第六章，申言真人之無人無我也。無莊古之美人而自忘其美，據梁古之力人而自忘其力。黃帝，古之知人，而自忘其知。「鼇萬物而不為義」，殺人無人之見存。「澤及萬物而不為仁」，生人亦無人之見存。無人無我，此其所以可師也。

第七章　自「顏回曰：『回益矣』」至「丘也請從而後也」為第七章，申言忘人先由於忘我也。「墮肢體，黜聰明，離形棄知，此之謂忘坐」，忘坐即忘我。忘我者無私心，故同則無好也；忘我者無滯跡，故化則無常也。

第八章　自「子輿與子桑友」至「然而至此極者命也夫」為第八章，言即不能忘，而亦不能不受自然之支配也。天無私覆，地無私載。天地不必私貧人，而人卒不免於貧者，自然之勢力，非人所能抵抗也。

應帝王第七

應帝王者，物來自應，無為而治，故曰應。應者，任乎自然也。有為之治不若無為之治。有為則鑿破渾沌，反為物害。無為遊心於虛，而己不傷。無為由於無知，此齧缺問於王倪，所以四問而四不知也。全篇分七章如下。

第一章　自「齧缺問於王倪，四問而四不知」至「而未始入於非人」為第一章，言有為之治不如無為之治也。人者，有為之治；非人者，無為之治。有虞氏希心無為而究不能無為，故曰「未始出於非人」。泰氏任其無為，而未嘗求其無為，故曰「未始入於非人」。心遍萬物，應以無心，此有為之治，所以不若無為之大也。

第二章　自「肩吾見狂接輿」至「而曾二蟲之無知」為第二章，言有為之治也。以己出經，式義度人，正己正人，是為欺德。鼠自知避，鳥自知藏，禽獸各有以自存。民有自治之知，奚待聖人以外治之乎？

第三章　自「天根遊於殷陽至蓼水之上」至「而無容私焉而天下治矣」為第三章，言無為之治也。遊心於淡，則止於所不知矣；合氣於漠，則與天地同體矣。順物自然，無容私焉，不治民而民治，所謂我無為而民自化也。

第四章　自「陽子居見老聃曰：『有人於此』」至「而遊於無有者也」為第四章，言有為之害不如無為之自得也。勞形怵心，來田來藉，有為之害也。功蓋天下而似不自己，化貸萬物而民弗恃，無為之自得也。此所以能立乎不測而遊於無有者也。

第五章　自「鄭有神巫曰季咸」至「一以是終」為第五章〔註8〕，言有為者人得而窺之，無為者人不得而窺之也。人得而窺之者，如鄭人之遇巫咸，死生存亡、禍福夭壽，皆莫能逃於巫咸之目；人不得而知之者，如壺子之遇巫咸，巫咸自失而走。未始出吾宗，與之虛而委蛇，是無為也。

第六章　自「無為名尸」至「故能勝物而不傷」為第六章，言無為之自得可以永年也。譬之於鏡，虛而待物，鏡無為也而物自來，來則不迎，去則不送，來則應之，去則置之也。雖數與物應，而中無所藏，故能勝物而不傷。是以聖人不為名尸，不為謀府，不為事任，不為知主，而能遊於無朕也。

第七章　自「南海之帝為儵」至「七日而渾沌死」為第七章，言有為之害必至戕物也。渾沌本不死，鑿之而渾沌死，有為者敗之。天下事大概如是也。

莊子章義外篇　　涇縣胡樸安著

駢拇第八

舉宇宙內，無一非道之所充積，道之得於我者為德。人同此道，即人同此德。失德而後仁，失仁而後義。仁義之於道德，猶駢拇枝指之於身，雖則出於性，究竟非人身之所宜有。至於禮樂，猶在仁義之後，是猶附贅縣疣，並非出於性也。人固不必戕去駢枝以示同，然斷不可翹示駢枝以示異。示同示異，皆非天下之至正。至正者，不失性命之情，故合者不為駢，枝者不為跂。不正者，失其性命之情，故決之則泣，戕之則啼。正者任自然，不正者違反自然違反自然謂之殉。殉名殉利，所殉雖不同，而其為殉則一。盜跖殉利，違反自然。伯夷殉名，亦違反自然。故曰上不敢為仁之操如伯夷，下不敢為淫僻之行如盜跖。通篇大旨，一自然之理。全篇分五章如右。

第一章　自「駢拇枝指出乎性哉」至「而多方於聰明之用也」為第一章，以駢枝比仁義，以贅疣比禮樂。駢拇枝指，非德之正。附贅縣疣，非性之正。仁義禮樂，非道之正。惟此章並未出禮樂字，是古時文法之略處。

第二章　自「是故駢於明者」至「仁人何其多憂也」為第二章，言明德仁辨皆是駢枝之類。駢於明，亂五色，淫文章；多於聰，亂五聲，淫六律；枝於仁，擢德塞性；駢於辯，纍瓦結繩。故曰此皆多駢旁枝之道，非天下至正。至正者，任其自然，長不為有餘，短不為不足，則無所去憂而憂自去矣。仁人多

憂，可見仁義非人情而違反自然者也。

第三章　自「且夫駢於拇者，決之則泣」至「是非以仁義易其性與」為第三章，言屈折禮樂，呴俞仁義，以慰人心，而失人心之常然也。道德未失之世，誘然皆生，而不知其所以生；同焉皆得，而不知其所以得。一任自然，不待仁義禮樂為治。自仁義遊於道德之間，失其常然，而天下始惑。惑則擾，擾則憂，故曰「以仁義易其性」。

第四章　自「故嘗試論之」至「又惡取君子小人於其間哉」為第四章，言以仁義易人心而名利之心以起也。以人視之，殉利者謂之小人，殉名者謂之士，殉家者謂之大夫，殉天下者謂之聖人。以道視之，所殉不同，而殉則一。伯夷未必是，盜跖未必非。盜跖殉利固非道，伯夷殉名亦非道也。

第五章　自「且夫屬其性乎仁義者」至「而下不敢為淫僻之行也」為第五章，言仁義臧於外，道德臧於內也。聰者自聞非聞彼，明者自見非見彼。在外者聞彼見彼，皆不能游道德之自然，是得人之得，適人之適；在內者自見自聞，與萬物為一體，極道德之自然，是自得其得，自適其適也。上不敢為仁義之操，而下不敢為淫僻之行，是文之總結，非義之總結。此篇於文言分為五章如上，於義言不如內篇之整齊。蘇輿云：「文氣直衍，無所發明，不類內篇汪洋詭誦。」王夫之、姚鼐皆疑外篇多不出自莊子。

馬蹄第九

此篇是《應帝王》之餘意。無為而治是莊子政治思想之本，借伯樂治馬，陶者治埴，工匠治木以說明之。馬不必待伯樂，埴不必待陶者，木不必待工匠，各有本然之性，而伯樂以燒之、剔之、刻之、雒之、連之、編之、饑之、渴之、馳之、驟之、整之、齊之治馬，陶者以圓中規、方中矩治埴，工匠以曲中鉤、直應繩治木，昔有為也。有為而治，失馬與埴與木之本性，是皆摹仿以仁義禮樂治天下而來，故曰「此亦治天下之過也。」善治天下者無為，任民耕食織衣之常性。凡民皆有此常性，故曰同德。既同於內，不異於外，故曰一而不黨。誘然皆生，而不知其所以生；同焉皆得，而不知其所以得。無為而治之極致也。有為者謂之天刑，無為〔註9〕者謂之天放。天放之民，無人物之分，焉有君子小人之別。無知無欲，還淳反樸，各得本性。自聖人起以仁義為治，則無知無欲者始疑矣；以禮樂為治，則無知無欲者始分矣。有為而治器，工匠之罪；有

〔註9〕「為」，底本誤作「謂」。

為而治民，聖人之過。馬之本性，食草飲水，喜相靡，怒相踶；有為治之，馬之智而能盜。民之本性，居不知所為，行不知所之，含哺而熙，鼓腹而遊；以有為治之，民之智爭歸於利，故曰「伯樂之罪也」、「此亦聖人之過也」。全篇分四章如右。

第一章　自「馬，蹄可以踐霜雪」至「此亦治天下之過也」為第一章，言伯樂治馬、陶者治埴、工匠治木，其有為之治，皆是受有為治天下者之影響。

第二章　自「吾意善治天下者不然」至「樸素而民性得矣」為第二章，言善治天下者，任民衣食之常，故民德不離而樸素。

第三章　自「至聖人蹩躠為仁」至「聖人之過也」為第三章，以言仁義禮樂為治，而天下始疑始分也。仁表起道德既分之後，禮樂起性情既離之後。無為之治失，有為之治起，故曰「殘樸以為器，工匠之罪。毀道德以為仁義，聖人之過」。

第四章　自「夫馬居陸而食艸飲水」至「此亦聖人之過也」為第四章，全篇之總結也。馬有馬之本性，伯樂以有為治之，馬之知至能盜。民有民之本性，聖人以有為治之，民之知爭歸於利而不可止。此意上已言之，茲再兩兩相比，為一篇之總結。全篇只此一意，不如內篇之狂洋恣肆。

胠〔註10〕篋第十

此篇與《馬蹄》篇同意，皆是言無為而治，而文稍恣肆。《馬蹄》篇言人之本性不必需夫仁義禮樂，此篇言仁義禮樂適足以亂人之性。莊子之意，以無為為治，有為為亂。蓋立一法以防弊，而弊隨法生。法只能防小盜，不能防大盜。不僅不能防大盜，大盜且利用防之之法，以助其行盜之術。盜之大者，莫過於盜國。擄掠人民，侵奪土地，無不假託仁義之名，以行其盜竊之實。則是聖人所示仁義之名，為治天下之具，適以資擄掠侵奪者之用。故曰「聖人不死，大盜不止」。全篇分為四章如右。

第一章　自「將為胠篋探囊發匱之盜」至「以守其盜賊之身乎」為第一章，言有為不足以為治也。防盜之術，皆為盜物者所利用；治國之法，皆為竊國者所利用。攝緘縢，固扃鐍，此防盜之術也。大盜至，負之而走，則恐緘縢、扃鐍之不固。法聖人以立宗廟社稷，治邑屋州里鄉曲，此治國之法也。田成子殺齊君而盜其國，並其聖知之法而盜之。可見知不足恃而有為之治無用也。

〔註10〕「胠」，底本誤作「腳」。

第二章　自「嘗試論之，世俗之所謂知者」至「非所以明天下也」為第二章，申言聖人以有為治天下也，制種種治天下之法，而皆為盜國者之利器。「彼聖人者，天下之利器也」，是一段之總意。先言知為大盜積，聖為大盜守。龍逢、比干、萇弘、子胥之賢，不免乎戮，暴君利用君尊臣卑之說而行其殺戮也。聖勇義智仁五者，聖人之所以治天下也，而盜皆有之。故聖人生而大盜起。斗斛權衡符璽仁義，聖人治天下之術也。大盜竊國者，並斗斛、權衡、符璽、仁義而竊之。小盜竊鉤而誅，大盜竊國而侯。竊仁義聖知為大盜，此聖人之過也。故曰「彼聖人者，天下之利器也，非所以明天下也」。

第三章　自「絕聖棄知」至「法之所無用也」為第三章，言有為之治，法所無用，必須絕棄之也。有為之治，制種種之法，以保我之私。人各有其私，一方面利用種種法以保之，一方面即利用種種法以奪之，保之法愈巧，奪之法亦愈巧。故必統聖棄知，以止大盜；摘玉毀珠，以止小盜。棄有為而尚無為。無為者，有為之極致，故曰大巧若拙。人含其明，人含其聰，人含其知，人含其德，此無為也，故天下不鑠、不累、不惑、不僻。外立其德者，此有為也，燴亂天下，法之所無用也。

第四章　自「子獨不知至德之世乎」至「哼哼已亂天下矣」為第四章，總言上古無為而治，今世有為而亂也。容成、大庭十二氏之時，結繩而用，甘食美服，樂俗安居，老死不相往來，無為也。今之時，內棄其親，外棄其主，足跡接乎諸侯之境，車軌結乎千里之外，有為也。有為者好知。好知之過，至鳥亂於上，魚亂於下，獸亂於澤，俗惑於辯，而世莫能知之，故曰「天下皆知求其所不知，而莫知求其所已知者；皆知非其所不善，而莫知非其所已善者」，此大亂之所由也。

在宥第十一

此篇發明無為之旨。在宥天下，無為也；治天下，有為也。《駢拇》、《馬蹄》、《胠篋》三篇雖皆言無為，但各舉一事為喻，不如此含義之宏深。「聞在宥天下，不聞治天下也」二句為一篇之總綱，皆言治天下不如在宥天下之理。在宥天下者，任民之自然，不失民之真性；治天下者，無論堯治之而治，桀治之而亂，皆失民之真性者也。民失真性，善不善之名以起，而計較之心以生，而詐偽之情以出，故曰天下脊脊大亂，其罪在於攖人心。人心至不可測度也。人心因攖而起計較之心，以仁義治之不能勝，以放流治之亦不能勝，甚至以桁

楊刑戮治之，而愈不能勝。惟有絕聖棄知，將種種有為之治劉除以盡，而尚無為養身，以忘天下。無為於身，然後能無為於天下。養心以養身，無為於心，然後能無為於身。必如此，始可以不物物而自然物物。不物物者，無為也；自然物物者，無為而化也。治天下者，以有為治之，人道也；在宥天下者，以無為治之，天道也。全篇分六章如右。

第一章 「聞在宥天下」至「吾又何暇治天下哉」為第一章，言治天下貴無為也。聖人不得已而臨天下，當任民性之自然，不可以有為治之。在宥天下者，無為也；治天下者，有為也。在言優游自在，故不過民之性；宥言從容自得，故不遷民之德。各安其性，各得其德，即在宥之效果。堯治天下，人樂其性，樂則已過也，過則不怡靜；桀治天下，人苦其性，苦則已過也，遙則不愉快。堯、桀之所治雖不同，而皆非在宥，悉是失德以後而以有為治，故曰非德也。德者，人民中和之本性。喜偏於陽，怒偏於陰，皆非本性。本性既失，無以應付外界之寒暑，無以安寧內界之思慮，而有喬詰不平之意，卓鷙不平之行，或者為盜跖，或者為曾史。本性離而善不善之名以起，賞善而善不勝賞，罰惡而惡不勝罰。治天下者日以賞罰為事，則慕賞避罰者遂以詐偽相尚而失民性之真。明、聰、仁、義、禮、樂、聖、知八者，治天下者所立之名，不知淫色、淫聲、亂德、悖理、相技、相淫、相藝、相疵之事即隨此八者而起。此八者皆是有為之治，與民性之真無關。民各安其性真，八者存亦治，八者亡亦治。民不安其性真，適足使人攣卷而不舒，搶攘而不寧。治天下者不知八者之足以亂天下，反尊之惜之，此治天下者之惑也。不知八者之過而去之，反言之進之舞之，吾真無可如何矣。凡此皆有為之過也。君子不得已而臨蒞天下，莫若無為。無為者不以身殉天下，貴愛其身而天下自治，故曰「從容無為而萬物累炊焉，在宥天下，何暇治天下哉」。

第二章 自「崔瞿問於老聃曰：『不治天下，安臧人心』」至「故曰絕聖棄知而天下大治」，言天下之亂由於人心不寧，人心不寧由於治天下者以有為攖之。假崔瞿之問，老聃告以慎無攖人心以明之也。排下進上者，人心之搖盪也。上下囚殺者，人心之兇險也。淖約柔乎剛強者，人心之變幻也。廉劌彫琢者，人心之纖巧也。疾徐俯仰之間，再撫四海之外，人心之飄忽也。淵而靜者，人心之深伏也。縣而天者，人心之輕浮也。故曰「債驕而不可繫者，其唯人心乎」，言其不可測度也。黃帝始以仁義攖人心而不勝，堯以放驩兜、投三苗、流共工攖人心而愈不勝。迨至三王，儒墨並起，天下大亂。此攖人心之罪也。賢者在

下，萬乘之君在上，因攖人心之故而殊死者相枕，桁楊者相推，刑戮者相望，儒墨始離跂攘臂以治之，而不知適所以亂之也。必摒儒墨，絕聖棄知，而天下始大治也。

第三章　自「黃帝立為天子十九年」至「人其盡死而我獨存乎」為第三章，言無為不以身殉天下，假黃帝與廣成子問答以明之也。黃帝欲取天地之精，以佐五穀，以養人民，以官陰陽，以遂群生，此皆有為者也。廣成子答以此是物之質，物之殘，質者不精，殘者不全。黃帝以有為治天下，質而不精，殘而不全；廣成子以無為在宥天下，務其精，務其全。不精不全，是逐物也。逐物以身殉之，而不足語至道。黃帝聞其言而知之，復以治身為問，廣成子告以無視無聽，必靜必清，慎內閉外，守一以處和。治身貴無為也。治身能無為，始可以治天下而無為。黃帝聞其言而知之，再拜稽首，稱廣成子之謂天。天無為也，上可以為皇，下可以為王。不能無為，上雖見光而下則為土，生於土，反於土，言有為雖昌，而終不可久也。無為者爽日月參光，與天地為常，所以盡人死而我獨存也。

第四章　自「雲將東遊，過扶搖之枝」至「再拜稽首，起辭而行」為第四章，言無為者當養心。養心者始能不以身殉天下，假雲將與鴻蒙問答以明之也。雲將初問，鴻蒙答曰遊。雲將再問，鴻蒙答曰吁。雲將三問，鴻蒙答曰吾弗知。拊髀雀躍，極容形心之不動也。又三年，雲將遇之，復問，鴻蒙答曰：「自得所求，故不知所求；自適所往，故不知所往。」真實無妄，他皆不知。此養心之至言也。雲將不達，鴻蒙告以天有常經，而人亂之；物有常情，而人逆之；獸有常群，而人散之；鳥有常鳴，而人擾之；所以災及艸木，禍及昆蟲，此皆有為之過。欲救其過，莫若養心。以無為養心者，墮形體，吐聰明，與物相忘，渾乎一氣，解心釋神，如槁木死灰，萬物雖多，而我心不動，物與我各遂其生，此養心之方也。

第五章　自「世俗之人皆喜人之同乎己」至「親無者天地之友」為第五章，言養心者當忘物也。世俗之人喜人之同乎己，惡人之異乎己，不能忘物也。不能忘物者，自以為得眾人之心以為心，而不知強以己所聞以為知，非真能得也。反不如眾人之心，各執一技之為得。世之治天下者，以此為治，而不見其患，「此以人之國僥倖也」，所以「喪人之國也」。國是一大物，不可恃一人之知以物視之，故曰不可物物。吾不以物視之，而忘其物，而物之本性各自存在，故曰不物故能物物。苟明乎此，任其自然，真在宥也。立天下之中，無

迎無距，獨往獨來，貴之至也。大人之於人民，任其自然，人民自不能與之相離，若形之與影，聲之與響，無向無方，以遊無端，自合乎大同。大同者無己，無己故無物，無物一切皆無有。小康者治天下也，有為也，故曰「覩有者，昔之君子」。大同者在宥也，無為也，故曰「覩無者，天地之友」。

第六章　自「賤而不可不任者物也」至「不可不察也」為第六章，一篇之總結也。物、民、事、法、義、仁、禮、德、道、天，此十者皆治天下之所有。治天下者任之，因之，為之，陳之，居之，廣之，積之，高之，易之，為之，在宥天下者不助，不累，不謀，不恃，不積，不諱，不辭，不亂，不輕，不去，蓋治天下者以有為治之，在宥天下者以無為任之也。物莫足為，不得已而臨天下，不可不為。只有明於天，純於德，通於道而已矣，故曰「不明於天〔註11〕，不純於德；不通於道者，無自而可」。道之在自然界為天，道之在人生界為德，故曰「有天道，有人道。無為者，天道也；有為者，人道也」。在宥天下者，無為也，主也，同乎天之自然也；治天下者，有為也，臣也，各當其職也。

天地第十二

此篇是莊子政治論之中心。莊子之宇宙〔註12〕論是虛無，莊子之人生論是自然，莊子之政治論是無為。虛無、自然、無為是一貫的思想。無為二字在莊子政治學上成一名詞，即此篇之所謂君道。君道出發點原於德。任德之自然，無為也。君道之歸束點成於天。任天之自然，無為也。君原於德，成於天，此無為之實在，故曰「古之君天下，無為也，天德而已矣」。君道有十，總歸於無為。無為者，順其自然而為之。知無為之理，執簡以馭繁，物來而自應，一以貫之矣。萬物一府，死生同狀，無為之效也。何以能明無為之君道？當先明無為之王德，寂然不動，冥冥之中，獨聞獨見，以無為之王德行無為之君道，自然合於無為之天。齧缺乘人而無天，不足以知君道。華封人語堯，處富壽子男之道，任無為之天，方足言以君道。道德天有一貫之理，非深研究其所以然者不能明之。明此理，君道於德成於天，確是大學宙之自然，不必用絲毫之人力，無為而無不為也。莊子此篇宛轉反覆，皆是言「原於德，成於天」之理，旁譬曲喻，連環無窮，但舉世愚惑，終莫能喻其旨，只得任其自然而不推究也。此篇所含之意義此《在宥》篇更加深宏。全篇分十一章如右。

〔註11〕　《莊子》此處有「者」。
〔註12〕　「宇宙」，底本誤作「宙宇」。

第一章　自「天〔註13〕地雖大」至「無心得而鬼神服」為第一章，總言無為之君道。「君原於德而成於天」一句是一章之總意，即全篇之總意也。天地之範圍雖廣，生氣之變化平均普遍。天地間之事物雖多，得生氣之長養，各治其生，其理則一。萬物之中有人類，人類雖眾，必有統治之君。君之所以能統治人類者，不以人治之，而以道治之，所謂無為之君道也。君道之原本於德，君道之成歸於天，顯而易見，而又深莫之測，故曰玄。玄者，深之又深。無為也，無為者非不為，不自為也。原於德，成於天，順其自然，有莫知其為而為者，故曰「古之君天下，無為也，天德而已矣」。無為之君道，一樣有君之名與君臣之義。及治事之官，萬物之應，以道觀之，則各循其自然之理。君正、義明、官治、應備，此種無為之君道，分而言之，曰德、曰道、曰事、曰技；合而言之，技、事、義、德、道、天是一貫之所生，故曰「技兼於事，事兼於義，義秉於德，德兼於道，道兼於天」。無欲、無為、淵靜，此君道之原於德，即所謂「通於〔註14〕一」，無心得也。天下足，萬物化，百姓定，此君道之成於天也，即所謂「萬事畢」、「鬼神服」也。

第二章　自「夫子曰：『夫道，覆載萬物者也』」至「萬物一府，死生同狀」為第二章，言君道有十，總歸於無為。能明此道，忘彼我，齊死生，而無不為也。夫盈天地間，皆道之所充滿，萬物莫不受道之覆載。惟私欲塞於人心，不能虛以受道，故必刳去有為之心，始可受無為之道。無為之道，於自然界言之曰天道，於政治界言之曰君道。君道有十：曰天、曰德、曰仁、曰大、曰寬、曰富、曰紀、曰立、曰備、曰完，實則皆原於無為之德，成於無為之天。愛人利物者，德之所施也。不同同之者，天之所庇也。行不崖岸者，德之所同也。有萬不同者，天之所覆也。紀者，德之執。立者，德之成。循於道者，天之運行不息。不以物挫志者，天之不息則久，久則貞也。政治上之君子明此十者，韜乎其事，無所不包，故曰「心之大，沛乎其為」。行所無事，故曰「萬物逝」。以無所不包之心行所無事，與萬物逝，此即無為之君道，故金珠不必藏於己，貨財富貴不足累其身，壽夭窮通不足動其氣。一世之利不足為己利，王天下不足為己顯。己所顯者，明乎十者之道，不在世俗種種，有包括天地之心，有萬物咸遊之概，故曰「萬物一府，死生同狀」。「萬物一府」者，忘彼我也；「死生同狀」者，齊死生也。

〔註13〕「天」，底本誤作「夫」。
〔註14〕底本衍一「於」字。

第三章　自「夫子曰：『夫道，淵乎其居也』」至「黃帝曰：『異哉，象罔乃可以得之乎』」為第三章，言王德。王德即君原於德之德也，「淵乎其居，漻乎其清」之道。自然界之天道，即政治界之君道。無為之君道，譬諸金石之聲，不考不鳴，所謂物來自應也。無為之君道，原於無為之王德，素位而行，不事事求之，故曰「恥通於事」，德之用也。本原既立，無乎不在，故曰「知通於神」，德之體也。如此則德日廣，此王德之一也。德藏於心而施於物，非有為也，物感斯應耳。人之形體非得自然界道之一部則不生，受生而後，非保持其本有之德則不能明於事，故存形即所以盡性，（本文「存形窮生」，窮，盡也。「生」即「性」字。「窮生」即盡性。）立德即所明以道，此王德之二也。不自知其出，而出之忽然；不自知其動，而動之勃然；己無為也，萬物從之，此王德之三也。有如是之王德，故能見曉於冥冥。聞和於無聲，人不見不聞，惟己獨見之聞之，深之又深。物藏於中，至無也，而能供其求，神之又神。精無不在，時騁也而有歸宿，故其與萬物相接，大小長短脩遠順其自然，王德之極致也。無為之王德，黃帝以有為失之，知離朱、喫詬以有為求之，皆不能得，象罔以無為求之而自得也。

第四章　自「堯之師曰許由」至「南面之賊也」為第四章，言不成於天者，不足為君道也。聰明叡知，給數以敏，其性過人，君德如是，可謂善已。然而以人受天，非能成於天也。以人受天者，知審乎禁過，而不知過之所由生，純是人為，不能配天。人為，乘人也。不能配天，無天也。無天者，不成於天，非君道也。本身而形異，肝膽楚越也，而況人我乎！尊知而火馳，炫耀聰明也，焉能澤穆乎？為緒使，役於細事也。為物絯，為物所拘也。四顧而物應，物未能忘我也。應眾之所宜，我未能忘物也。與物化者，逐物遷也。未始有恆者，失其本然之我也。何足以配天者，不能成於天也。雖然，有為之治亦有倫類，但只能為有為之乾，（乾，眾親父也。）不能為無為之太極。（太極，眾父父也。）故曰「可以為眾父，而不可以為眾父父」。有為之治，固可以為治之主，然亦足以為亂之主。所以無論其北面為臣，或南面為君，而皆不免乎禍賊。故曰「北面之禍也，南面之賊也」。

第五章　自「堯觀乎華」至「俋俋乎耕而不顧」為第五章，言成於天之君道，非果無為也，任其自然而為之，若無為也。堯不能任自然，而以有為為治，故多男則多懼，多富則多事，多壽則多辱。若能任自然而以無為治之，多男授之職，不必懼也；多富分之人，無所事也；多壽則如鶉之居，無意求安；如鷇

之食，仰物而足；如鳥之行，不見蹤跡。動靜無滯，有道與時偕昌，無道修德就閒，不求生，不畏死，任自然之極致，有何辱也。隨自然之條理為之，立乎無懼、無事、無辱之點，如是則成於天，而無為之治成矣。堯聞此語，得無為之治。授之舜，舜亦得無為之治。皆能不賞而民勸，不罰而民畏。舜授禹，禹失無為之治，以有為治之，日以賞罰為事，而民不仁，德衰刑立，天下始亂矣。此伯成子高所以辭諸侯而耕也。

　　第六章　自「泰初有無無，有無名」至「是謂玄德，同乎大順」為第六章，言君原於德、成於天之理，作前五章之總結，為較深之玄理也。無無、無名、一、命、物、形、性、德、虛、大、玄德、大順之名詞，在莊子玄理中皆有其界說。無者，時間之稱。無無者，在無始以前。無是初，無無是泰初，以天文學家之語表之，即是未有日球以前也。名者，可得而名。無名者，不可得而名。可得而名謂之無，亦謂之太極，日球是也。不可得而名者謂之無無，亦謂之無極，老恒星是也。一即日球之熱充滿於空間，為大空中陽氣陰質之未分。在莊子書中謂之道。熱之傳佈，為生物之起點，故曰「一之所起」。陽氣陰質充滿於空中，而礦物植物動物尚未能得氣質凝合而成形，故曰「有一而未形」。德者，得也。萬物各得氣質之一部以成形，故曰「物得以生之謂德」。物未成形以前，太空已有氣質之分別。氣之浮者為天，質之沉者為地，故曰「未形者有分」。大空中之氣質付與人物，澤然無間。不見付與之跡，謂之命，故曰「且然無間謂之命」。氣質之流動，以無間之命付與而生物。物者，氣質已成形者也，故曰「留動而生物」。「留」即「流」字。物各得流動之氣質，循生理之自然成形，故曰「物成生理謂之形」。形體與精神各有規則，合而成性，故曰「形體保神，各有儀則，謂之性」。修性之自然，各得太空中氣質之一部，故曰「性修反德」。人人各得太空中氣質之一部，合之則為整個的大空中之氣質，故曰「德至同於初」。虛者，無限之空間。德同於初，無限之空間，是整個的，故曰「同乃虛」。無限之空間，實處小，虛處大，故曰「虛乃大」。宇宙一切種種，以實觀之，只見分散之人物；以虛觀之，只見整個之氣質。譬諸鳥開喙而鳴，有聲之聲，其聲有限，實也；合喙而鳴，無聲之聲，其華無窮，虛也。實則離天地為二，虛則合天地為一，故曰「合喙鳴，喙鳴合」。人與天地合而為一，此天人相與，一氣質所生之理也。人與天地渾合無間，非愚也而若愚，非昏也而若昏，故曰「其合緡緡，若愚若昏」。君道若是，「是謂玄德，同乎大順」。玄德者，德之深也。大順者，天之自然也。此君原於德、成於天之至理也。

　　第七章　　自「夫子問於老聃曰」至「是之謂入於天」為第七章，言君道成於天也。君道所以能成於天者，以其忘己也。所以能忘己者，以其明無為之理也。世之人以有為相放，可與不可，然與不然，如辨者離堅白，若縣寓之顯，以此而學聖人，徒然勞形怵心。狗本無思而有思，猨本安於山林而自山林來，皆失其常性也。凡此皆有為之害。夫無為之治，不能聞，不能言。人皆知有形之首趾，與無形之思想、無狀之聽聞，不知以實有視之。有形與無形與無狀皆為實有之存在，實有非道也。以虛無視之，有形與無形無狀皆為虛無之存在，虛無是道也。澈底認識空間之虛，時間之無，動即是止，死即是生，廢即是起。換言之，起即是廢，生即是死，止即是動。道通為一，任其自然，毫無所以，此無為之同於天也。有為之治在人，無為者外忘乎物，上忘乎天。忘物忘天，自然忘己。忘己亦自然忘物忘天，故曰「忘己之人，是之謂入於天」。此君道之成於天也。

　　第八章　　自「將閭葂見季徹曰」至「欲同乎德而心居矣」為第八章，言君道成於德也。德者，人人各同得太空中氣質之一部。治民者順民性之自然，人民雖眾，德必同矣。將閭葂為魯君盛稱有為之治，必服恭儉，拔出公忠之屬，此非順民性之自然，而以有為之治也。有為之治，猶螳臂當車，必不勝任，自然處危，非自安也，且從此多事。如登臺觀物，而物之奔走而來者踵相接也。若夫無為之治，順民本然之性，凡人各得太空中氣質之一部而成形，其德各滿足也。入世以後，潛伏而不見，搖之使動，蕩之使出，自然不設教而教成，不化俗而俗易，故曰「搖盪民心，使之成教易俗」。去其外來之賊心，進其原有之獨志，不勉強為之，若人民之自為，而不知其所由然也，故不必法堯、舜之教民。尊之如兄，自視如弟。蓋人皆有此德，順其自然，一人之德不失，人人之德皆不失，而德同矣；一人之心能安，人人之心皆安，而心安矣。此君道所以必原於德也。

　　第九章　　自「子貢南遊於楚」至「予與汝何足以識之哉」為第九章，申言君道原於德也。循本有之德，無機械之心，以俗視之，為渾沌之民；以道視之，為全德之人。有機械者必有機事，有機事者必有機心，外境影響於內有如此者。機心存於內，則思想龐雜不純粹；黑暗不坦白，則心無所主而神搖不定。本有之德為機心排擠而去，雖有塊然之形，無由載渾然之道。若能有志於道，而執之勿失，則德全矣。德全而形全，形全而神全。抱之於己，為聖人之道；施之於人，與民並行，而不知所之。內外無為，舉天下之非譽，

無損益於我，斯真全德之人也。

第十章　自「諄芒將之大壑」至「是故行而無跡，事而無傳」為第十章，申言君道成於天也。無為之極致，四方之民莫不財用有餘而不知其所自來，飲食取足而不知其所從，天地樂而萬事銷亡，故能「行而無跡，事而無傳」，真可謂成於天也。注焉而不滿，酌焉而不竭，海有無窮之大。君之度量似之。施政而不失其宜，舉人而不失其能，畢見事情者，無所不見也；行其所為者，自然而行也。自行其行，自言其言，無與於天下而天下化，四方之民群然俱至，此無為之聖治。或居或行，寂然不動，故無思無慮；與人相接而不留，故無是無非。與人共利共給，人皆悅安，財用有餘而不知其所自來，敏食自足而不知其所從，此之謂無為之聖德。聖治聖德如是，上合於天，而為神人矣。乘光照物，不見形跡，智同萬物，無幽不燭。致天之命，盡物之情，所謂能盡其性則能盡人之性，能盡人之性則能盡物之性，能盡物之性則可以贊天地之化育而與天地參矣。故能與天地同樂而物累皆捐，萬物並育而復其情，此之謂混冥。混冥者，混同於玄冥也。此即君道之成於天也。後世以有為為治，故式王不及有虞氏。天下均治，無為之治也。亂而後治，有為之治也。有虞氏雖賢於式王，但是禿而施髢，病而求醫，孝子操藥，尚係亂而後治之。若夫王治之世，不尚賢，不使能，端正以行而不知其為義，慈愛接物而不知其為仁，真實無妄而不知其為忠，行止當理而不知其為信，互相役使而不知其為賜，率性而動，故行而無跡，過而不留，故事而無傳，此成於天之極致也。

第十一章　自「孝子不諛其親」至「而虎豹在於囊檻，亦可以為得矣」為第十一章，言無為之君道原於德，成於天，舉世不知，以天下人皆愚惑，委曲言之而不信也。蓋今世之人僅知有為之治，楊、墨皆自以為得，而非我之所謂得也。為一篇之總結。善君親之言行，俗謂之不肖；善世俗之言行，俗不謂之諂諛。則是世俗之是非，不足信也。以諂諛之名加之其身，則勃然怫然。怒身諂人諛人，以媚於世而不自謂諂諛，則是世俗之是非，更不足信也。假使自知其愚，自知其惑，尚非大愚大惑，乃終身不解不靈，則大愚大惑矣。假使惑者少，無為而治之言猶可以致之也。乃天下皆惑，雖日求所以啟發之，使向於道，而終不可得。譬之高尚之音樂，不入里人之耳；低下之曲調，聞者嗑然而笑。是故無為而治之高言不存於眾人之心，至言所以不顯，因俗言勝也。瓦缶猶俗言也，黃鐘猶至言也。瓦缶、黃鐘，相互而鳴。世人不知無為而治之至言，強以無為而治之王言與之語，則其惑滋甚，故曰「又一惑也」，莫若任其自然，

不必推究，雖不能解其惑，而不至與其憂。好善惡惡之心，人皆有之。厲之人雖醜，決不願其子似己。不推究之惑，或自解也。所以不必分美惡之名。木之為犧樽與斷在溝中，雖美惡不同，失其本性則一。由是觀之，盜跖與曾、史雖行為不同，失其本性則一。五色、五聲、五臭、五味趣舍，種種有為之治，皆所以失人之本性。而楊朱、墨翟乃自以為得，實則內塞柴柵，外約纆繳，本性全亡，何得之有？假使以此為得，則鳩鴞在於籠中，虎豹處於囊檻，罪人交臂歷指，亦可謂為得矣。以此為結，即順其自然，不必推究也。

天道第十三

此篇承《天地》篇，仍是莊子之政治論，而申言無為之治道，多《大宗師》篇之意。莊子自為此篇與？抑學莊者為之與？不可考也。第二章「吾師乎！吾師乎！鲞萬物而不為戾，澤及萬物而不為仁，長於上古而不為壽，覆載天地、刻雕眾形而不為巧」，此數語見於《大宗師》篇。末章無為之治道不可以言語文字傳，與《大宗師》篇「副墨之子聞諸洛誦之孫，洛誦之孫聞之瞻明，瞻明聞之聶許，聶許聞之需役，需役聞之於謳，於謳聞之玄冥，玄冥聞之參寥，參寥聞之疑始」同一用意。但《天道》篇之言為顯豁耳。全篇始終言無為之治道。第七章無為之治道不可以言語文字傳為一篇之總結。全篇分七章如右。

第一章　自「天道運而無所積」至「功大名顯而天下一也」為第一章，言虛靜恬惔寂寞無為也。靜是無為之體，無為是靜之用。天道、帝道、聖道，無不靜也，無無為也。運而無所積，即靜與無為之實在。萬物成，天下歸，海內服，即靜與無為之徵驗。夫所謂靜者，非不動之靜，乃不動而動之靜。善氣充滿空中，萬物不足以撓亂其心，不動而動之靜也，故曰「善故靜也，萬物無足以撓心者故靜也」。靜之第一步，必心中無一念之起，故曰「聖人休焉」。休者，一念不起也。只有虛靈之本體，故曰「休則虛」。虛靈本體，圓融明澈，無絲毫之欠缺，故曰「虛則實」。本體充實，有倫有脊，無絲毫之凌亂，故曰「實則倫矣」。一念不起，只有虛靈之本體，外物自不能撓觀於其中，故曰「虛則靜」。虛靈之本體寂然而靜，不為萬物所撓亂，而可以統制萬物，故曰「靜則動」。能統制萬物，始能驅使萬物，故曰「動則得矣」。虛靈之本體寂然而靜，常若無為，故曰「靜則無為」。以本體之無為，而百骸、九竅、六臟各以自然任其事而盡其責，故曰「無為也，而任事者責矣」。無為者其心常俞俞，俞俞則憂患不能入而年壽長，故曰「虛靜恬惔寂漠無為者，萬物之本也」。堯

之為君，舜之為臣，帝王天子之德，玄聖素王之道，退居而閒遊，進為而撫世，能明乎此，一以貫之矣。

　　第二章　自「靜而聖，動而王」至「天樂者，聖人之心，以畜天下也」為第二章，申言不動而動之靜，無為而無不為也。「靜而聖，動而王」二句為一章之主腦，「天樂」二字為一章之眉目。王之動由於聖之靜，聖之靜以馭王之動，所以無為而尊，樸素而天下莫能與之爭美，此不動而動之實在也，此之謂天地之德，此之謂大本大宗。得其本宗，與天地合德而與天和。與天和者始能均調天下而與人和，即動由於靜，靜以馭動。人樂悉是天樂也。天樂者，靜之動，動之靜，無為而無不為，無不為而無為也。霜雪殺萬物而不為暴，雨露育萬物而不為仁，年歲長於上古而不為壽，覆載化育而行所無事，此天樂真吾之師也。能知此者，生與天行，死與物化，靜同陰德，動同陽波，故天怨、人悲、物累、鬼責悉於己無與，以其靜而不靜，動而不動，動靜與天地合也。動靜合於天地而心定矣，心定而撫天理萬物。以言乎外，而鬼不祟。以言乎內，而魂不疲。以言乎大，推於天地。以言乎廣，適乎萬物。此聖人之心，法天樂之動靜以養育萬物也。

　　第三章　自「帝王之德，以天地為宗」至「此下之所以事上，非上之所以畜下也」為第三章。「上必無為而用天下，下必有為為天下用」二語以明無為而無不為之實在。上以無為而用下之有為，此所以能無為而無不為也。無為，本也；有為，末也。而末必由本，先有本而末從之，下之有為皆從上之無為而出。天地為宗，道德為主，無為為常，帝王之德當如是也。無為則能用天下，此極言帝王當無為也。設上無為而下亦無為，有上而無下，則不臣；下有為而上亦有為，有下而無上，則不主；必上用天下，下為天下用，此所以能無為而無不為也。王天下者不自慮，不自說，不自為，臣下慮之、說之、為之也，此帝王用人群之道也。帝王是治天下之本，臣下是治天下之末，本在上而末在下，要在主而詳在臣。三軍五兵之運，賞罰利害五刑之辟，禮法度數刑名，鍾鼓之音，羽旄之容，哭泣衰絰隆殺之服，此有為也，末也；精神之運，心術之動，此無為也，本也。必有本而末始從之，故末非所以先也。天地之行，神明之位，四時之序，變化之流，皆有尊卑先後之序。大道亦有序。天、道德、仁義、守分、刑名、因任、原省、是非、賞罰，此先後之序也。天、道德，無為者也，本也；仁義以下，有為者也，末也；賞罰是有為之極，末之末也。愚知、貴賤、仁賢，名當其實，實副其名。有為之治本於無為之天，此太平之極致也，

所以刑名、賞罰一切有為之事是治之從，非所以先也。驟而語形名、賞罰，是治之具，非治之道，此一曲之士以有為而為天下用，不能無為而用天下也。

第四章　自「昔者舜問於堯曰」至「天地而已矣」為四章，言無為之極致。不僅上章所言之末學是有為，即精神之運、心術之動，苟有心於其間，雖無為而亦有為也。「不敖無告，不廢窮民，苦死者，嘉孺子，哀婦人」，用心此五者，與末學異矣。而舜則以為美，而未大也。雖與天合德，而未自然，猶勉強也。日月之照，四時之行，晝夜之經，雲雨之施，天第行其所無事，無所用心於其間。堯用心此五者，固而不解，紛而不寧，而自覺其多事，不免膠膠擾擾也。天之合即天樂，人之合即人樂。合於人，不合於天，猶未極其大也。天地是無為之極致。古帝王之治天下，其無為也，法天地而已矣。

第五章　自「孔子西藏書於周室」至「意，夫子亂人之性也」為第五章，言道德隱而仁義顯，自無為而入於有為之漸也。上言天、道德、仁義、分守、刑名、因任、原省、是非、賞罰，自道德以上，人君無為之事也；自分守以下，人臣有為之事也。仁義在其間，則自無為而入於有為之漸。孔子繙十二經以說，老子中其說，（《春秋繁露》：「中者，天下之終也。」中其說，即終其說。諸解皆非。）嫌其大謾，願聞其要。孔子答以要在仁義。而以仁義真人之性情，此自無為入於有為之漸，道德隱而仁義顯也。以仁義為人之性情，不能行所無事，使天下不失其養，是以無私以成其私也。若夫無為之極致，天地有常，日月有明，星辰有列，禽獸有群，樹木有立，各有固有之性，放而行之，循其固有而已矣，何必揭仁義以亂人之性哉？自揭仁義以後，必至分守、刑名、因任、原省、是非、賞罰種種有為之法為治，而天下嘵嘵矣，故曰「意，夫子亂人之性也」。

第六章　自「士成綺見老子曰」至「至人之心有所定矣」為第六章，形容無為之態度也。士成綺聞老子是聖人，不遠道而來見，見而以為非聖人，而疑其不仁不義。「鼠壤有餘蔬而棄妹，不仁也。（各家之解皆晦，林西仲之解可通。）生熟不盡於前，而積斂無崖，不義也。」明日又以為聖人，而心屈卻。（屈本作「正」。馬敘倫校作「屈」。）老子通乎道，合乎德，無為也。士成綺據仁義有為之法，窺測無為之人，不足以知之也。老子漠然不應，非鄙之不答也，正是無為之極致。設鄙之，則又落有為矣。脫然於巧知神聖，呼牛呼馬，是人之所為，我無其實，於我無與。苟有其實，呼而不受，再受其殃，我自行無為之常行，泯然與人同也。若容崖然而異，目衝然而視，顙頯然而顯，口闞然而張，

狀茇然而大，如繫馬而止，動而矜持，識察而思審，知巧而色柔，此皆有為之形，而與無為之性不相應，不信之徵也。如邊境之間，各有封域，有守禦之人，即有窺伺之人。無論其為守禦，為窺伺，皆是有為之事，名之為竊也。若夫無為之道，大包無窮，小入無間，不備萬物而萬物無不備，廣乎無不容，淵乎不可測。設道德形而為仁義，縱極其善，末而非本。無為之本，惟至人始能定之於心也。至人撫一世之人而能忘世，不為人我所累，操天下之柄而能忘柄，自審無瑕，不與利遷，極物之真而守其本，故能外天地，遺萬物，而神不困也。通合道德，擯棄仁義禮樂，至人之心，無為而定也。

第七章　自「世之所貴道者，書也」至「古人之糟魄已夫」為第七段，言無為之道不可以言語文字傳，為一篇之總結。世以為無為之道在於書，書不過是古人之言語，而言語貴有意，但意之所至，不可以言語傳，書又何足貴哉？世雖貴之，而我不貴也，蓋知者不言，言者不知。世之言語文字必不足以傳無為之道也，借桓公讀書、輪扁之言以明之。不徐不疾，得之於心，應之於手，口不能言，數存其間。父不能喻之於子，子不能得之於父。書安得而傳之哉？斲輪猶如是，況無為之道乎！故曰「古人之糟魄也」。

天運篇第十四

莊子多言無為無不為之天，此篇假自然界言之。首章天地、日月、雲雨，在自然界無為無不為也。末章卵生、濕生、化生、胎生，無為而生長，亦如是也。無為者，至仁無親而能愛，至樂無聲而能感。若不知無為之道，而用有為之跡，取已陳之芻狗，勞而無功，身必有殃。求之度數，有為者也，五年而不得。求之陰陽，無為而猶有為者也，十有二年而不得。張仁義以為治，猶播糠眯目，蚊蝱噆膚，三王五帝之治天下，名曰治之，實亂之也，故有為之治當以無為之化大之。無為者，由己的一方面言，在一忘字；由人的一方面言，在一化字。兼忘天下易，使天下忘我難。天下忘我，無為之極致也。相煦以濕，相濡以沫，不若相忘於江湖。不僅人我相忘，而人與人亦相忘，無為之極大也。鶂相視不動而化，蟲相鳴上下風而化，獸自類為雌雄而化。卵生、濕生、化生、胎生，皆順造物之自然而化。本此化以化人，所謂無為而自化也。全篇分七章如右。

第一章　自「天其運乎」至「此謂上皇」為第一章，言自然界無為而無不為也。天不行而自運，地不處而自止，日月不爭而自行其所，孰主張？孰綱維？

孰推行？似有機械以司之，其轉運不能自止也。雲鬱而為雨，雨散而為雲，風
起於北，遍於東西徬徨，無隆施，無淫樂，無噓吸，無拔拂，皆以其自然而無
為也。而雲行雨施，風徧於虛空而無不為，此上下四方之中五行自然之數也。
帝王無為之治，法自然之數。九洛即洪範之九疇，自然之數也。法自然之數為
治，則治成德備。監照下上而天下載之，此上皇之治也。此章總言自然界之無
為而無不為，為一篇之主。

第二章　自「商大宰蕩問仁於莊子」至「是以道不渝」為第二章，言至仁
無親，以見無為之仁其愛人溥也。治道之澆也，人各親其親，各子其子，此虎
狼之仁也。至仁以天下為一家，中國為一人，此至仁所以無親也。至仁大矣，
而孝不足以盡之。至孝備矣，而愛不足以盡之。無親則不愛，不愛則不孝，不
孝則不仁。以親為愛，以愛為孝，以孝為仁，此孝仁之一端，而不足以盡孝與
仁，故曰「非過孝之言，不及孝之言也」。商大宰蕩之所言，去孝仁甚遠，如
南行至郢，北面不見冥山也。凡事不在於跡而在於心，不貴於有心而貴於無
心，故敬不如愛，愛不如忘。忘小而能忘大，忘人而人亦忘我，此忘之極致也。
設有絲毫有為之跡存於其心，必不能忘之如是，所以無為之治有堯、舜之德而
不為，有施萬世之利澤而天下莫之知，豈孝悌仁義忠信貞廉有為之治所能及
哉？此有為之治役於無為之德而不足多也。無為不在一事一物，至貴而舉國之
爵並而有之，至富而舉國之財並而有之，至願而舉世之名譽並而有之。無為而
無不為，是於其道不隨物而變也。

第三章　自「北門成問於黃帝曰」至「道可載而與之俱也」為第三章，言
至樂無聲，以見無之為樂，感人深也。樂不在鍾鼓琴瑟曠寂之中。凡有聲與耳
相接者，皆是至樂之聲，流行於其間，始聞之而懼，以自然之聲其化物大也；
復聞之而怠，以自然之聲望不見而追不及也；卒聞之而惑，以自然之聲充滿天
地，包裹六極而莫知其所在，使人疑也。始懼、復怠、卒惑者，非不領略至樂
之妙，而懼之、怠之、惑之，正以極其領略至樂之妙而懼之、怠之、惑之也。
其始也，奏之以人，應人事也；徵之於天，順天理也；行之以禮義，行五德也；
建之以太清，應自然也。調四時而和萬物，四時與之推移，萬物與之生育，盛
衰經綸文武，清濁調和陰陽。其聲廣流，如雷霆之驚，被蟄蟲而皆作，又無尾
無首，生死僨起，無窮而不可待，是以懼也。復而其聲變化，如陰陽之和，可
感而不可聞；如日月之明，可望而不可親。其聲之長短剛柔，雖變化而又齊一，
雖齊一而又不主故常，在谷滿谷，在阬滿阬，無處不是此聲之所至，無不周遍

也。其聲之揮動寬廣，高極於天，明如日月也。鬼神自守其幽而不極，日月星辰自行其紀而不亂。人為之樂，止之而有窮；自然之樂，流之而不止。此吾所以慮之而不知，望之而不見，逐之而不及，倘然獨立於四虛之道，倚於槁梧而吟也。望不見而目窮，逐不及而力屈，如身入於虛空之中，乃至委蛇，是以怠也。卒而聲又發化，洋溢之聲繼續而起，令人忘倦，而又莫尋端倪，順乎天之自然，若發生於叢林之中，與林樂相混而莫辨其自出，布散發揮，動而不動，不見搖曳之跡；幽深玄默，玄之又玄，不聞滌蕩之聲。布揮而不曳，動無方也。幽昏而無聲，居於窈冥也。死生實榮，隨物變化而無常聲，天機不張而五官皆備。此天樂也，無言而心悅者也。聽之不聞，視之不見，而又充滿天地，包裹六極，是以惑也。始於懼者，以樂感化之力大，若有鬼神，故曰「懼故祟」。次以怠者，以其望不見，逐不及，疑其遁逃也，故曰「怠故遁」。卒於惑者，以其不聞不見，而又充滿天地，包裹六極，使知識昏迷也，故曰「惑故愚」。不識不知，順帝之則，日在無為之中，此愚之所以道也，故曰「道可載而與之俱也」。

　　第四章　自「孔子西遊於衛」至「而不知矉之所以美，惜乎而夫子其窮哉」為第四章，言有為之殃也。治天下而取法先王，是有為之治。先王治法，已陳之芻狗也。芻狗已陳，是無用之物，而猶遊居寢臥於其下，不得惡夢，必遭惡魔。孔子伐樹於宋，削跡於衛，得惡夢之類也。困於陳、蔡，七日不食，遭惡魔之類也。水行舟，陸行車，各適其用。以有為之治應無窮之變，不僅勞而無功，身必有殃。若無為者，寂然不動，感而遂通，故能應物而不窮也。桔槔隨人俯仰，而不得罪於人。善為治者，與世推移，而不滯跡於世。周公之服雖美，猨狙衣之，必齕裂而去之，不適也。西施之矉雖美，醜人倣之，富人閉戶不出，貧人去之而走，無本也。有為之治從無為而出，適時而用。不然者，身必有殃而窮也。

　　第五章　自「孔子行年五十有一而不聞道」至「天門弗開矣」為第五章，言有為者之無成也。度數，有為者也。求道於度數，五年而不得。陰陽，無為而猶有為者也。求道於陰陽，十有二年而未得。道者，不可獻，不可進，不可告，不可與，惟可以自得也。中以無為為主，外以有為為正。中無無為之主，則不能止而心亂；外無有為之正，則不能行而自廢。由中而出，不受於外，不見由中而出之跡，故曰「聖人不出」。由外而入，不動於中，毫無由外而入之象，故曰「聖人不隱」。名猶公器，仁義猶蘧廬，可一宿而不久處，此所謂由

中出，不受於外；由外入，不動於中也。假道託宿，遊於無為之虛，食於苟簡之田，立於不貸之國，是採真之遊也。真則不偽，所以無為而無不為也。富祿、顯名、權柄，此有為治世之具也。己欲富，則不能以祿讓人。己欲顯，則不能以名讓人。己欲親權，則不能以柄讓人。以有為為治，富、顯、權操之於己，則恐懼而慄；祿、名、柄捨之於人，則戀惜而悲。恩、怨、取、與、諫、教、生、殺，此八者皆有為者正人之器，惟無為而無不為者為能用之。己無為而自正其心，始能正人之心，故曰「正者，正也」。非然者，天門不開，而道無由得也。

　　第六章　自「孔子見老聃而語仁義」至「子貢蹵蹵然立不安」為第六章，言有為者不僅身殃而事無成，且足亂天下也。播糠迷目，則四方易位；蚊虻噆膚，則通夕不寐。仁義有為之治，眯目、刺膚之類也。有為之治亂天下，易位、不寐之類也。廢道德而用仁義，使天下失其樸，如何放風而動，順其自然。擊鼓而求亡子，有為者徒自紛擾也。鵠自然白，不必浴；烏自然黑，不必黔。天地間自然之黑白，不必有為也。王者治民，不如聽民之自治，故曰「相煦以濕，相濡以沫，不若相忘於江湖」。此孔子之仁義不如老子道德之大也。孔子歸而不談，自傷仁義有為之小，以龍稱老子無為之大。又以子貢見老子言三王五帝之治，而老子告以黃帝之治天下，人民純穆，親死不哭；至於堯，各親其親，隆殺有等；至於舜，相競以知，人我分離；至於禹，黨同代異，以事兵革，儒墨之是非紛起，而天下大亂矣。無為至於有為，其流弊必至於如是也。蓋有為之始，本有倫次，至丈夫而有婦女之行，故曰「名曰治之，而亂莫甚焉」。三王五帝之治天下，違反無為之自然，上悖日月之明，下睽山川之精，中墮四時之施，其弊不可勝言，如蜇人之蜂，如噬人之獸，使天下之人莫能安於性命之情也。

　　第七章　自「孔子謂老聃曰：『丘治《詩》、《書》、《禮》、《樂》、《易》、《春秋》六經』」至「老子曰：『可，丘得之矣』」為第七章，言孔子有為之治，老子以無為之化大之，為一篇之總結。《詩》、《書》、《禮》、《樂》、《易》、《春秋》六經之所言，有為之治，先王之陳跡也。跡固履之自出，而跡非履；經固道之所寄，而經非道。道者無乎在，無乎不在，不動而至，無為而化。鴟之相視，眸子不動而化；蟲之相鳴，應於上下風而化；獸之雌雄，自為類而化。各有自然之性而不可易，各有自然之命而不可變，各有自然之時而不可止，各有自然之道而不可壅。無為而得其自然，無自而不可；有為而失其自然，無自而可。

造化之生育，一順自然，毫無有所作為於其間。烏鵲孺，卵生也；魚傅沫，濕生也；細要者化，化生也；有弟而兄帝，胎生也。此四生在宇宙之間，皆順無為之化，以生以長。治天下者不以無為之化化人，而以有為之治化人，又安能化人乎？孔子悟化人之道而為此言，故老子曰「可，丘得之矣」。

刻意第十五

恬惔寂寞、虛無無為為養神之要，而以純素二字括之。以體言曰真人，以用言曰聖人。以寂滅毀莊，固不足以知莊；以寂滅譽莊，亦不足以知莊也。莊子蓋無為而無不為，無不為而無為也。養神而不用，所謂純素也。此篇所言之理，多見於內篇，或學莊者之所為。全篇分三章如右。

　　第一章　自「刻意尚行」至「此天理之道，聖人之德也」為第一章，言聖人之德合於天地之道，無為而無不為也。山谷之士不如平世之士，平世之上不如朝廷之士，此用世而有為者也。江海之士不如道引之士，此出世自以為無為而猶有為也。若夫聖人用世而不滯於跡，出世而不蹈於空，故曰「不刻意而高，無仁義而修，無功名而治，無江海而閒」。不道引而壽，用世而忘世，故曰「無不忘也」；出世而有世，故曰「無不有也」。不立一美以為極，而眾美畢至，此天地自然之道，聖人自然之德也。

　　第二章　自「故曰恬淡寂寞」至「動而以天行，此養神之道也」為第二章，言聖人之養神也。聖人所以無為而無不為者，以其養神於內而用之於外也。恬淡寂寞、虛無無為，此天地之大，不平而平者。道德之無為而無不為，以天地之不平而平為質。聖人養神，休於道德。休則心無所繫戀，對物莫不平易也。視物平易，則處己莫不恬淡也。視物平易，處己恬淡，則憂患不能入，邪氣不能襲，德全而神不虧，養神之要也。神養於內，生死動靜一任其自然。不辭福，「不為福先」；不畏禍，「不為禍始」。不得已而後起，去知與故，循天之理，所以無天災，無物累，無人非，無鬼賞。生若浮，死若休。不思慮，葆光而不耀；不豫謀，孚信而不期。寢不夢，魂不疲也；覺無憂，神純粹也。虛無恬淡，與天合德也。若有為，即於道德有害。悲、樂、喜、怒、好、惡一動於中，必傷於神。道德之王，合悲、樂、喜、怒、好、惡而悉無矣。至靜者，一而不變；至虛者，無所於忤；至淡者，不與物交；至粹者，無所於逆。養神之要，至於形不勞而精不用。譬如水然，不雜則清，不動則平。養神之道，必須純粹不雜，靜一不變淡而無為，始可無不為而動與天成也。

第三章　自「夫有干越之劍者」至「能體純素，謂之真人」為第三章，言養神而不用。無為之為，其用更大也。干越之劍，無所不斷。柙而藏之者，可用而不用。養生主之所謂「善刀而藏之」是也。上際天，下蟠地，與天帝合德，即與天帝同用，可用而不用。純素之道，惟神是守。守一而合於天而通於人，聖人所以貴精也。精者何？無所與雜而素，不虧其神而純。以純素為體，謂之真人。聖人以用言，真人以體言也。

繕性第十六

道德散而為仁義禮樂，此世之所以衰也。不以辨飾知，不以知窮天下，不以知窮德，此身之所以窮也。視軒冕為倘來之物，此身窮而志不窮也。章義明白，而所含不富。全篇分三章如右。

第一章　自「繕性於俗學」至「冒則物必失其性也」為第一章，言道德散而為仁義，而郤天下也。繕性滑欲於俗學，當還淳反樸，與民休息。若以學求復性，以思求致明，非僅不足以啟發，轉以蔽蒙也。古之治民，有知如無知。知與恬交相養，而和理出於性之自然，和為德，理為道，道德散而為仁義，仁義散而為禮樂，禮樂徧行而天下亂矣。以禮樂正人，而自蒙己德，德不足以冒覆人而強冒覆，則物失其性，而亂愈甚也。

第二章　自「古之人在混芒之中」至「隱故不自隱」為第二章，言德日衰下，以為道德散而為仁義禮樂亂天下之證也。古人之在混芒之中，與一世而得澹漠，此無為至治之世也。當是之時，陰陽自然和穆，鬼神自然不擾，四時自然得節，萬物自然不傷，群生自然不夭。有知而知無所用，此道德未散，混芒而為一也。及道德衰，下為燧人、伏羲，雖順人民之心，而不至一。及道德又衰，為神農、黃帝，雖安人民之業，而不大順。及道德又衰，為堯、舜，興治化之流，而失其源，離道而言善，離德而言行，去性而從心，心與心相鬥以知識，而不足以定天下。又附之以文，益之以博，文滅質，博溺心，民始惑亂，無以復其初。世與道交相喪，雖聖人尚存，而道德隱矣。道德之隱，非道德自隱，禮樂繁興而道德隱也。

第三章　自「古之所謂隱士者」至「失性於俗者，謂之倒置之民」為第三章，言有道之士窮於世，窮於身，而不窮於志也。古之隱士，非避世也。不伏身，不閉言，不藏知，與後世之隱士避人逃於深山窮谷之中不同。自道德散而為仁義禮樂，而時命大謬也。有道者之處窮通也，時命大行乎天下時，

則一反道德而無跡；時命大窮乎天下時，則抱守道德而有待，不以辨飾知，不以知窮天下，不以知窮德。窮於世，窮於身，而不窮於志。處其所而反其性，不小行，不小識，正己而自樂其志也。樂志者，全於內而足，非軒冕之謂。軒冕倘來之物，寄於身，非性命也。所以有道之士不為軒冕肆志，不為窮約超俗，視軒冕與窮約無異，故能貴賤皆無憂。若視軒冕為樂，不明內外輕重，是倒置之民也。

秋水第十七

有為者，小知也；無為者，大知也。小不可知大，全篇皆是此意。河伯之小，不知海若之大。六問答逼出反其道一語，此全篇之結穴。真，無為也。反其真，反其無為之常也。有為以多為貴，故夔以一足而羨蛇之多足。無為以神為速，故蛇無足而羨風之無形，風無形而羨目之無氣，目無氣而羨心之倏忽往來，莫可端倪。此言有為不如無為神速也。孔子圍於匡而安於命，無為者也。公孫龍以辯勝人，有為者也。而匡人請辭而退，公孫龍乃逸而去，以見無為之勝於有為也。故與其有為而逐物，不如無為而反真。養生輕世，反真之事也。知魚樂，反真之效也。全篇分十章如右。

第一章　自「秋水時至」至「不似爾向之自多於水乎」為第一章，言一曲之士以術自矜，見有道之士爽然自失也。河伯譬一曲之士，海若譬有道之士。河伯不自知河之小而欣然自喜，海若不自知海之大而淡然若忘，此《逍遙遊》之小知大知也。百川灌河，涇流之大，兩涘諸涯之間，不辨牛馬。水勢雖大，而盛水之地則小，猶人之術雖精，而氣度未宏，終不能見道也。欣然自喜，謂天下之美盡在己，此真一曲之士之見。不見水端，望洋而歎，見人之大而愧己之小，猶有自知之明。此拘於虛、篤於時、束於教之故，非己之咎，猶可與語大理也。海之大過於江河，不可量數，未嘗以此自多，蓋海亦甚小也。海在天地之間，似礨空之在大澤。中國之在海內，似稊米之在太倉。人在國土之中，似豪末之在馬體。五帝三王之治，仁人任士之行，一切有為之事，在太虛無為之中，無足輕重。辭之者固非，語之者亦非。為名為博，皆不能忘。以此自多，亦猶河伯之自多於水也。

第二章　自「河伯曰：『然則吾大天地而小豪末，可乎』」至「又何以知天地之足以窮至大之域」為第二章，言以形觀物有大小，以道觀物無大小也。河伯聞天下之水莫大於海之言，以大天地、小豪末為問，不知此滯於大小之形也。

無窮之空間，無盡之時間，虛無之中，以道觀之，毫無大小、修短、得失、死生之跡。知量無窮，小在量無窮之中不以為寡，大在量無窮之中不以為多。知時無止，長在時無止之中不厭其生，短在時無止之中不祈其生。知分無常，得在分無常之中而不喜，失在分無常之中而不憂。知始終無故，生在始終無故之中而不以自悅，死在於始終無故之中而不以為禍。是河伯初不知己之小而欣然自喜固非，繼見海若之大而規然以學亦不是。虛無之中，大小、修短、得失、生死泯然若一。與其知之而忘於心，不若不知而無所用其心也。生之時有窮，而未生之時無窮。以有窮之小窮無窮之大，無怪夫迷亂而不自得也。由此觀之，豪末非細，天地非大。豪末在無窮虛無之中，豪末亦天地；天地在無窮虛無之中，天地亦豪末。此所謂「莫大於秋豪之末而泰山為小」也。

第三章　自「河伯曰：『世之議者』」至「約分之至也」為第三章，言有大小精粗之分者滯於物，無大小精粗之分者合於道也。河伯聞豪末未足定至細之倪、天地不足窮至大之域之言，以「至精無形，至大不可圍」為問，不知此猶滯於物也。至精無形，非精也，視不明也；至大不可圍，非大也，視不明也。因勢利便而言之，曰精曰粗，猶有精粗之形。若夫無形而非數之所能分，不可圍而非數之所能窮，雖非數之所能分能窮，猶可以言論，可以意察也。可以言論者尚粗，可以意察者精矣，而非其致也。超然於言論意致之表，非言論意致所可及。無大小精粗之跡，並無大小精粗之名，此之謂大人之行。大人者，忘人、忘物、忘我。不害人，而亦不以仁恩自多；不為利動，而亦不賤趨利之人；不爭貨財，而亦不辭讓貨財；不借人力，自食其力，職足而止，而如不賤人之貪污；行不隨俗，而亦乖僻立異；隨俗從眾，而亦不賤諂佞之人。爵祿不足為勸，戮恥不足為辱，是非本無分別，細大本無端倪。常人不知，聖人知之。道人不聞，言忘人也。至德不得，言忘物也。大人無己，言忘我也。此泯大小、精粗，至約之道也。

第四章　自「河伯若曰：『若物之外，若物之內』」至「女惡知貴賤之門、小大之家」為第四章，言以道觀之，無貴賤小大之差別。世俗有種種差別者，皆不以道觀之也。河伯未達合於道之語，而有貴賤小大之問，海若首「以道觀之，物無貴賤」一語指其迷而開其悟，言合於道者，無貴賤小大之差別也。世俗有種種差別者，皆不以道觀之也，或以物觀之，或以俗觀之，或以差觀之，或以功觀之，或以趣觀之。能觀不同，所觀遂異，於是乎生出種種差別之跡。以人證之，堯、舜與子之同一讓，而一帝一絕；湯、武與白公同一爭，而一王

一滅。貴賤有時，不可泥其跡也。以物證之，梁麗可以衝城，不可窒穴；騏驥驊騮可以行遠，不可捕鼠；鴟鵂夜察毫末，晝不見泰山。用各有當，不可泥其形也。師是之行，往住而非；師治之行，往住而亂。蓋天地之理，萬物之情，陰陽是非，雖曰對待，實則陰即是陽，陽即是陰，是即是非，非即是是，一陰陽是非之同流而泯其跡。吾鰓鰓焉分陰分陽，分是分非，非愚則誣也。由是言之，古之帝王不過隨時保俗而已，為有貴賤小大於其間哉？不以道觀之，焉足以知貴賤小大之端倪？

第五章　自「河伯曰：『然則我何為乎？何不為乎』」至「夫固將自化」為第五章，言無為而自化也。河伯聞「以道觀之，物無貴賤」之語，未明無為之道，而以何為何不為、辭受取與為問，海若語以無為之道，貴賤無定，是謂盤旋；無局志而屈曲，多少無常，是謂旖施；無一行而參差，（反衍即盤旋，大蹇即夭蹇，謂屈曲。謝施即旖施。本馬敘倫《莊子義證》說。）無人，無物，無我。若君之無私恩，若社之無私祐，若四方之無疆界，萬物皆在環抱之中，不近不拒，其孰承翼？此之謂無方。所以不一齊之萬物而一齊之，無短長也。蓋物以觀之，而有死生；以道觀之，而無始終。所以物之成毀，無足容心也。以形觀之，而有虛滿；以道觀之，而無虛滿。所以器之虛滿，原無定形也。遙而不悶，年不可舉也。掇而不跂，時不可止也。消息盈虛，如循環之無端，終而復始，莫可端倪，此大義之方，萬物之理，皆無為之道也。若以物觀之，物之生也，若聚若馳，若無動而不變，實無時而不移。天地之於萬物，無為而無不為，將何為乎？將何不為乎？與物自化而已矣。

第六章　自「河伯曰：『然則何貴於道邪』」至「是謂反其真」為第六章，言無為而反真也。河伯聞無為自化之言，而以無為為斷空，故有何貴於道之問。海若告以無為，是反真之謂，非斷空之謂。夫道雖汋穆無形，而又分析有理，故曰「知道者必達於理」。理雖常然不動，而又隨物而變，故曰「達於理者必明於權」。以道為本，以理處常，以權御變，則物不能害，故曰「明於權者不以物害己」。所以至德者，水火寒暑禽獸皆不能害也。非謂迫近於水火寒暑禽獸不能害，而安危視之察、禍福審之密、去就守之懼，自然不能害也。道之可貴者，並非斷空。合於自然，天在內也；毫無造作，人在外也。人合於天，是謂天人之行。知天人之行者，本乎自然而處乎自得，進退屈伸，反要歸極。何謂天？牛馬四足，無為之自然也，天也。何謂人？絡馬首，穿牛鼻，有為之造作也，人也。貴乎道者，貴反其真，無以人滅天也。

　　第七章　自「夔憐蚿〔註15〕，蚿憐蛇」至「為大勝者，惟聖人能之」為第七章。河伯與海若六問答而逼出「反其真」一語，此章則以天機發揮，「反其真」之實踐，為全篇之扼要。反真者，純以天機行之，無為而無不為也。夔與蚿以足行，有為者也。蛇與風以無足行，無為者也。蛇猶有形，風猶有氣。若目與心之行，則無形無氣，真無為者也。有為者以多為貴，故夔一足而憐蚿之多足。多足雖以天機行，究不若無足行於所無事，故蚿以多足而憐蛇之無足。無為以無形為神，故蛇以脊動，究不若風之蓬蓬而普遍。折木蜚屋，惟風為能。乘天幾而動，無為而無不為也。至於目之神速倍於風，心之神速又倍於目，則可以言外得之矣。

　　第八章　自「孔子游於匡」至「今非也，請辭而退」為第八章，引孔子圍於匡〔註16〕證無為之用也。窮通者，時命之所為，而非我之所能為也。故當堯、舜時無窮人，當桀、紂時無通人。設不安於時命而強為之，必無益也，惟有以無為安我之常而已矣。漁父之勇，不避蛟龍；獵夫之勇，不避兕虎；烈士之勇，視死如歸；聖人之勇，臨難不懼，盡其在我，不必別有作為也。安無為之常而卒解匡人之圍，可見張皇失措者之不足以處變也。

　　第九章　自「公孫龍問於魏牟曰」至「公孫龍口呿而不合，舌舉而不下，乃逸而走」為第九章，言有為之辨不如無為之不辯之大也。公孫龍，趙之辨士，為堅白異同之輪。聞莊子之道，汒然異之，不知其所以。公孫龍以辨勝人，有為者也；莊子以不辨勝人，無為者也。以辨勝者，猶埳井之龜，不知井之小，而以一壑之水跨跱蹈井之樂自負，豈知東海千里之大，千仞之深，十九年潦，不為加溢；八年七旱，不為加損。莊子之無為，如東海之水，宜乎公孫龍聞之適適然驚，規規焉自失也。公孫龍埳井而觀，所知極小。莊子則無南無北，無東無西，下極黃泉，上極青天，始於玄冥，反於大通，無為而無不為也。以有為之察辨求之索之，真所謂以管窺天，以錐指動也。

　　第十章　自「莊子釣〔註17〕於濮水」至「我知之濠上也」為第十章，為「反其真」之事證。又分三節。一，養生以保身；二，輕世以肆志；三，通情以知物。反其真者，其自視如是，其視人如是，其神妙如是也。「寧曳尾於塗中」，不留骨於廟堂，養生以保身，反真之初步也。自視為鵷鶵，視惠子為鴟，輕世

〔註15〕　「憐蚿」，底本誤作「蚿憐」。
〔註16〕　「圍於匡」，底本誤作「匡於圍」。
〔註17〕　「釣」，四庫本誤作「鈞」。

以肆志，反真之第二步也。能養生則神足於內，能輕世則神淡於外，清明在躬，不累於物，而物無不知，以自樂而知魚之樂，通情以知物，反真之第三步也。而皆是行所無事。知魚之樂，不以有為知之而以無為知之，故曰「我知之濠上也」。

至樂第十八

至樂是絕對的。宇宙間有為之事皆是對待，惟有無為之道是絕對，故無為任其自然，是至樂也。凡人之情，莫不樂生而惡死，生死對待，樂惡即對待矣。惟生而未嘗生，死而未嘗死，死生一致，皆是至樂，是絕對矣。幾者，物之極微者也。其大無外，皆是幾之所積，故萬物入於幾，出於幾。幾是絕對的，無為而任自然，所以至樂也。全篇分六章如右。

第一章　自「天下有至樂無有哉」至「人也孰能得無為哉」為第一章，言有為是對待的，無為是絕對的，惟絕對為至樂也。樂與惡相對。弟言樂，而非至樂。「奚為奚據？奚避奚處？奚去奚就？奚樂奚惡？」此八者任爾所擇，皆是對待。富貴壽善與貧賤夭惡對待，身安、美服、好色、音聲與身不得安逸、口不得厚味、形不得美服、目不得好色、耳不得音聲對待。不僅對待，而又相因。富貴壽善，此皆俗之所謂樂，不必言貧賤夭惡之對待。即此相因，而至之苦身疾作，日夜思慮，惛惛久憂，自殘其形，此果謂之樂邪？抑不樂邪？此皆世俗有為之樂也。若夫無為之樂，一任自然，未之樂，亦未之不樂，絕對的至樂，故曰「至樂無樂，至譽無譽」。天下之是非無定，彼一是非，此一是非，愈辨而是非愈起。惟相息以無言，而是非定，故無為可以定是非。所以至樂以存身，惟在於無為而已矣。天無為也，地亦無為也。天地無為而萬物化生，天地所以無為而無不為也。人孰能得天地之無為哉？

第二章　自「莊子妻死，惠子弔之」至「自以為不通乎命，故止也」為第二章，言以無為之道視死生，死生一致而至樂也。惠子以有為之事視死生，生則與居，長子，死則哭泣。莊子以無為之事視死生，本無生、無形、無氣，自氣變為形，自形變為生，自無而有，今變而之死，仍反於無也。春秋冬夏，遞運而為四時。以時言之，有四者之分；以天言之，直一氣之轉。死者返於無為之真，寢於巨室；生者滯於有為之跡，嗷嗷然哭以隨之。是之謂不通乎命也。

第三章　自「支離叔與滑介叔觀於冥伯之丘」至「我又何惡焉」為第三章，言以無為之道視生，而生時皆樂也。支離、滑介，言形體可惡而不可樂。（馬

敘倫《莊子義證》云：「滑借為㩻，介為尬省。《說文》：『㩻，尪病也。』尬，尳尬。」）而又柳生於肘，（李慈銘曰：「柳，瘤之借字。」）而可惡尤甚。以有為之事視之，真無可樂也。以無為之道視之，生為假借，為塵垢，死生猶晝夜之變化，何所容心於其間哉？

　　第四章　自「莊子至楚，見空髑髏」至「而復為人間之勞乎」為第四章，言以無為之道視死，而死時皆至樂也。莊子所問髑髏之言，悉是生時有為之事，故曰「此皆生人之累也」。髑髏所答莊子之言，上無君，下無臣，亦無四時，悉是死時無為之道，故曰「南面王不能過也」。南面王之樂非生人之累所能變易，故曰絕對的也。安於無為，以享南面王之樂，而不復為人間之勞也。

　　第五章　自「顏回東之齊」至「是之謂條達而福持」為第五章，言無為之道當任自然也。褚小懷大，綆短汲深，不自然也。自然者，命有所成，形有所適，不可以損益。與齊侯而言堯、舜、黃帝、燧人、神農之道，本齊侯心中之所無，而強語之，不自然也。猶之海鳥本自浮沉於波濤之間，而奏之以九韶之樂，享之以太牢之具，鳥乃眩視憂悲，不食不飲而死。此以人養鳥，不以鳥養鳥，極不自然也。以鳥養鳥，當任鳥之自然，棲之深林，遊之壇陸，浮之江湖，食之鰌鰍，適其自然之性，而有遊憂之樂。若夫《咸池》，《九韶》之樂，非鳥所欲聞。豈僅惟鳥，獸聞之而走，魚聞之而入，惟人聞之，環而視之，各有自然之性也。魚好水而惡陸，人好陸而惡水，異好惡者亦各有自然之性也。不一其能，本自然也；不同其事，任自然也。名止於實，名因自然而立；義設於適，義因自然而適。安於無為之常，毫不勉強，如是之道，可謂條達通理，福德扶持，而至樂也。

　　第六章　自「列子行食於道」至「萬物皆出於機，皆入於機」為第六章，是一篇總結束。萬物同一機，（「種有幾」之「幾」，即「出於機，入於機」之「機」。）出入無為，一任自然，為至樂也。列子與百歲髑髏任其自然，故曰「唯予與女知」。列子生而未嘗生，不必歡也；髑髏死而未嘗死，不必憂也。無歡無憂，是為至樂也。所以然者，萬物之變化無常，而無常之中又有常，故曰「種有幾」。幾者，物之分而極微者也。（猶化學中之原子。）輾轉變化，其生無窮，皆由於幾。自無生變為有生，無知變為有知，植物變為動物，低等動物變為高等動物，高等動物又變為無生無知，此所以「皆出於機，皆入於機」也。百歲髑髏化為土壤，得水變化，以至程生馬，馬生人，人又反入於機。（莊子時代無今日之科學，言之當然不能甚分析。）在被變化者固不能自主而有

為，而變化之者亦無所容心而無為，而卒王於無不為者，此造化自然之妙用也。任其自然則至樂矣。

達生第十九

此篇即《內篇‧養生主》之意，言之較為分析，或是學《莊》者之所演也。「可以保身，可以全生，可以養親，可以盡年」，只以「緣督以為經」一語包括之。養生之道皆在其中。「緣督以為經」即此篇「柴立其中央」之意。此篇開出種種法門，先以棄世遺生為言，後以能忘為應，中間言養內養外之皆有所偏，養氣凝神之各極其致，歸結於墮身體，黜肝膽，黜聰明，遺耳目，為而不恃，長而不宰，為養生之至道。全篇分九章如右。

第一章　自「達生之情者，不務生之所無以為」至「精而又精，反以相天」為第一章，言養生當棄世遺生，而形不勞，精不虧，與天為一也。「無以為」、「無奈何」，皆自然界之無為。達生之情與命之情者悉不務之，任自然也。若有為而務之，以物養形，不離物養生，則物有餘而形不養，形不離而生已亡，有為不如無為也。生者，來不能卻，去不能止，養形不足以存生，特在世俗之中，皆不免為養形之事耳。故養生者必棄世，棄世則無世俗之累，無累則心氣平正而常寂。湛然常寂，自然與天地同生而幾於道。棄事則形不勞而全，遺生則精不虧而復。形全精復，與天為一，非僅合天，而能贊天之化育也。

第二章　自「子列子問於關尹曰：『至人潛行不窒』」至「不忤於人，民幾乎以其真」為第二章，言養生守氣不守形而幾於真也。至人潛行不窒，蹈火不熱，登高不慄，非知巧果敢之形，是虛無沖漠之氣。所以養生者，純氣之守也。夫貌象聲色，形也，皆物也。物與物相滯於跡，必不能由後天而反先天之真，無能如何修養，皆是囿於形色之間。造乎不形，氣也。止乎無所化，氣之守也。不形則變化莫測，無所化則萬古常存。變與常合，而莫可端倪，如是則神形合一，物焉得而止之？所以能處乎不淫之度，藏乎無紀之端，遊乎萬物之始終，而潛行不窒，蹈火不熱，登高不慄也。性不雜，氣不傷，德不離，通萬物之所至，其天全，其神無卻，入於萬物之中，萬物奚自入於我之心哉？全於酒者，尚足以保身，而況全於天者乎！鏌干飄瓦，以無心而自全。聖人以無心平均天下，有攻戰而無攻戰之亂，有殺戮而無殺戮之刑，以無心化之也。有心即有為，人之天也。無心即無為，天之天也。開天者，無為而化，德生者也；開人者，有為而治，賊生者也。勿忘勿助，不厭天，不忤人，則幾於

真矣。養生當如是也。

第三章　自「仲尼適楚，出於林中」至「其痀僂丈人之謂乎」為第三章。自此以下，皆舉一事以為譬況。此舉承蜩譬況養生之道。「用志不紛，乃凝於神」，言養生者當如是也。天下事巧不如拙，巧者有為而合於人，拙者無為而合於天，處身如橛株拘，執臂如槁木之枝，非有為之巧，正無為之拙。拙合於天，即合於道也。拙何以合於道？「用志不紛」是也。志不紛而神凝，神凝何為而不得？承蜩一技之末，猶必凝神而合於道，況養生乎！

第四章　自「顏同問仲尼曰：『吾嘗濟乎觴深之淵』」至「凡外重者內拙」為第四章，此舉操舟譬況養生之道。陳乎前而不得入其舍，萬物不足以動其心，養生當如是也。矜持於外，即不能坦然於內。矜持於外者，有為者也；坦然於內者，無為者也。以瓦注者巧，得失無足輕重而坦然也。以鉤注者憚，以黃金注者殙，利害所關太巨而矜持也。譬況之中，又為外重內拙之譬況。善操舟者，與水習而忘水，視淵若陵，不重視乎水，此所以無往而不暇，忘於心則合於道矣。操舟一技之末，必合於道而用神，而況養生乎！

第五章　自「田開之見周威公」至「所異彘者何也」為第五章，言養生者須內外兼養而立於中道也。內外兼養，即性命雙修也。道無偏倚，一立於中，若有所偏，須鞭於後。單豹修其內，而虎食其外；張毅養其外，而病攻其內。內外各有所偏，而皆不鞭其後者也。無入而藏，不偏於內也；無出而陽，不偏於外也；柴立中央，立於中道也。不內不外，亦內亦外，歸於中道，可謂至人。其名必極，可稱為至人也。道途之中，十殺一人，人有戒心。衽席之上，飲食之間，不知為戒。此喻豹養其內，虎食其外也。為彘謀，不如食以糠糟，置之牢莢之中；自為謀，則苟生有軒冕之尊，死得膝楯之上，聚僂之中。此喻豹養其外，病攻其內也。

第六章　自「桓公田於澤，管仲御見鬼焉」至「不終日而不知病之去也」為第六章，言養生者當先不動心也。恒公見鬼而病，非真有鬼，心動而見鬼也。此所謂「公則自傷，鬼惡能傷公」也。不足、善怒、善忘，是氣之所為，非鬼之所為。散而不反，上而不下，下而不上，是心之所為，非氣之所為。故與其言無鬼，使心惶然以疑，不如言有鬼，使心釋然以喜。喜則惑解，解則心定，心定則氣固，氣固則病除矣。此所以不知病之去也。養生在於養氣，養氣在於養心也。

第七章　自「紀渻子為王養鬥雞」至「器之所以疑神者，其是與」為第七

章，舉養鬥雞、涉水、削木為鐻三事為喻。養生者宜養氣凝神也。虛憍恃氣，氣初養而不足也。應響景，氣已養而未定也。疾視而盛氣，氣已足已定而未凝於神也。似木雞，神凝而德全矣。以此處變，懸水三千仞，流沫四十里，而不知其險，從水之道而不私，長於水，安於性，不知所以然而然也。以此處常，削木為鐻，猶驚鬼神，成一鐻之微。忘利，不敢懷慶賞爵祿。忘名，不敢懷非譽巧拙。忘我，而無形體。忘人，而無公朝。凝於神，合於天也。

第八章　自「東野稷以御見莊公」至「始乎適而未嘗不適者，忘適之適也」為第八章，言自恃其養而輕用必敗，自忘其養而不用必全也。竭馬力而馳，雖進退中繩，左右中規，然馬力竭矣，必敗也。言世之奔走於名利之場，雖養生無益也。忘足履之適，忘要帶之適，忘是非心之適，內外俱忘，境會之適，適與不適俱忘。忘適之適，何以故？不用心始能不用身也。故養生者不在持之，在忘之也。

第九章　自「有孫休者，踵門而詫子扁慶子，曰」至「彼又惡能無驚乎哉」為第九章，申言能忘為養生之至道，為一般人不知也。為一篇之總結。第一章言棄事而形不勞，遺生而精不虧，棄事遺生，即能忘之意。未明言也。此章忘其肝膽，遺其耳目，即第一章棄事遺生之應。徬徨乎塵垢之外，逍遙乎無為之業，形容能忘之狀，此真至人之行也。若不能忘而恃之，是之謂飾知驚愚，修身明污，形軀而不夭，幸矣。然而世之養生者皆孫休之類，語以能忘之道，猶之止魯郊之鳥，饗以太牢之具，奏以九韶之樂，必憂悲眩視，不敢飲食也。蓋寡聞之民不可告以至人之德也。

山木第二十

此篇即《內篇・人間世》之意，惟含義不如《人間世》之富。材不材昔難免乎今之世，惟浮遊於道德之鄉。道德之鄉，不必他求，只在虛己以遊世。人能虛己，常靜而常應，雖朝夕賦斂，而毫末不挫。人之處世，雖處處防衛，甚且如意怠之謀生，亦良苦矣。不如削跡捐勢，而物莫能害也。然削跡捐勢，又不如緣形率情。若緣形率情，猶不免患，此世之過也。所以至人處世，不怨窮，不求達，泯始終，合天人也。蓋天地充滿殺機，惟有忘我忘人，遊優於天地之間。此篇含義雖不富，而一意之轉，殊可尋繹。全篇分九章如右。

第一章　自「莊子行於山中」至「其唯道德之鄉乎」為第一章，言遊心於未始有物之先，始不為物所累也。世之人或自矜其材以解禍，或自安於不材以

避禍，而山木以不材終其天年，雁以不材死，是材不材不免於累也。不知滯跡於物則有累，遊心於無物則無累。遊心於無物者，與時俱化，故屈伸自得也。以和為量，故上下無常也。遊心於未始有物之先，物物而不物於物，謂之材不可，謂之不材亦不可，謂之材不材之間亦不可，故脫然無累也。若滯跡於物，皆是對待的。有合則有離，有成則有毀，廉隅則見挫，尊貴則招議，為於此則虧於彼，賢則謀之者眾，不肖則欺之者多。不材有累，材亦有累。惟道德之鄉，脫然無一物之累也。

　　第二章　自「市南宜僚見魯侯」至「人能虛己以避世，其孰能害之」為第二章。虛己者物不能害，本第一章之意而申言之也。魯侯滯跡於物者也。先王之道，先君之業，鬼與賢，皆物也。學之，修之，敬之，尊之，滯於物也。滯跡於物，不如遊心於無物。刳形去皮，灑心去欲，遊心於無人之野，即遊心於無物之始也。心無一物，作而不藏，與而不求，不知義，不知禮，其生可樂，其死可葬，如此遊心，毫無所費，雖無糧而自足。譬如浮海，一葉扁舟，飄然以遊。送行者望洋不見，而行者遠矣。處世者最怕有人之見存。我有人，人即有我，而累自此起矣。堯有天下不與，非有人也；帝力於我何有，我非見有於人也。去累除憂，在於虛己。虛己以遊世，孰能害之？建德之國，莫大之國也，即第一章道德之鄉，並非實有其地，即遊心於無物之始也。

　　第三章　自「北宮奢為衛靈公賦斂以為鐘」至「而況有大塗者乎」為第三章，言不滯於物，常靜而常應也。北宮奢三月而成上下懸之鐘，於形言之，可謂勞矣。詎知勞逸不在形而在身。王子慶「何術之設」，據形問也。北宮奢「一之間，無敢設」，據心答也。純任自然，一心在鐘，不敢更有所設。不起意見若無識，不急超赴若怠疑，迎來而不禁，送往而不止。強梁者從之，曲傅者隨之。因其自然，使各窮其所有之能，而不用心於其間，所以朝夕賦斂，不受毫末之挫。心與道合，常靜而常應也。與第二章「虛己以遊世」之意略同。

　　第四章　自「孔子圍於陳、蔡之間，七日不火食」至「鳥獸不惡，而況人乎」為第四章，言隨物俯仰以求容，不如削跡捐勢，逃於大澤也。孔子圍於陳、蔡之間，七日不火食，可見世途危險，雖聖人亦不能免。然必如意怠之謀生，引援而飛，迫脅而棲，進不敢前，退不敢後，食不敢先，以免於患，而生亦苦矣。人生於世，縱隨物俯仰，而功成禍至，名成患生，此之謂「直木先伐，甘井先竭」。不如去功與名，削跡捐勢，不責人，人亦無責，此至人所以不聞也。

逃於大澤，衣裘褐，食杼葉，入獸不亂群，入鳥不亂行，不必隨物俯仰，而物自莫能害也。

第五章　自「孔子問子桑虖曰」至「不求文以待形，固不待物」為第五章，言與其削跡捐勢，不若緣形率情之不離不勞也。以利合則禍患相棄，以天屬則禍患相收。利合者，人為也，縱極力相合，如小人之交甘若醴，而甘以絕也。天屬者，自然也，縱漠不相屬，如君子之交淡若水，而淡以親也。與其削跡，不如緣形。與其捐勢，不如率情。緣形則不離本性，率情則不勞安排。不離不勞，在己已足，又何待於外物也？

第六章　自「莊子衣大布而補之」至「此比干之見剖心，徵也夫」為第六章，言至人遭世之患，非至人之過，世之過也。不足於財謂之貧，不遭於時謂之憊。衣弊履穿，是不足於財，故曰貧也。非己無其道，不遭時，故曰非憊也。處有道之世，猶猿騰於柟梓豫章之閒，雖羿、蓬蒙不能眄睨。處無道之世，猶猿騰於柘棘枳枸之閒，雖危行側視，而猶振動悼慄。猿之筋骨如常，而環境則異。以此譬之，至人遭世之患，非至人之過，世之過也。處昏上亂相之閒，而欲其無憊，不可得，此比干剖心之徵也。

第七章　自「孔子窮於陳、蔡之閒，七日不火食」至「聖人宴然，體逝而怒矣」為第七章，言至人處世，不厭窮，不求達，泯然始終，而合天人也。據槁木，擊槁枝，表示處於寂然不動之境；有具無數，有聲無宮商，表示於物不求足之心。「歌焱氏之風」，古人與稽也；「犁然有當人心」，今人與居也。窮於陳、蔡之閒，此心毫不介然，不必廣之而造大，更不必愛之而造哀也。其所以毫不介然者，以其不怨窮，無受天損也；不求達，無受人益也。泯始終，無始而非卒也。合天人，人與天一也。何謂之無受天損？饑渴寒暑，天地自然之行，吾弟與之偕行而已。臣受君命，猶不能違，而況天乎！爵祿非身內之物，使虛受爵祿，無異盜竊。如鵁鶄雖見有墮落之實，棄之不顧，可以人不如鳥而戀爵祿乎？鵁鶄猶往來於人之堂室，蓋竊巢燕之所託，社稷人之所庇，所以至人不貪爵祿，亦不遁山林也。何謂無始而非卒？一氣之轉，萬物之生，莫知其所終，莫知其所始。若必事事而溯其始而究其終，則吾之所謂始者，焉知其非終乎？吾之所謂終者，焉知其非始乎？惟有守吾之正，待其自然變化而已矣。何謂人與天一？盡己之性，以盡人之性；盡人之性，以盡物之性。己之性，人之性，物之性，有人也；盡之天也，至誠如神，有天也。善不善皆知，亦天也。人雖不能有天性，而晏然不動，與天合德也。

第八章　自「莊周遊乎雕陵之樊」至「吾所以不庭也」為第八章，言殺機充滿於天地之間，處世極可危也。螳螂搏蟬，得翳自蔽，見得忘形，異鵲從而利之。見利忘真，此莊子所以捐彈而反走也。天地間一殺機之相尋，守形忘身，觀濁水，迷清淵，比北皆是。《國策》莊辛《幸臣論》，蜻蛉、黃雀之事，亦此意也。虞人不知，逐而誶之，莊子默然，捐彈反走，非徒怵入世之難，正以悟殺機之相尋耳。入於利害之中，超然於利害之外，此所以三月不庭也。

第九章　自「陽子之宋，宿於逆旅」至「安往而不愛哉」為第九章，言忘形者始得免世之患也。使美者不恃其美，則人不見其矜伐之可厭。惟自恃其美，則見其驕傲而不見其美矣。使惡者不安於惡，則人愈見其矯揉之可醜。惟自安其惡，則見其目然而不見其惡矣。所以行賢而必去其自賢也。內忘我，外忘人，遊優於天地之間，無往而不逍遙。為一篇之總結。

田子方第二十一

此篇演大宗師真人之義，當是學莊者之所為。以虛緣葆真一語為主，文似橘煌，實則只葆真一語之遞演。章義雖甚分明，而含義似不豐富。全篇分八章如右。

第一章　自「田子方侍坐於魏文侯」至「夫魏真為我累耳」為第一章，總言真人也。人貌而天有人之形，無人之情，真人之狀也。虛緣而葆真，不滯於物，常守其精，真人之德也。清而容物，心如明鏡，妍醜皆照，真人之度也。不言而信，無為而成，真人之化也。形勤而不至，口言而不威，聖知之言，仁義之行，世儒斤斤道之，真土梗耳。所以守真者，形解而不欲動，口鉗而不欲言也。

第二章　自「溫伯雪子適齊」至「亦不可以容聲矣」為第二章，言以真遇真也。凡相遇於形者，進退成規矩，從容若龍虎，明於禮義也。諫我似子，道我似父，陋於知人心也。相遇於真者，目擊而道存，相視莫逆也。不可以容聲，無言而會也。

第三章　自「顏淵問於仲尼曰」至「吾有不忘者存」為第三章，言雖以形遇真人，而真人之真自在也。步亦步，趨亦趨，馳亦馳，辨亦辨，形也。不言而信，不比而周，真也。遇於形，不能見真，此所以奔逸絕塵，瞠乎若後也。身，形也；心，真也。心死而身次之，真人所以養心也。大宇宙之間，日為之主，萬物莫不從日之方向。有目有趾之民，其出入、存亡、死生皆有待於日，

而莫能自主，一受人形，不化以待盡，而不知其所終，但知命之不可知，而不規畫，與日俱逝，此我之所以養心也。吾與女終身相與，而女於頃刻之間失吾真，此女不見我之真，第見我之形，而我之形過而不留，一無所有，而女執形求之於有，猶求馬於唐肆，必不可得也。吾以女思惟之處不可見，而女不求之於不可見之處，故曰甚忘。雖然女不見我之真，而忘故吾，而我之真自在，故曰吾有不忘者存也。

第四章　自「孔子見老聃」至「吾不知天地之大全也」為第四章，言真人遊心於物之初，以無為為宗也。熟然似非人，遺物離人而立於獨，即遊心於物之初之狀。萬物生成於陰陽交通之氣，物有形，物之初無形，故曰莫見其形。無形者，消息盈虛與陰陽偕化，故曰莫見其功。萬物芸芸，生死代謝，相演無端，故曰莫知乎其所窮。此物之初，有為而無為者也。道之真宰，以是為宗也。遊心於物之初，而安於至美至樂之域，雖環境遞有演變，而喜怒哀樂不入於胸次。初者物之所同，吾得其同，見真之同，而不見形之異，生死終始猶晝夜也，況得喪禍福乎！常在我而變在物，故曰貴於我而不失於變。此所以萬物變化無有窮盡，而不足以患我心也。此其意惟修道者能知之。真人之修道，無為而自然，不假王言，不脩而物不能離。天之自高，地之自厚，日月之自明，一無為而自然也。

第五章　自「莊子見魯哀公」至「君曰：『可矣，是真畫者也』」為第五章，言有其形者未必有其真，有其真者而不在於形也。圓冠，句屨，佩玦，形也。知天時，知地形，事至而斷，真也。形者為其服，真者知其道也。舉魯國而儒服，僅有其形而已。問以國事，千轉萬變而不窮，獨有一丈夫。有其真者，一人而已。有道之士守真而不滯形，爵祿生死皆不入於心。百里奚飯牛而相秦，虞舜感人，所至成邑成都，以真不以形也。畫師抱一藝之微，坦然於其中，不矜持於其外，聞命則僤僤不趨，至舍則解衣般礴臝〔註18〕，忘形適真，無為自得也。

第六章　自「文王觀於臧，見一丈夫釣」至「彼直以循斯須也」為第六章，言守真者不盡其真以自處，用形者託於形以處世也。臧之大夫，守真者也。釣而不釣，不釣而釣，有釣之真而亡其形，故其治國也，不變法，不出令，而列士不復樹黨，長官不自居功，諸侯無有二心，無為而治也。及以為太師，北面問政，則朝命而夜遁，此不盡其真也。守真而不盡其真，以見處世之高。文王

〔註18〕「臝」，底本作「臝」。據《莊子》改。

欲舉而授之政，恐大臣父兄不安，而託之於夢，此文王之用形也。處世用形之舉，直以斯須順萬民之形而已，以見處世之大。蓋自處必守真，而處世無妨用形也。

第七章　自「列禦寇為伯昏無人射」至「爾於中也，殆矣夫」為第七章，言守真忘形者，神凝而氣定也。一矢方發，第二矢復沓；第二矢方去，第三矢復寓。是射之形，非射之真也。縱極便捷，氣不能定。登高山，履危石，臨百仞之淵而射，則弓未引而神搖氣散矣。若夫守真忘形者，上闚青天，下潛黃泉，揮斥八極，神氣不變也。列禦寇是射之射，非不射之射，故曰「爾於中也，殆矣夫」。

第八章　自「肩吾問於孫叔敖曰」至「而楚未始存也」為第八章，言守真者爵之有無、國之存亡皆無與於我也。孫叔自守其真，三仕為令尹，其來也不可卻，故不喜；三已之，其去也不可追，故不憂。抱真自守，不知貴賤之在我在彼。古之真人，死生無變於己，況爵祿乎！凡君自守其真。凡之亡，不足以喪吾之真；反之，楚之存，亦不足以存吾之真。所以左右言凡亡者三，而凡君寂然不動也。此申言守真者神凝而氣定，為一篇之總結。

知北遊第二十二

大道止於所不知、所不能。「至言去言，至為去為」二句是一篇之結，即是一篇之主。無為謂之不知答，狂屈之欲答忘言，齧缺之睡寐，被衣之行歌，神農之隱几，皆是「至言去言，至為去為」之遞演。第七章直揭道之本體。未有天地以前，既有天地以後，天地間千變萬化，皆是此可知不可能之道，而主宰之，而綱維之。全篇分八章如右。

第一章　自「知北遊於玄水之上」至「狂屈聞之，以黃帝為知言」為第一章，言大道渾成，知者不言，言者不知也。大道充乎天地，徧於人心，絕思，絕行，絕跡。無為謂合於道而不知，狂屈幾於道而不言，黃帝知之言之，有言固非道，無言亦非道，此知之言之終不近於道也，故曰「知者不言，言者不知，聖人行不言之教」也。道不可知，故曰「不可致」。德不可言，故曰「不可至」。仁主親愛，故曰「可為」。義主制裁，故曰「可虧」。禮尚往來，故曰「相偽」。道失而至以禮，則樸散而華矣，故曰「禮者，道之華而亂之首也」。所以為道者，還淳反樸，損之又損，至於無為。蓋已落有為之中，而後歸無為，惟有日損之一法。日損之法，在於觀死生為一，觀神奇腐朽為一，故曰「聖人貴一」。

無為謂觀於一而不知，所以真是也。狂屈觀於一而不言，所以似之也。黃帝不能觀於一而知之言之，所以終不近也。

第二章，自「天地有大美而不言」至「無心而不可與謀，彼何人哉」為第二章，言大道無為，不可言，不可議，不可說也。天地無言，四時行而萬物生，聖人法天地之美，觀天之神明，與物俱化，而莫知其變異之根。大道徧〔註19〕於萬物，六合之巨，秋豪之小，無處不充滿，變化日新而不故，與四時運行，各得其序，此天之無為而守一也。法天之無為者，正形而一視，攝知而一度，一視一度，即守一之功。能守一，則天和至而神來合。道德之在身者，瞳瞳然如新生之犢矣。聞者睡寐，相契以無言也。說者行歌，亦相契以無言也。真其實知者，不持之以故，使幻妄迷實知，所以睡寐也。無心不可與謀者，聞者無心而默契，說者即不容有言而與謀，所以行歌也。

第三章　自「舜問乎丞曰：『道可得而有乎』」至「此之謂大得」為第三章，言道非有非無，不得而得也。道充滿於天地，并有非無。執有而言，不可見，不可開，不可聞。執無而言，身非我身，性非我性，子孫非我子孫，皆是天地之所委，道之所在。人生於天地之間，行、處、食、稟道之一氣而不自知。昭昭之象由冥冥而生，有倫之物由無形而出，此道所以為萬物之主宰也。來無跡，往無崖，無門無房，微妙而不可知。自其用言之，天與之高，地與之廣，日月與之明，萬物與之昌。此道之可想像者也。自其體言之，博之不必知，辨之不必慧，益之不加益，損之不加損，淵淵乎其若海，魏魏乎其終則復始，深而莫測，資而不窮，此道之不可思議也。人處道之中，生死皆與道俱。有形之壽夭，僅須臾之頃，遭之不違，過之不守，因物而應，虛己以俟。無常之形，若白駒之過郤，忽然而已。至人忘形契道，化生化死，毫不容心，解之墜之，一任自然，默而不辨，塞而不聞，無得而得，此之謂大得也。

第四章　自「東郭子問於莊子曰：『所謂道惡乎在』」至「彼為積散，非精散也」為第四章，言不得而得之道，無乎在而無乎不在也。道徧於萬物，不可確指一物曰道在是。若泛指之，螻蟻、稊稗、瓦甓、屎溺皆是道所在也。周、徧、咸者，言無物能逃於道之外也。遊心於虛無之中，澹漠無為，清靜自在，志寂色空，大道自見，往不知至，來不知止，往來亦不知所終始。蓋以物視物，則有際；以道視物，則無際。不際之際，際之不際，物與道化，無物非道，無物是道，此之盈虛非盈虛，衰殺非衰殺，本末非本末，積散非積散也。蓋盈虛、

〔註19〕「徧」，底本誤作「偏」。

衰殺、本末、積散者，物之形，而所以盈虛、衰殺、本末、積散者，物之道也。道雖未嘗離物，而即物不可以見道也。

第五章　自「妸荷甘與神農同學於老龍吉」至「不遊乎太虛」為第五章，言無乎在、無乎不在之道，不可問，不可應也。老龍吉得無乎在、無乎不在之道，神農以不問問之，老龍吉以不應應之。（弇堈弔雖言神農於道，秋豪之端萬分未處一。神農聞老龍吉之死，而有無所發予之歎，是體道者也。）夫道，視之無形，聽之無聲。世之論道者皆非所以論道也。道不可論，並不可知，故曰「不知深矣，知之淺矣。弗知內矣，知之外矣」。道之得於己者，是不知之知；道之傳於人者，是不言之言。故曰不可聞、不可見、不可言也。問者不知道，應者亦不知道也。夫道，大而充於宇宙，遠而窮於太初，高而過於崑崙，空而遊於大虛，不可以言語形容，故問者、應者皆不知也。

第六章　自「光曜問乎無有曰：『夫子有乎』」至「物孰不資焉」為第六章，言有無俱遣，無用而無不用也。滯於有者固非道，滯於無者亦非道。光曜不得問，而孰視其狀，未免滯於有也。視不見，聽不聞，摶不得，已能無有，未能無無，猶未免滯於無也。由無有之域，何從而至無無之境？是在假不用為用。於物無視，無也；非鉤無察，用也。二十年之久，妙萬物而能雜，以長得其用，此所以無用而無不用也。

第七章　自「冉有問於仲尼曰：『未有天地可知邪』」至「亦乃取於是者也」為第七章，言道先天地而生，後天地不死也。冉有問未有天地之先，形狀若何，仲尼答以由今推古，道先天地而生，後天地不死，古今一也。不生不死之道，以神受之則昭然，以不神求之則昧然。無古無今、無始無終之道，離言說，絕思惟。未有天地，不可言天地生天地；未有子孫，不可言子孫生子孫。天地生於太極，子孫生於祖父也。但祖父是有形之物，死生對待一體；太極是無形之道，不因生而有生死，不因死而有死生，無死生，絕對為一體。未能於未有天地之先而生天地之物，故曰物物非物也。既生天地，一涉形器，能生物，不得先物矣。其不得先物者，由於涉形器，本身為物也。雖則生生不已，皆是後天有形之物，非先天無形之道。猶之聖人愛人，雖愛之不已，只可謂之仁，不可謂之道也。

第八章　自「顏淵問乎仲尼曰：『回嘗聞諸夫子曰』」至「齊知之所知，則淺矣」為第八章，言學道者不將不迎，不如去言去為之大也。顏淵問不將不迎之遊心，孔子先告以外化而內不化。世之人心隨物遷而內化，矜持矯俗而外不

化。古之人外與物化，其心純淨，一而不化也。安而與之相靡，必而與之莫逆。（奚侗云：「多逆之借。」）外化而內不化，常應常靜也。狶韋之囿，黃帝之圃，有虞之宮，湯、武之室，安然居之，外化也。儒、墨之師，各有所主，內不化也。聖人以外化內不化之道，處物不傷物，而物亦莫之傷，此所謂不將迎而將迎也。山林皋壤皆欣欣自樂，但樂之極而哀繼之，其來不能御，其去不能止，雖以不將不迎處之，而不免為哀樂之逆旅也。蓋只知其可知而不知其所不知，只能其可能而不能其所不能。不知不能之事，人所不免，而務欲知之能之，亦可悲矣。不如去知去能，故曰「至言去言，至為去為」。言屬知，為屬能。若必齊之，則淺矣。

莊子章義雜篇　涇縣胡樓安著

庚桑楚第二十二

《庚桑楚》為雜篇第一篇，多老子養生言。如曰：「能抱一乎？能兒子乎？」此固老子與南榮趎問答之語。其通篇養生之要，在於「聖人藏乎是」一語。是者，天門也。天門者，無有也。藏於無有，所謂緣於不得已也，與《莊子》「可以盡年」之義不同。惟是言道之體合於一，道之用雖散而為萬，仍當守其一，其語頗精，不可因其在雜篇而忽之。全篇分四章如右。

第一章　自「老聃之役」至「惡有人災也」為第一章，言養生者藏身不厭深眇也。庚桑楚雖擁腫與居，鞅掌為使，而畏壘之民欲相與尸而祝之，社而稷之，是庚桑楚猶有示人以可見之象，其藏身不甚深眇也。藏身不深眇者，不善養生者也。夫至人不在有為之治，舉賢則民相軋，任知則民相盜，千世之後，必至於人與人相食。無為之道，全形抱生，無思慮。庚桑楚下老子一等，無為之道雖可修之於己，未能授之於人，此所以畏壘之民猶不能忘也，故自言才小不足以化南榮趎，而使見老子。夫道，一而已矣，不可多，多則雜。南榮趎以不知、不仁、不義則害人，知仁義則愁己，終日以此三者擾攘於心，交戰成患，何由反其性情之正？以此修道，外韄將內揵，塞外將累及於內也；內韄將外揵，守內將累及於外也。若內外並韄，必不能持，此修道者所以貴守一也。南榮趎尚未明此義，不敢深求，但乞衛生之方已足。詎知衛生即所以養生，而大道之要不外乎養生也。抱一勿失，不問卜筮，舍人求己，此衛生之術亦即修道之要，因之翛然無累，侗然無心，終日如孩兒，任

其自然，和之至也。手握而不急，目視而不遙，行不知所之，居不知所為，雖非聖人之德，然以之養生，所謂冰解凍釋，全體是水也。至人衡〔註20〕生亦是如是。食乎地，樂乎天，藏身深眇，獨往獨來，視赤子之無知。然此尚非道之至。若身若槁木，心若死灰，脫然於禍福之外，而人不能災也。

第二章　自「宇泰定者」至「心則使之也」為第二章，正言養生之道也。宇泰定者，止而定，定而靜也。極言定靜發出自然之知，故曰「發乎天光」。天光只己能獨見，非人所共見，故曰「物見其物，（「物見其物」，依張君房本補。）人見其人」。言人所共見者，物耳，人耳。若天光，則修道者獨見。所謂「虛室生白」也。若依宇泰定而修，持之以恆，則人捨之，不見物，不見人，天助之，發天光。修道必去執，不學學之，不行行之，不辨辨之，去執也。總之，道可修證，不可口說，故知止其所不知。若必知其所不知，未能任自然之天，則天鈞敗之。《齊物論》曰：「是以聖人和之以是非，休乎天鈞。」天鈞，道之自然也。所以養生者，備眾物之理以養形，藏不議之思以養心，順其自然，敬中達外，如此而猶有災禍，是天之數，非人之為，不足以擾我之靈臺。有能持而不執所持，持而不可持，所謂「君子居易以俟命」是也。居易，持也。俟命，不可持也。若未能誠於中而妄發於外，則發必不當，人亦不捨。明有人誅，幽有鬼誅。養生者必明乎人鬼之故，不為不善於明顯之中，不為不善於幽暗之中，然後能獨行也。所以養生者契乎內而發天光，不在契乎外而如賈人。賈人積貨物以為富，人弟見其魁然而已。惟道集虛，與物窮者。（馬敘倫云：「窮借為空。」）物得入焉，與物且者。（章炳麟云：「且借為阻。」）身且不能自容，焉能容人？養心為養生之本，故曰「兵莫憯於志，寇莫大於陰陽」。志者，心之所之；陰陽者，心之所使也。

第三章　自「道通，其分也。其成也，毀也」至「蜩與學鳩，同於同也」為第三章，言道之體合於一也。宇宙原始，合而為一；見於事物，分而為萬。以道視之，無合無分，故曰道通於分。《齊物論》：「其分也，成也。其成也，毀也。」即此意。所惡乎分者，以分求備，則所分之又一體為不備矣。所惡乎備者，以備為有，則所分之又一體為不有矣。因之出而不反，不見其□□見其鬼；不知其生，只知其死。生死一循環而無實，以滅而有實。昧於循環之理，所以只知人死為鬼。一方面也，生死循環，人鬼一致，以有形定無形，道之體定矣。夫道不可見，不可說，出無本，入無竅。在空間雖有實，而不能極其處

<hr>

〔註20〕「衡」，據《莊子》，似當作「衛」。

所；在時間雖有生，而不能究其始終。不能極其處所者，莫大之空間，虛也，上下四方之字也；不能究其始終者，莫長之時間，無也，古往今來之宙也。生死出入，自無而有，自有而無，以時間之推移而有空間之價值。生死出入之時間，有形而無形，是之謂天門。天門，無有也，為一切有之所自出。有不能出於有而出於無，所以型人修道，藏身於無。道之本體是一，自無而生，自生而死，即分為二。以物視之，生死為二；以道視之，生死為一。如楚之公族，枝派雖異，其源則同。有生皆出於闔穆，渾然同也。分而披散，忽然異焉。此之謂移是。移是者，造化推移如是也。移是之理，不可言，亦不可知。可散而不可散，無用而為有用，舉移是之顯然者言之。以生為本，以知為師，雜之以是非，亂之以名實，以己為主，強人以從己，孳孳一生，死而後已，出沒於知愚名辱之中，此是推移之事。此今之人，不知道體之一，而與蝸、學鳩同一知識也。

　　第四章　自「輾市人之足，則辭以放驚」至「不得已之類，聖人之道」為第四章，言道之用雖散為萬，仍當守其一也。至禮不人，至義不物，至知不謀，至仁無親，至信闢金。道未散而為禮義知仁信，本合於一，所謂大道渾成也。及其既散，不僅有禮義知仁信之名，而又有富貴顯嚴名利六者之勃志，容動色理氣意六者之繆心，惡欲喜怒哀樂六者之累德，去就取與知能六者之塞道。此二十四者之盈於胸中，則心即不能正矣。物雖散而為萬，修道者仍守其一。守一者，胸不為物動則正，正則靜，靜則明，明則虛，虛則無為而無不為也。於自然界言之謂之道，於人言之謂之生，於人受命於自然界言之謂之性。道生性，一而三，三而一也。若不能守一，由一而二，由二而三，由三而萬，則不可究極矣。所以修道者，當緣以不得已以養中，故曰「動不得已之謂德」也。不得已者，非是不動，不是主動。蓋動而不動，不動而動者也。此動無非我之謂治也。修道者，天人兩全最上。不能兩全，不若工乎天而拙乎人。自安其愚，拙於人也。大樸不彫，工乎天也。故曰「唯蟲能蟲，唯蟲能天」也。全乎天者，淡然無欲，人不能籠之，外毀譽，遣死生，忘乎人，合乎天，氣平心順。即有所為，皆緣於不得已。此聖人養生之道也。

徐无鬼第二十四

　　《徐无鬼》前四章皆言無為，是莊子之旨，不過比內外篇淺顯耳。第五章似與前後文意義不相貫。第六、第七、第八章亦是言無為，而亦淺顯。第九章

言養生之要，純是《道德經》之旨，而意義較深，是老子一派之所言。全篇分九章如右。

第一章　自「徐无鬼因女商見魏武侯」至「久矣夫，莫以真人之言謦欬吾君之側乎」為第一章，言無為而人自化也。徐无鬼說魏武候，不說以《詩》、《書》、《樂》、《禮》，不說以《金板》、《六弢》而說以相狗馬之術。蓋《詩》、《書》、《樂》、《禮》、《金板》、《六弢》，此治國者有為之事，魏武聞之熟矣；相狗馬之術，若無與於治道，而與治道冥合，入耳頗新。熟則厭，新則喜，喜則悅人之情也。徐无鬼本無悅魏武候之心，而魏武倭自悅也。

第二章　自「徐无鬼見武侯」至「君將惡乎用夫偃兵哉」為第二章，言有為而害轉深也。為萬乘之主，以苦一國之民，此有為之害也。蓋民本安其鑿飲耕食之常，而治民者以有為治之，此伯樂之養馬也，故曰「養民，害民之始；偃兵，造兵之本」。魚相忘於江湖，民相安於道術，以巧勝人，以謀勝人，以戰勝人，則民不聊生矣。惟自處於無為，脩胸中之誠，以應天地之情而勿攖也。

第三章　自「黃〔註21〕將見大槐乎具茨之山」至「黃帝再拜稽首，稱天師而退」為第三章，言無為而天下治也。至襄城之野而無所問塗，喻不知治天下之方也。乘日之車遊於六合之外，喻任天道之自然而無為也。治天下雖多方，其要總在於任自然而無為。牧馬去害馬，治民去害民，其理一也。

第四章　自「知士無思慮之變則不樂」至「潛之萬物，終身不反，悲夫」為第四章，言有為而人民徒勞也。知士樂思慮，辨士樂談說，察士樂凌誶，此皆有為而囿於物者也。以有為為治，而招世之士興朝，中民之士榮官，筋力之士矜難，勇敢之士奮患，兵革之士樂戰，枯稿之士宿名，法律之士廣治，禮教之士敬容，仁義之士貴際，皆顛倒於有為之中而無以自逸。至於農夫、商賈、庶人、百工，亦昔不能安於無為之天，此所以不能任自然以神其用，而終身不反也。

第五章　自「莊子曰：『射者非前期而中』」至「吾無與言之矣」為第五章。莊子欲化惠子，而惠子死。莊子發「吾無與」之歎。與前後章意義不相應。皆羿、皆堯之論，此莊力鍼惠子之病，而惠子毅然可之。莊子又以儒、墨、楊、秉之是非、魯遽之自是以鍼。魯遽以陽召陽，以陰召陰，為非道，而不知鼓宮宮動，鼓角角動，亦非道。於人知之，於己闇之，以鍼惠子，而惠子猶未晤。莊子又以齊人輕子重鍾、楚人蹢閽而鬭以鍼。可見莊子反覆指陳，以開惠子之

_____

〔註21〕　「黃」，《莊子》作「黃帝」。

晤。此惠子死，莊子所以有「吾無與言」之歎。匠石雖善運斤，而受斤者必如
郢人而後可。惠子雖自以為足，而莊子鍼之，必其可受鍼也。郢人，匠石之質
也。惠子，莊子之質也。莊子過惠子之墓，所以低徊不置也。

　　第六章　自「管仲有病，桓公問之曰」至「其後而日遠矣」為第六章，言
絕聖棄知者可幾於無為也。鮑叔牙雖潔廉善士，不己若者不比，聞人之過，悠
身不忘，自聖任知，不能無為也。隰朋自愧不若黃帝，而哀不若己者，於國有
不聞，於家有不見，不察察以為明，幾於無為也。此一事也。狙雖敏給搏捷矢，
而不免於相者之射，有為而不能免禍也。顏不疑去藥辭顯，而國人稱之，無為
而人自歸也。此又一事也。我有為而人亦有為，以有為召有為，而紛紛者從此
不了矣，惟有以無為息之也，故曰若我而不有之，彼惡得而知之；若我而不賣
之，彼惡得而鬻之。彼之知，由於我之有；彼之鬻，由於我之賣。此是以有為
召有為也。所以南伯子綦之惡展轉而不能已也。

　　第七章　自「仲尼之楚」至「循古而不摩，大人之誠」為第七章，言無為
之大也。市南宜僚弄丸而解難，孫叔敖甘寢秉羽而投兵，此不道之道，不言之
辨，無為之大者也。無為者，德總乎道之所一，言休乎知之所不知，此聖人並
包天地，澤及天下，故能成其大也。所以狗以不善吠為良，人以不善言為賢，
澹然無求，無得無失，無取無棄，反己而理無窮盡，循古而不事揣摩，是大人
無為之誠也。

　　第八章　自「子綦有八子陳諸前」至「夫唯外乎賢者知之矣」為第八章，
言無為者不任人而任天也。梱與國君同食以終其身，此酒食之享用而任人也。
邀樂於天，邀食於地，此自然之享用而任天也。堯畜畜然仁，此仁義之行而任
人也。許由逃之，此遊於自然而任天也。有為雖可以利天下，而有為適足以賊
天下，唯有道者能知之也。

　　第九章　自「有暖姝者，有濡需者，有卷婁者」至「復於不惑，是尚大不
惑」為第九章，言養生之要，《道德經》之義也。溫柔姝媚之人，學一先生之
言以自足；因循偷安之人，以廣宮大囿為安室；拘攣劬瘁之人，以百姓悅歸為
能事。三種人雖有不同，皆不能養生則一也。養生者於人無親疏，抱德煬和，
以順天下，收視反聽，歸根反命，以天待人，不以人入天，此古之真人養生之
要也。後世養生者，若養之如法，譬如用藥，得之生，不得死；若養之不如法，
譬如用藥，得之死，失之生。藥須對症，迭相君臣佐使，不必多舉也。但世之
人智足以知國之存亡，不足以知身之存亡。鳧目不晝視，鶴脛不能解，知有所

蔽也。養生之道，固須節其流，尤須開其源。風日過河而水損，與河相守而不攖，是何也？河有源源不絕之水也。水守土，影守人，物守物，開源之法也。目於明，耳於聰，心於殉，不僅不開源，並不節流也。養生必精神餘於形體，譬如足之於地，恃其所不踐，而後善博也。人之於知，恃其所不知，而後知天之所謂也。此言開其流，積精養神，以保生也。觀太一始形之初，止太陰至靜之域，明於陰陽之大目，順乎一氣之大均，大方而充滿兩間，大信而真率無妄，一念不起而大定矣。而又不離不即，解之似不解，始是真解；知之似不知，始是真知。其有不知而問，不可以有崖，不可以無崖。蓋道在宇宙間，古今不相代，人我無稍虧。聞者本不惑，告者以不惑解惑，復於不惑，而庶幾不惑也。

則陽第二十五

《則陽》篇完全是老子之學說。《道德經》云：「道可道，非常道。名可名，非常名。」此篇完全演輝此義，而於第五章反覆言之尤詳。行文與《外篇》諸篇似乎稍異。全篇分五章如右。

第一章　自「則陽遊於楚」至「以十仞之臺縣眾得者也」為第一章，言有道者無言而人自化也。道本在眾人心目之中，而第以言緡之。夷節有知善言，而楚王不聽。公閱休不言，而飲人以和。夷節與公閱休之相去若是其遠。聖人以道為體，不知其然，覆命搖作，以天為師，行自然之妙。己不知其美，人則從而稱之。己不以為愛，人則與之名。若知若不知，若聞若不聞。人之好之，一出於性。如十仞之臺，縣於眾目。眾人聞聞見見，身心暢然，所以無言而自化也。

第二章　自「冉相氏得其環中以隨成」至「無內無外」，言無言化人者之自養也。「得其環中以隨成」，此句是一章之主。善於自處，即善於應物之所以然也。人處太虛之中，是非皆無窮盡。不能得其環中，滯於跡而無成也。能得其環中者，隨在皆成，故與物無終無始，無幾無時。與物化，一有不化者，而不能捨。師天不得師天之道，殉於物也。是於里人不知天。不知人，不知始，不知物，與世偕行而不替，萬行皆備而不洫，從師而不圍，所以隨成也。司名與法，此仲尼名法之教得其兩見也。「除日無歲，無內無外」，此容成離言語之教，與物混成也。

第三章　自「魏瑩與田牟約」至「子路住視之，其室虛矣」為第三章，言大隱無言也。犀首之言，亂人之言也。季子進矣，而亦亂人之言也。戴晉人言

之，魏瑩惝然若有所亡，昳然氣過，無聲可聞，真至人之言也。所以仲尼立言語之教，為隱者所鄙。會於蟻丘之漿，其鄰人之夫妻臣妾升屋而不與言。子路不知，為請往召之。孔子知其避人逃世，聲銷無言，是陸沉者也。

第四章　自「長梧封人問子牢曰」至「之二人何足以識之」為第四章，言大道不可名，是非無定在也。鹵莽滅裂者不足以治禾，喻鹵莽滅裂者不足以修道。扶形而擢性，則漂疽疥癰、內熱溲膏之疾必相繼而至，榮辱之名、貨財之聚、盜與殺人之媒介，立人之所病，聚人之所爭，窮困人之身，是扶形而擢性者也。智力已竭，而以偽繼之，此盜與殺人之所以多也。有為之治，立言語之教。言語愈多，是非愈亂。大道混成，無是與非，生而莫見其根，出而莫見其門。譬如衛靈公之靈，早定於石槨之銘。而大弢與伯常騫紛紛為美惡之辨，不過各是其所是，各非其所非，何足以知靈之為靈之早定也。

第五章　自「少知問於太公調曰」至「議其有極」為第五章，演《老子》「道可道，非常道。名可名，非常名」之義也。丘里之言，世所謂公論也。公論者，合異以為同，散同以為異，不可確指某一人之言也。猶之丘山積卑以高，江河合水為大。以天時言之，四時異氣而成。以人事言之，五官殊職而國治。無物非道，無物是道，故曰萬物殊理。道不私，故無名。無名，故無為。無為而無不為。合眾論為公論而不言，指公論是道，而道不可道，不可名也。今人恒言曰萬物。萬者，多數之稱，非確數之稱。萬物云者，以數之多者號而讀之也。大道云者，因其大而號以讀之。若以大為道之名，猶狗之名狗，馬之名馬，物也，非道也。夫道，不可道，不可名。陰陽之相照、相蓋、相治，四時之相代、相生、相殺，窮則反，終則始，皆是道之運行於不知。覯道之人，不隨其所廢，不知其所起，不議其所止。人生息於道之中，莫知道之廣大精微。語大莫載，語小莫破，故曰「雞鳴狗吠，是人之所知。雖有大知，不能以言讀其所自化」。夫道者，精無倫，大無極，莫之使，莫之為，無實無虛，無名無實，不死不生，往無極，來無止，不有不無。知道者，終日言而盡道。不知道者，終日言而盡物。道超乎色相，絕乎名言，故曰道物之極，言默不足以載也。

外物第二十六

《外物》全篇演自然之理，無論養生處世，違反自然，皆不足以言道。道在宇宙之內，無處不徧，而不可以形象求。此《老子》所謂「道可道，非常道。

名可名，非常名」也。可道可名，有用之用，其用有盡。不可道，不可名，無用之用，其用無窮。所以忘言為修道之極致。忘言者，非不言也。言而忘言，忘言而言，吾安得忘言之人而與之言？此全篇之總結。末分五章如右。

第一章　自「外物不可必」至「於是乎有僓然而道盡」為第一章，言不順大道之自然，天地間皆是殺機，無論忠佞賢奸，悉不能免也。惡來死，桀、紂亡，此木與木相摩則然也。龍逢誅，比干戮，箕子狂，伍員流於江，萇宏死於蜀，孝己憂而曾參悲，此金與火相守則流也。人生天地之間，當順大道之自然。若陰陽錯行，則天地大絞。空中有雷霆，水中有火，處處皆是殺機，為忠為佞，為賢為奸，皆無所逃。人若重視乎外，輕視乎內，則怵惕恐懼，卒無所成。心若懸懸於天地之間，侂侂乎無所之也，若慰若暋，若沈若屯，利與害相摩，發生自己心內之火，自然之和氣，一焚無餘。雖本心有如月之清明，不勝利害相摩所生之火，於是乎天和盡而生機息矣。由宇宙內之殺機，推至人心內之殺機，以見人生不能不順大道之自然也。

第二章　自「莊周家貧，故往貸粟於監河候」至「奈何哉其載焉終矜爾」為第二章，言順自然之道，雖少可以養生；違反自然之禮樂，雖多而人厭之也。儒以《詩》、《禮》發冢，違反自然。老子所以斥仲尼為中民之行也。粟會自然之道，猶鮒魚得升斗之水即可以活。魚猶違反自然之禮樂，雖是人人之所欲，然而太多則人厭之。儒家則古昔稱先王，言禮言樂，皆是死人之陳跡，所謂以《詩》、《禮》發冢也。仲尼以此相引以名，以取聲譽，相結以隱，以安人心。此老萊子所以語仲尼去矜與知，與其譽堯而非桀，不如兩相忘而閉其所譽，一任自然也。

第三章　自「宋元君夜半而夢」至「然則無用之為用也亦明矣」為第三章，言有用之用，其用有盡；無用之用，其用無窮也。神龜能見夢於元君，知能七十二鑽而無遺筴，此有用之知也。不能避余且之網，不能避刳腸之患，此其用有盡也。故曰「知有所困，神有所不及」。嬰兒無石師而能言，此自然之知。蓋自然之道充滿於宇宙之內，人以目所見、耳所聞者為有用，而竭蹶以赴之；以目所不見、耳所不聞者為無用，而淡泊若忘焉。譬如人立於地，地雖廣大，僅容足而止，是容足以外之地為無用也。若廁足而墊之，下至於黃泉，則人即不能自立，可見容足以外之地雖無用而大有用也。若斤斤於小知小善，知有用之用，而不知無用之用，鮮不為神龜之續。故曰去小知而大知明，去善而自善矣。

　　第四章　自「莊子曰：『人有能遊，且得不遊乎』」至「大林丘山之善於人也，亦神者不勝」為第四章，言順自然之道，天君泰然，無往而非天遊也。能遊者，胸次曠達，得自然之致。身雖不遊而神遊，故曰「且得不遊乎」？不能遊者，意境狹隘，違自然之致，身雖遊而神不遊，故曰且得遊乎？流遁之志逐物，決絕之行執己，皆非至知厚德之任，如覆之墜而不反。此言執己也，如火之馳而不顧。此言逐物也，心有所滯，而貴賤與時轉移。所以貴者，易世而賤也。惟至人之遊，心無所滯，無人我之見，貴賤不留於心，故曰「至人不留行焉」。學者心不能曠達，尊古而卑今。若放開眼界，以皇古之眼光觀今之世，同一頹波逐流，故必於人無是非，始能遊於世而不僻，外任人而內不失己，因於彼而教之，非學也，達其意而承之；不彼也，忘人之極致也。忘人必先忘我。一人之目耳鼻口心皆須通徹，所靜朝徹也。朝徹始能見獨，見獨始能忘我，而遊於自然。其修養也，在於知之徹為主。徹者，通也。所以道不欲壅，壅則哽，哽則跈，跈則害生。以一心而知萬物之情，所恃者在於心之徹與知之徹，與萬物息息相通。其有不當而不通，非自然之罪，人則自塞之也。人心本自虛靈，自然有天遊之樂。譬如室無空虛，則婦姑勃谿。心無天遊，則六鑿相攘。六鑿，六根也。心能轉物，無在而非逍遙之域。善大林丘山者，心不能轉物，而為物轉也。

　　第五章　自「德溢乎名」至「吾安得忘言之人而與之言哉」為第五章，言忘我忘人，一任自然，言而忘言也。德因名而溢，名因暴而溢，謀因諆而稽，知因爭而出，柴因守而生，官事因眾宜而果，皆不能忘我忘人，違反自然。若夫春雨時至，艸木怒生，銚鎒始修，艸木到植而出者過半，不知其然而然，極其自然也。靜默雖可補病，眥媙雖可以休老，寧定雖可以止遽，有意為之，極不自然。此是勞者之不能靜默、眥媙、寧定，故以靜默、眥媙、寧定為務。若佚者無時不靜默、眥媙、寧定，不必有意為之，故曰「未嘗過而問焉」。修道者已到某段階級時，即不復參前段之境界，所以聖人之所務，神人未嘗過而問焉；賢人之所務，聖人未嘗而問焉；君子之所務，賢人未嘗過而問焉；小人之所務，君子未嘗過而問焉。知者不言，言者不知也。故神人修道，以忘言為極致。忘言，非不言也。忘我忘人，雖言而不言也。凡人一滯於物，無論其行為若何，皆不能忘。善毀以求官，毀而死者半，不能忘也。逃之怒之，踆於窾水，因以踣河，以辭天下，亦不能忘也。能忘者不求官，不辭天下。得魚忘筌，得兔忘蹄，得意忘言。忘言而言，言而忘言，修道之要也。

寓言第二十七

　　《寓言》篇多內篇之義，文句亦多見於《內篇》。「齊與言不齊，言與齊不齊。終身言，未嘗言。終身不言，未嘗不言。」此數語之義為《內篇》所未有，而理實精微。先論言而無言，無言而言之道；次論修道之要，終論抱真自守。全篇分三章如右。

　　第一章　自「寓言十九，重言十七」至「已乎已乎，吾且不得及彼乎」為第一章，言有言不齊、無言而言、言而無言者自齊也。寓言、重言，此有言者也。卮言，此無言而有言，言而無言者也。夫言，風波也，至不齊者也。同於己者是之，異於己者非之，此亦一是非，彼亦一是非。寄寓之言，以明其不出於己也。此言而彼欲勝之，彼言而此欲屈之。引重之言，此處事有經綸，立言有本末，出於耆艾者之口，所以止爭也。此皆有言者也。有言而不齊，或者以不言齊之，然不言猶不齊也。惟有無言而言、言而無言之卮言，合自然之分際，因以推演之，所以窮年也。世俗之所謂不言，表面之是非雖齊，實際不齊之是非仍在。不言之齊，齊與言不齊，齊平之理與心之所欲言者不齊也。假使言之而與齊平之理不齊，故曰言與齊不齊也。若夫卮言，言而無言，故曰「終身言，未嘗言」。無言而言，故曰「然身不言，未嘗不言」。蓋無言者，非不言也，只是言而無言、無言而言耳。物之可，而我可之。物之不可，而我不可之。物之然，而我然之。物之不然，而我不然之。此物之自可、自不可、自然、自不然，於我無與也。我不過可於可，不可於不可，然於然，不然於不然。物之可不可、然不然，皆物所固有，我則無物而不可，無物而不然，無所容心也。怒日言，未嘗言，此所以合於自然之分際而能久也。夫萬物芸芸，本是同種，皆是天地間自然之生氣，特以一受其形，而不同之形遞相禪代耳。終始循環，莫得其端倪。若論其種，本無可不可、然不然之分，是之謂天均。天均者，天地均平之道，各如其自然之分際。天均即天倪。物本天倪。卮言和以天倪，所以日出而不窮也。引惠子之謂孔子，莊子斥以有言不足以服人證明之。鳴而當律，言而當法，此寓言、重言之類。縱義利、好惡、是非，言之極辨，只可以服人之口，而不足以服人之心也。

　　第二章　自「曾子再仕而心再化」至「若之何其有鬼耶」為第二章，言修道之要，心不縣於物，生死一致，命鬼皆不可言也。言而無言、無言而言之卮言，非有道者不能。有道者，心無所縣，哀樂不入於心，不以祿薄為悲，不以祿厚為樂，視三金之祿與三千鍾之祿，如鸛雀蚊虻之過吾前而無所動於其中

也。修如此之道，非一時可得而成。一年去華反樸，二年由勉強漸近自然，三年不滯於物，四年與物同化，五年物來自應，六年神靜而入於陰，七年神動而入於陽，八年出入陰陽而忘生死，九年道果成熟，變化從心而大妙。不修道之人昧於生死一致之理，以生是有為，有種種之差別而私；以死是無為，無種種之差別而公。知生死一致，皆天地一氣之循環，死屬陰，此氣自有而無；生屬陽，此氣自無而有。陰陽周流不息，生死即循環不息。苟達此理，生不足喜，死不足悲。故曰惡乎適？惡乎不適？人之有生死，猶天之有日月，地之有山川，無始無終，謂之無命不可，謂之有命亦不可也。人之由生入於死，若日之沒，若月之臨，若山之晦，若川之竭，而與人之死若相應也。然日之沒而復出，月之晦而復明，山之崩而復起，川之竭而復通，而與人之死著不相應也。謂之無鬼不可，謂之有鬼亦不可也。

　　第三章　自「眾罔兩問於景曰」至「其反也，舍者與之爭席矣」為第二章，言抱真自守，忘我忘人也。通達生死一致，命鬼不可言之理，所抱以自守者，惟一真也。我之行為皆是真之行為，猶景隨形，俯仰起坐，人以為影之行為，而不知皆是形之行為。景見而形未嘗見，景滅而形未嘗滅。火與日是景之所見，陰與夜是景之所滅。人之生死亦如是。生而真與之同生，而人不見；死而真不與偕死，而人不知。然景必待形，人必待真也。所以修道者抱真自守，其他一切悉淡然忘之。故曰「大白若辱，盛德若不足」。此即「知白守黑，知雄守雌」之謂也。所以陽子未聞老子之言以前，舍者將迎，家公執席，妻執巾櫛，舍者避席，煬者避竈。既聞老子之言以後，舍者與之爭席。由忘我以致忘人，由忘人以致忘人我也。

讓王第二十八　　盜跖第二十九

說劍第三十　　　漁父第三十一

　　《讓王》、《盜跖》、《說劍》、《漁父》四篇，蘇東坡以其枝葉太粗，疑為偽作。余謂莊子除《內篇》七篇，其《外篇》、《雜篇》必多後人屬入之作，此四篇尤其顯然者。不僅枝葉大粗，且意義亦淺。他篇雖有屬入之作，而悠謬之說、荒唐之言、無端崖之辭尚是莊子學說之一派，此四篇則不然矣。

　　《讓王》篇薄富貴而重生，安貧踐而樂志，始終意義，而歷引許由；子州支父；子州支伯；善卷；石父之農；太王居邠；王子搜逃丹穴；子華子說韓侯；顏闔卻魯君之幣；列子辭鄭子陽之粟；屠羊說不受楚昭王之賞；原憲居環堵之

室；曾子居衛，三日不舉火，十年不製衣；顏回不仕；瞻子重生而輕利；孔子窮於陳、蔡之間，絃歌不輟；北擇無人投清泠之淵；卞隨投椆水；瞀光沉廬水；伯夷、叔齊死於首陽之山；雖歷舉二十人，皆是證明薄富貴而重生，安貧賤而樂志一意義，絕不似內外篇之文，「其書瑰瑋，連犿無傷，其辭參差，諔詭可觀」也。

《盜跖》篇言三事，亦祇是不矯行傷身以求聲名之一義。《說劍》、《漁父》二篇，每篇祇一意義。韓昌黎言《說劍》類戰國策士之雄談，《漁父》筆力差弱於莊子。韓氏此說，頗為有見。要之，此四篇辭旨淺顯，殊無章義可說。

王船山曰：「《讓王》以下四篇，自蘇子瞻以來，辨其贋作。觀其文辭粗鄙狼戾，真所謂息其喉而嗌言若哇者。《讓王》稱卞隨、務光惡湯而自殺，徇名輕生，乃莊子之所大哀者。蓋於陳仲子之流，忿戾之鄙夫所作，後人因莊有卻聘之事而附入之。《說劍》則戰國遊士逞舌辯，以撩虎求榮之唾餘。《漁父》、《盜跖》則妬婦詈市、瘈犬狂吠之惡聲。列之篇中，如蜣蜋之與蘇合，不辨而自明，故俱不釋。」是以王氏不釋此四篇也。余乃合此四篇而略說之，並記王氏之言如上。

列禦寇第三十二

《列禦寇》篇言忘人忘我，天而不人，自可免內外之刑。人而不天，炫外者必窮；天而不人，葆光者必達。王船山云：「此篇之旨，大率以內解為主，以葆光不外炫為實，以去明而養神為要。」此言得之。又云：「唯『人心險於山川』一段與莊子『照之以天』之旨顯相牴牾，編錄者不審而附綴之。」此言未必然也。全篇分四章如右。

第一章　自「列禦寇之齊，中道而反」至「虛而遨遊者也」為第一章。此章完全與《列子‧黃帝》篇中間一段相同，惟章末多「巧者勞而知者憂，無能者無求，飽食而遨遊，汎〔註22〕若不繫之舟，虛而遨遊者也」數語，為一章之結。此章意義即在此數語。言忘我也。不忘我，即不能忘人。不忘人，人即不能忘我。列子食於十饗，而五饗先饋，是人不忘我也。人不忘我，由於我不忘人。我不忘人，由於我不自忘。故曰「內誠不解，形諜成光」。雖止而不遊，人亦自來親附，此列子中道而反而戶外之屨〔註23〕滿也。不自忘者，雖不必以

〔註22〕「汎」，底本誤作「汛」。下同。
〔註23〕「屨」，底本誤作「屢」。

惠感人，而搖於本性，動於中，見於外，而人自感，故曰「非女能使人保女，而女不能使人無保女也」。惟有淡然自忘，而人亦相與忘之，「汎若不繫之舟，虛而遨遊者也」。

　　第二章　自「鄭人緩也，呻吟裘氏之地」至「悲哉乎！汝為知在豪毛，而不知大寧」為第二章，言古之人天而不人也。天者，自然也。人者，人為也。道貴自然，不貴人為也。緩學儒，翟學墨，非自然。緩為儒，而河潤九里，澤及三族。翟學墨，而與緩爭，而其父助翟，則更非自然矣。緩不勝而自殺，殺而見夢於父，而以使翟學墨為己功，緩之不自然又甚。今世之人，皆緩之類。此古所謂遁天之刑也。若夫修道者，任其自然，安其所安，不安其所不安。任自然，聖也。安其所不安，不安其所安，反自然，眾人也。自然者，道之極也。知而不言，任之所以之天也。知而言之，反之所以之人也。故曰「古之人，天而不人」。修道猶學屠龍之技，可以學而不可以用，故曰「三年而學成而無所用其巧」。不同緩之儒，河潤九里，澤及三族；亦不同緩之儒、翟之墨而相爭也。修道者無我見，故無爭。親人有我見，故多爭。故曰「聖人以必不必，故無兵。眾人以不必必之，故多兵。」「必」，即《論語》「無意，無必」之「必」，我見也。上「必」與「不必」，事理之當然；下「不必」與「必」，無我見與有我見也。兵即爭也。有我見者，泥於人，其知不離苞苴竿牘之間。無我見者，合乎天，其精神冥乎無何有之鄉。悲哉！世之人人而不天，知在豪毛而不知大寧也。

　　第三章　自「宋人有曹商者，為宋王使秦」至「夫免乎外內之刑者，唯真人能之」為第三章，言葆光不外炫，免乎外內之刑者，惟真人能之也。曹商一悟萬乘之王，而從車百乘，此炫於外也。炫於外，雖有所得，而內不能自葆其天真，此莊子所以有「治癒下，得車愈多」之喻。下「人有見宋王者，錫車十乘」，至「使宋王而悟，子為螯〔註24〕粉矣夫」一小段，當在此處，言能貴人者即能賤人，能生人者即能殺人，炫於外必死於外，此所以有「為外刑者，金與木也」之喻。仲尼雖不如曹商之炫於外，然飾羽而畫，心有所受而不虛，神有所宰而不圓，施於人而不忘，而內不全，非天之自然之道。猶之商賈雖積財鉅萬，而不齒於士君子之數，形雖齒而神終不齒。不能葆光而炫於外者，即免外刑，心神不安，而陰陽交戰於其中，難免內刑也。惟真人外不與人事，內不滑靈府，外內之刑皆免也。

〔註24〕「螯」，底本誤作「整」。下同。

第四章　自「孔子曰：『凡人心險於山川』」至「其功外也，不亦悲乎」（除「人有見宋王」至「子為韲粉夫」一段在上章。）為第四章，言人心難知，處世不易，炫耀者必窮，葆光者必達也。凡人心險於山川，難於知天，必九徵之而始得。所以處世必謹慎以自守，如「正考父一命而傴，再命而僂，三命而俯」，毫不自炫，始免外刑。今之人，「一命而呂鉅，再命而於車上舞，三命而名諸父」，如此自炫，當然外刑隨之。所以人之處世，不僅謹慎於外，又當輝穆於中。若德有心，心睒而內視，多端伺察，心不安寧，則內刑立至。耳目鼻口心，人之五德也。有睒而內視，五德變而為五凶德。凶德由心而變，故曰「凶德有五，中德為首」。中德者，心德也。夫人之形，內有六府，外而美髯長大，壯麗勇敢。使自恃八者過人之德，不自謹慎，必遭外刑，因以是窮。若謹慎自守，循牆而走，伏俯善居，卑下畏懼，如不若人，不遭外刑，必然通達。故曰「窮有八極，達有三必」也。若知慧外通而喪內，以勇勤處世即多怨，以仁義處世即多責也。達自然化生之情者，恬淡無為，廓乎大也。達人為後得之知者，矜莊自持，渺乎小也。達大者委心順運，免乎內外之刑；達小者多心伺察，雖免外形，必遭內刑。衣以文繡，食以芻菽，牽入太廟，炫外而遭外刑，而謂莊子為之乎？莊子視死生一致，得失不二，上為烏鳶食，下為螻蟻食，殊難分別。物理本自平，而我以不平平之，轉不平矣。物理本易徵，而我以不徵徵之，轉不徵矣。明即上文達於後得之知，唯知外物之役。神即上文達於自然化生之情，無待大徵而無不徵也。愚者只見人為，不知自然。功力外馳，真神內喪，真可悲也。

天下第三十三

《天下》篇是《南華》之序。或云莊子自作，或云非莊子自作，茲不詳考。惟序晚周學術之源流，《漢書・藝文志・諸子略》與此篇有同等之價值。近人謂《漢書・藝文志・諸子略》某家者流出於某某之官，《天下》篇不言出於某某官，似《漢書・藝文志・諸子略》之言不足信，此不善讀《天下》篇者也。此篇第一句云：「天下之治方術者多矣」，此即治天下之術也。最古有政無學，其後政學不分，其後政學分為兩途。「古之道術有在於是者」，即《漢書・藝文志・諸子略》之某某官也。某某聞其風而說之，（說讀言說之說。）即《漢書・藝文志・諸子略》某某家者流也。惟《天下》篇未明言某某官與某某家者流，而事實殊無異也。又，《天下》篇於道家言關尹、老聃，不言伊尹、太公、辛

甲、鬻子、管子，蓋伊尹、太公、辛甲、鬻子、管子是古之道術有在於是者，政也；關尹、老聃聞其風而說之，學也。政宰之分，始於此乎？要之，《天下》篇與《漢書・藝文志・諸子略》雖詳略有無不同，而於晚周學術之源流有同等之價值則一也。全篇分八章如右。

第一章　自「天下之治方術者多矣」至「大小精粗，其運無乎不在」為第一章，言政學未分時也。天人、至人、聖人、君子，是政治中人，即是學術中人。天下之治方術者多，皆以其有為不可加，即是今之學術也。古之學術即古之政治，故曰無乎不在也。皇王而降，純漓不同，以時代之故，各有政治之異，致有學術之異，神人異於天人，至人異於神人，聖人異於至人，君子異於聖人。至於以治為分，以名為表，以參為驗，以稽為決，百官又異於君子。然而皆是政治上之事，故曰民之理也。古之人其備乎者，非謂古人一身備於各種之學術，言今人各種學術皆備於古人各時代之政治。配神明，即上云不離於宗，天人之政治也。醇天地，即上云不離於精，神人之政治也。育萬物，即上云不離於真，至人之政治也。和天下，即上云以德為本，以道為門，聖人之政治也。澤及百姓，即上云以仁為恩，以義為理，以禮為行，以樂為和，君子之政治也。明於本數，繫於末度，即上云其數一二三四，百官之政治也。今之學術皆出於古人之政治，故曰其運無乎不在。

第二章　自「其明而在度數者」至「道術將為天下裂」為第二章，言政學分途，儒得其全，百家各得其偏也。其明而在度數者，政也；其在於《詩》、《書》、《禮》、《樂》者，學也。舊法世傳之史多尚有之，吏也；鄒魯之士、縉紳先生多能明之，儒也。此政學分途，吏儒異名也。志、事、行、和、陰陽、名分，政治演而為學術也；《詩》、《書》、《禮》、《樂》、《易》、《春秋》，學術託之於文章也。《詩》、《書》、《禮》、《樂》、《易》、《春秋》，雖鄒魯之士能明，而志、事、行、和、陰陽、名分，百家之學，時或稱道，迨後各得一察焉以自好，不該不徧，非僅百家之學不能得古人之全，備天地之美，稱神明之容，即儒家亦各為其所欲以自為方，此荀子所以非子思、孟子也。道術變為方術，百家往而不反，道術將為天下裂也。

第三章　自「不侈於後世，不靡於萬物」至「雖枯槁不捨也，才士也夫」為第三章，言墨翟、禽滑釐之學術也。不侈奢，不靡費，不務華，此古之道術見之於政治者，墨子之學之所自出也。非樂、節用、兼愛、非鬥、節葬、短喪，以此自行，以此教人，墨學之所自立也。生勤死薄，其道大觳，使人憂悲難行，

離於天下，去王道甚遠，墨學之批評也。墨子稱道夏禹。禹治水而勞形天下，墨子日夜不休，以自苦為極，再言墨學之所自出，引人以證也。相里勤之墨，五侯之徒，南方墨者，墨學之流也。墨翟、禽滑釐之意則是，其行則非，致使墨學之流，亂天下之罪多，治天下之功少，而墨子本身枯槁不捨，雖為之大過，已之太順，（順，甚也。）亦可謂豪傑之士也。

第四章　自「不果於俗，不飾於物」至「其行適至是而止」為第四章，言宋研〔註25〕、尹文之學術也。不累俗，不飾物，不苟與人合，亦不苟與眾異，順其自然，以全生活，只圖人我之養，畢給而足，此古之道術見於政治者，宋研、尹文之學之所自出也。別宥惡以攝萬物，和顏驩容以調海內，見侮不辱，以救民鬥，禁攻寢兵以救世戰，宋鈃、尹文之學之所自立也。周行天下，上說下教，強聒不捨，宋鈃、尹文之學之所自行也。為人太多，自為太少，宋鈃、尹文之學之批評也。以下兩引其言，以為為人太多、自為太少之證。其為人則以禁兵寢攻，其自為則以情慾寡淺，為人自為，雖有小大精粗之不同，而其所行僅至是而止，不能上躋於聖人君子，何況天人、神人、至人也！

第五章　自「公而無黨，易而無私」至「雖然概乎皆嘗有聞者也」為第五章，言彭蒙、田駢、慎到之學術也。至公不黨，平易無私，信己不執，隨物不二，不慮不謀，不擇物與之俱往，此古之道術見之於政治者，彭蒙、田駢、慎到之學之所自出也。齊同萬物，無可無不可，棄知去己，與物宛轉，若風之旋，若羽之旋，若磨石之墜，動靜無過，彭蒙、田駢、慎到之學之所自立也。非生人之行，死人之理，所言之是，不免於非，彭蒙、田駢、慎到之學之批評也。於墨子稱為才士，於宋鈃、尹文歎為至是而止，於彭蒙、田駢、慎到言皆嘗有聞，抑揚之間，已可見已。

第六章　自「以本為精，以物為粗」至「古之博大真人哉」為第六章，言關尹、老聃之學術也。以無為精，以有為粗，寥廓自處，與神明遊，《論語》所謂「為政以德，譬如北辰，居其所而眾星共之」及「無為而治者，其舜也矣」。人君南面之術，此古之道術見之於政治者，關尹、老聃之學之所自出也。建之以常無有，主之以太一，即《漢書・藝文志・諸子略》「秉要執本」是也。以濡弱謙下為表，以空虛不毀萬物為實，即《漢書・藝文志・諸子略》「清虛以自守，卑弱以自持」是也。動若水，靜若鏡，應若響；不先人，嘗隨人；知雄守雌，知白守黑；人取先，己取後；人取實，己取虛；人求福，己曲全；關尹、

〔註25〕「研」，當作「鈃」。

老聃之學之所自立也。以深為根，故堅而不毀；以約為紀，故銳而不屈。寬容而不劇，可謂百家之至極。關尹、老聃之學之批評也。於關尹、老聃獨歎為古之博大真人，可見為《天下》篇者對於道家之學術尊視之也。

第七章　自「芴漠無形，變化無常」至「芒乎昧乎，未之盡者」為第七章，言莊子之學術也。芴漠而無象，變化而無體，不知生死，與天地神明相併，畢羅萬物，物不知而我亦不自知，其無為之極致，有不可以言語形容者。渾渾穆穆，真太古之時也。此古之道術見之於政治者，莊子之學之所自出也。謬悠之說、荒唐之言、無端崖之辭、卮言、重言、寓言，莊子學術寄之於譎煌不可測之文字也。與天地精神往來，不遣是非與世俗處，上與造物者遊，下與外生死、無悠始者為友，莊子學術託之於虛空無拘泥之境界也。弘大而闢，深閎而肆，稠適上遂，不竭不蛻，茫昧未盡，讚歎莊子學術也。老、莊同是道家，而《天下》篇其源各異，觀此隱見莊子學術勝於老子，故《天下》篇即非莊子自作，必是學《莊》者所作也。

第八章　自「惠施多方，其書五車」至「是窮響以聲，形與影競走也，悲夫」為第八章，言惠施之學術也。惠施之學是方術，非出自道術。其書五車，只言其書之多，而不言其學之有所承也。其道舛駁，其言不中，言不合於古之道術也。大一小一，大同小同，此惠施事理之說。飛鳥之影未嘗動，鏃矢之疾不行不止，此惠施物理之說。狗非犬，黃馬牛三，白狗黑，此惠施略同於公孫龍之說。此皆惠施之學之所自立也。惠施之能，猶一蚤一虻之勞，施於萬物而不厭，逐萬物而不反，多方不知道，是窮響以聲，形與影競走，此惠施之學之批評也。要之，惠施物理之論立說頗精，至今而莫能易。飛鳥之影未嘗動也，動者鳥而非影，影固未勤也。鏃矢之疾不行不止，鏃矢不行，必弦激之而行，既行不止，必地心力引之而止。至於「一尺之陲，日取其半，萬世不竭」，蓋日取尺錘之半，雖至萬世，尚有未取之一半在，算數之理也。「日方中方睨」，「南方無窮而有窮」，「天之中央，燕之北，越之南」，地圓之說也。惠施生當晚周，而能為此種物理之論，殊為可貴。其書五車，使盡存於今世，必有足以供吾人研究者。為《天下》篇者惜其逐物，是只知道術之足尊，而不知物理之可貴也。吾故特論之。

附錄四：南華直旨

南華直旨序

甚矣，書之難讀也！嗜古者昧今，知新者厭故，此皆偏於一端，未能識真理於大全者也。須知真理無古今，凡有特殊造詣之人，發言皆合於經常大道。吾人讀書，非先求淵博，不足以見言之是非。史稱莊子「於學無所不窺」，則其所涵養造詣者豈普通人士所能望其項背？以孔子之名望，含蓋一世，莊子獨能見其弊而矯正之，故能與日月爭光，百世不磨。此無他，見道全而識理切也。今人言哲學者，皆知以科學為基礎，不知我國先民亦何嘗不以科學為哲學之基礎。致知在格物。致知，哲學也；格物，科學也。致知在格物，即言哲學以科學為基礎也。何今人不自返乃爾？莊子為吾國大哲，所言皆有根據，惜歷來注《莊》者失於一偏。吾友楊君文煊以獨得之見釋其大意，或於古今新舊之見有所融會而貫通之乎？

中華民國二十五年八月，魯欽承識於北平華光女子中學校。

吳序

頃余箸《莊子鑰》甫脫稿，未經示人。適吾友楊熙齋以其所箸《南華直旨》見示。楊先生精西學，頗傳益之，故多創解。間又以現實凝古初，尤易令人豁然言下也。歷來之注《莊》者，其繁言蔓辭者，則世所共解者也。宋人未達之義，則亦略不著墨。故《莊子》較六經諸子為難讀。吾書力矯此弊，至於言之是非，則待公諸世人。而楊先生之書方從事刊布，亦誠跫然足音已。凡學宜真

知古人之意，如其有疑，先求諸己心之所安，次證以時代之實例，雖不中，不遠矣。若先依附故紙，乞靈於與彼分流之諸家，彼諸家原不相謀而強同之，是故學益雜亂而古人之真意愈不可得。楊先生之書蓋能免乎斯弊者也。莊周之學，卓然自樹，而世之論者或謂其為道家鉅子，或謂其為釋家旁流、儒家別傳。夫釋家之對象為心性，道家之對象為世象，儒家之對象為倫敘，莊子之對象為學人，其指的原殊。其論學本旨，釋家專主出世，兼有戒定慧三學。方術萬千，其大無倫，儒家得戒學之一部，道家得定學之類似，餘則萌芽式微，附庸小國也。莊周於三學均具體而微，而三家所言又皆世間法也。世之亂也，百家爭鳴，各得一察，而自居上乘。從而和之者尤如嗀音，徒以依傍門戶以自取重，或則變亂白黑，雖貽禍萬世而不顧，此莊周之所痛也。推極其意量之所至，方且剗培樓而撼山嶽，釋云乎哉？孔老云乎戰？而後人橫相聯附，祇以見其不智。以是義言，世之注《莊》者與其援古，不如類時；與其依人，不如自信。無慮今之與古，及世出世間，要當先自釋其心，然後釋其餘。此莊周糾正學人之旨也。吾之注《莊》如是。相觀而笑，莫逆於心，捨先生其誰乎？丙子仲秋，新城吳海珊序。

李序

講我國學說思想者，莫不上測周秦諸子，蓋以其學之精，無微不至；其學之博，無遠弗屆；彪炳一時，歷代莫能及也。其中孔子之學，語其博則不及墨子，語其精則不若莊子。然千截之後，百子之學幾至湮沒無聞，獨孔子之道貫古今，孔子之廟遍天下，尊為素王，春秋享祀。論者謂孔子之學便於帝王郅治之用，推而崇之，其或信情乎？不然，因漢武之推崇儒術，罷黜百家，而使思想錮閉者，何耶？方今尊孔之風不特盛興於國內，亦且倡導於他邦，濟武力之不遞，伴災難而俱來。若孔道者，或亦不祥之物歟？吾友楊文煊先生慧眼獨燭，不為世俗所蠹，推莊邁孔，其有功國運詢匪淺鮮。嘗思莊子之學，若以現代方法衡之，固有但知統一、忽視差別之嫌。然其闡發宇宙變動之理，力斥世俗拘執之見，亦文化遺產中不可多得之作。繹壺奧之辭，而為直旨，以供來學之參攷，不亦可乎？

李翼林
一九三六年九月中旬

管序

　　周秦諸子成為顯著的學派的，當然是儒和墨。依我們來看，儒家的繁文縟節，實嫌過於瑣碎；墨家的摩頂放踵，則又艱苦難行；都是「小成」的學說。各家中能超然物外，有緻密的思想、深刻的見解的，仍要推道家。而道家中，莊子實在又比老子精深得多了。莊子的人生哲學，在「依乎天理，因其固然」八個字，以之解牛，則恢恢乎遊刃而有餘；以之處世，則安時處順而哀樂不能入。本來天地間沒有永久不變的事，把法則弄死了，便會滯固不化。滯固不化，客觀環境一變，便難以適應了。反之，我們若守定「依乎天理，因其固然」的永恆原則，便可以與天地共久長，始終立於不敗之地。這正是莊子的學說所以卓絕的原因。楊先生熙齋對於《莊子》研究得很透闢，在《弁言》裏就以扼要的言辭說明了莊子這一點卓絕的見解，而於儒家與莊子之優劣、老子與莊子之異同，尤有獨到的論斷。最值得我們欽佩，便是楊先生在本書中，既能融通中西，詳盡的發揮了莊子的學說，又能就文學的見地，精闢的評論了莊子的文章。楊先生自己說「讀莊不外二義：一識其理，二賞其文」。楊先生這兩種工夫，可以說都做得很高深了。是為序。

管亞強

南華直旨第一冊目錄

南華經原文　內篇

逍遙遊

　　北冥有魚，其名為鯤。鯤之大，不知其幾千里也。化而為鳥，其名為鵬。鵬之背，不知其幾千里也。怒而飛，其翼若垂天之雲。是鳥也，海運則將徙於南冥。南冥者，天池也。《齊諧》者，志怪者也。《諧》之言曰：「鵬之徙於南冥也，水擊三千里，搏扶搖而上者九萬里，去以六月息者也。」野馬也，塵埃也，生物之以息相吹也。天之蒼蒼，其正色邪？其遠而無所至極邪？其視下也，亦若是則已矣。且夫水之積也不厚，則其負大舟也無力。覆杯水於坳堂之上，則芥為之舟；置杯焉則膠，水淺而舟大也。風之積也不厚，則其負大翼也無力。故九萬里，則風斯在下矣，而後乃今培風。背負青天，而莫之夭閼者，而後乃今將圖南。蜩與學鳩笑之曰：「我決起而飛，槍榆枋，時則不至，而控於地而已矣，奚以之九萬里而南為？」適莽蒼者，三湌而反，腹猶果然；適百里者，宿舂糧；適千里者，三月聚糧。之二蟲又何知？小知不及大知，小年不及大年。奚以知其然也？朝菌不知晦朔，蟪蛄不知春秋，此小年也。楚之南有冥靈者，以五百歲為春，五百歲為秋；上古有大椿者，以八千歲為春，八千歲為秋。而彭祖乃今以久特聞，眾人匹之，不亦悲乎！湯之問棘也是已。窮髮之北，有冥海者，天池也。有魚焉，其廣數千里，未有知其修者，其名為鯤。有鳥焉，其名為鵬，背若太山，翼若垂天之雲，搏扶搖羊角而上者九萬里，絕雲氣，負青天，然後圖南，且適南冥也。斥鴳笑之曰：「彼且奚適也？我騰躍而上，不過數仞而下，翱翔蓬蒿之間，此亦飛之至也。而彼且奚適也？」此小大之辯也。

　　故夫知效一官，行比一鄉，德合一君，而徵一國者，其自視也亦若此矣。而宋榮子猶然笑之。且舉世而譽之而不加勸，舉世而非之而不加沮，定乎內外之分，辨乎榮辱之境，斯已矣。彼其於世，未數數然也。雖然，猶有未樹也。夫列子御風而行，泠然善也，旬有五日而後反。彼於致福者，未數數然也。此雖免乎行，猶有所待者也。若夫乘天地之正，而御六氣之辯，以遊無窮者，彼且惡乎待哉？故曰：至人無己，神人無功，聖人無名。

　　堯讓天下於許由，曰：「日月出矣，而爝火不息，其於光也，不亦難乎！時雨降矣，而猶浸灌，其於澤也，不亦勞乎！夫子立而天下治，而我猶尸之，吾自視缺然，請致天下。」許由曰：「子治天下，天下既已治也。而我猶代子，

吾將為名乎？名者，實之賓也。吾將為賓乎？鷦鷯巢於深林，不過一枝；偃鼠飲河，不過滿腹。歸休乎君，予〔註1〕無所用天下為！庖人雖不治庖，尸祝不越樽俎而代之矣。」肩吾問於連叔曰：「吾聞言於接輿，大而無當，往而不返。吾驚怖其言，猶河漢而無極也；大有逕庭，不近人情焉。」連叔曰：「其言謂何哉？」曰：「藐姑射之山，有神人居焉，肌膚若冰雪，綽〔註2〕約若處子。不食五穀，吸風飲露，乘雲氣，御飛龍，而遊乎四海之外。其神凝，使物不疵癘而年穀熟。吾以是狂而不信也。」連叔曰：「然。瞽者無以與乎文章之觀，聾者無以與乎鍾鼓之聲。豈惟形骸有聾盲哉？夫知亦有之。是其言也，猶時女也。之人也，之德也，將旁礡萬物以為一世蘄乎亂，孰弊弊焉以天下為事！之人也，物莫之傷，大浸稽天而不溺，大旱金石流、土山焦而不熱。是其塵垢秕糠，將猶陶鑄堯、舜者也。孰肯以物為事！」宋人資章甫，適諸越，越人短〔註3〕髮文身，無所用之。堯治天下之民，平海內之政，往見四子藐姑射之山，汾水之陽，窅然喪其天下焉。

惠子謂莊子曰：「魏王貽我大瓠之種，我樹之成而實五石。以盛水漿，其堅不能自舉也。剖之以為瓢，則瓠落無所容。非不呺然大也，吾為其無用而掊之。」莊子曰：「夫子固拙於用大矣。宋人有善為不龜手之藥者，世世以洴澼絖為事。客聞之，請買其方百金。聚族而謀曰：『我世世為洴澼絖，不過數金。今一朝而鬻技百金，請與之。』客得之，以說吳王。越有難，吳王使之將。冬與越人水戰，大敗越人，裂地而封之。能不龜手，一也；或以封，或不免於洴澼絖，則所用之異也。今子有五石之瓠，何不慮以為大樽而浮乎江湖，而憂其瓠落無所容，則夫子猶有蓬之心也夫！」

惠子曰：「吾有大樹，人謂之樗。其大本擁腫而不中繩墨，其小枝捲曲而不中規矩，立之塗，匠者不顧。今子之言，大而無用，眾所同去也。」莊子曰：「子獨不見狸狌乎？卑身而伏，以候敖者；東西跳梁，不辟高下，中於機辟，死於罔罟。今夫斄牛，其大若垂天之雲。此能為大矣，而不能執鼠。今子有大樹，患其無用，何不樹之於無何有之鄉，廣莫之野，彷徨乎無為其側，逍遙乎寢臥其下。不夭斤斧，物無害者，無所可用，安所困苦哉？」

〔註1〕「予」，底本誤作「子」。
〔註2〕「綽」，底本誤作「淖」。
〔註3〕「短」，《莊子》作「斷」。

齊物論

　　南郭子綦隱機而坐，仰天而噓，荅焉似喪其耦。顏成子游立侍乎前，曰：
「何居乎？形固可使如槁木，而心固可使如死灰乎？今之隱機者，非昔之隱機
者也。」子綦曰：「偃，不亦善乎，而問之也！今者吾喪我，汝知之乎？汝聞
人籟而未聞地籟，汝聞地籟而未聞天籟夫！」子游曰：「敢問其方。」子綦曰：
「夫大塊噫氣，其名為風。是唯無作，作則萬竅怒呺。而獨不聞之翏翏乎？山
林之畏佳，大木百圍之竅穴，似鼻，似口，似耳，似枅，似圈，似臼，似窪者，
似污者；激者，謞者，叱者，吸者，叫者，譹者，宎者，咬者，前者唱於而隨
者唱喁。泠〔註4〕風則小和，飄風則大和，厲風濟則眾竅虛。而獨不見之調調
之刁刁乎？」子游曰：「地籟則眾竅是已，人籟則比竹是已。敢問天籟。」子
綦曰：「夫吹萬不同，而使其自己也，咸其自取，怒者其誰邪！」

　　大知閒閒，小知間間；大言炎炎，小言詹詹。其寐也魂交，其覺也形開，
與接為構，日以心鬥。縵者，窖者，密者。小恐惴惴，大恐縵縵。其發若機栝，
其司是非之謂也；其留如詛盟，其守勝之謂也。其殺若秋冬，以言其日消也；
其溺之所為之，不可使復之也；其厭也如緘，以言其老洫也；近死之心，莫使
復陽也。喜怒哀樂，慮歎變熱，姚佚啟態；樂出虛，蒸成菌。日夜相代乎前，
而莫知其所萌。已乎！已乎！旦暮得此，其所由以生乎！非彼無我，非我無所
取。是亦近矣，而不知其所為使。必有真宰，而特不得其朕。可行己信，而不
見其形，有情而無形。百骸，九竅，六藏，賅而存焉，吾誰與為親？汝皆說之
乎？其有私焉？如是皆有為臣妾乎？其臣妾不足以相治也？其遞相為君臣
乎？其有真君存焉？如求得其情與不得，無益損乎其真。一受其成形，不忘以
待盡，與物相刃相靡，其行盡如馳，而莫之能止，不亦悲乎！終身役役，而不
見其成功，苶然疲役，而不知其所歸，可不哀邪！人謂之不死，奚益？其形化，
其心與之然，可不謂大哀乎？人之生也，固若是芒乎？其我獨芒，而人亦有不
芒者乎？夫隨其成心而師之，誰獨且無師乎？奚必知代而心自取者有之？愚
者與有焉。未成乎心而有是非，是今日適越而昔至也。是以無有為有。無有為
有，雖有神禹，且不能知，吾獨且奈何哉！

　　夫言非吹也。言者有言，其所言者特未定也。果有言邪？其未嘗有言邪？
其以為異於鷇音，亦有辯乎？其無辯乎？道惡乎隱而有真偽？言惡乎隱而有
是非？道惡乎往而不存？言惡乎存而不可？道隱於小成，言隱於榮華。故有儒

〔註4〕「泠」，底本誤作「冷」。

墨之是非，以是其所非而非其所是。欲是其所非而非其所是，則莫若以明。物無非彼，物無非是。自彼則不見，自知則知之。故曰彼出於是，是亦因彼。彼是方生之說也。雖然，方生方死，方死方生；方可方不可，方不可方可；因是因非，因非因是。是以聖人不由，而照之於天，亦因是也。是亦彼也，彼亦是也。彼亦一是非，此亦一是非。果且有彼是乎哉？果且無彼是乎哉？彼是莫得其偶，謂之道樞。樞始得其環中，以應無窮。是亦一無窮，非亦一無窮也。故曰莫若以明。以指喻指之非指，不若以非指喻指之非指也；以馬喻馬之非馬，不若以非馬喻馬之非馬也。天地一指也，萬物一馬也。可乎可，不可乎不可。道行之而成，物謂之而然。惡乎然？然於然。惡乎不然？不然於不然。物固有所然，物固有所可。無物不然，無物不可。故為是舉莛與楹，厲與西施，恢恑憰怪，道通為一。其分也，成也；其成也，毀也。凡物無成與毀，復通為一。唯達者知通為一，為是不用而寓諸庸。庸也者，用也；用也者，通也；通也者，得也；適得而幾已。因是已。已而不知其然，謂之道。勞神明為一而不知其同也，謂之朝三。何謂朝三？狙公賦芧，曰：「朝三而暮四。」眾狙皆怒。曰：「然則朝四而暮三？」眾狙皆悅。名實未虧，而喜怒為用，亦因是也。是以聖人和之以是非，而休乎天鈞，是之謂兩行。古之人，其知有所至矣。惡乎至？有以為未始有物者，至矣，盡矣，不可以加矣。其次以為有物矣，而未始有封也。其次以為有封焉，而未始有是非也。是非之彰也，道之所以虧也。道之所以虧，愛之所之成。果且有成與虧乎哉？果且無成與虧乎哉？有成與虧，故昭氏之鼓琴也；無成與虧，故昭氏之不鼓琴也。昭文之鼓琴也，師曠之枝策也，惠子之據梧也，三子之知幾乎，皆其盛者也，故載之末年。唯其好之也，以異於彼，其好之也，欲以明之彼。非所明而明之，故以堅白之昧終。而其子又以文之綸終，終身無成。若是而可謂成乎？雖我亦成也。若是而不可謂成乎？物與我無成也。是故滑疑之耀，聖人之所圖也。為是不用而寓諸庸，此之謂以明。

　　今且有言於此，不知其與是類乎？其與是不類乎？類與不類，相與為類，則與彼無以異矣。雖然，請嘗言之。有始也者，有未始有始也者，有未始有〔註5〕夫未始有始也者。有有也者，有無也者，有未始有無也者，有未始有〔註6〕夫未始有無也者。俄而有無矣，而未知有無之果孰有孰無也。今我則已有謂矣，

〔註5〕「有」，底本無，據《莊子》補。
〔註6〕「有」，底本無，據《莊子》補。

－369－

而未知吾所謂之其〔註7〕果有謂乎？其果無謂乎？天下莫大於秋豪之末，而大山為小；莫壽於殤子，而彭祖為夭。天地與我並生，而〔註8〕萬物與我為一。既已為一矣，且得有言乎？既已謂之一矣，且得無言乎？一與言為二，二與一為三。自此以往，巧歷不能得，而況其凡乎！故自無適有，以至於三，而況自有適有乎！無適焉，因是已。夫道未始有封，言未始有常，為是而有畛也。請言其畛：有左，有右，有倫，有義，有分，有辯，有競，有爭，此之謂八德。六合之外，聖人存而不論；六合之內，聖人論而不議；春秋經世先王之志，聖人議而不辯。故分也者，有不分也；辯也者，有不辯也。曰：何也？聖人懷之，眾人辯之以相示也。故曰辯也者有不見也。夫大道不稱，大辯不言，大仁不仁，大廉不嗛，大勇不忮。道昭而不道，言辯而不及，仁常而不成，廉清而不信，勇忮而不成。五者圓〔註9〕而幾向方矣。故知止其所不知，至矣。孰知不言之辯，不道之道？若有能知，此之謂天府。注焉而不滿，酌焉而不竭，而不知其所由來，此之謂葆光。

故昔者堯問於舜曰：「我欲伐宗、膾、胥敖，南面而不釋然。其故何也？」舜曰：「夫三子者，猶存乎蓬艾之間乎？若不釋然，何哉？昔者十日並出，萬物皆照，而況德之進乎日者乎！」齧缺問於王倪曰：「子知物之所同是乎？」曰：「吾惡乎知之！」「子知子之所不知邪？」曰：「吾惡乎知之！」「然則物無知邪？」曰：「吾惡乎知之！」雖然，嘗試言之。庸詎知吾所謂知之非不知邪？庸詎知吾所謂不知之非知邪？且吾嘗試問乎女：民濕寢則腰疾偏死，鰌然乎哉？木處則惴慄恂懼，猨然乎哉？三者孰知正處？民食芻豢，麋鹿食薦，蝍且甘帶，鴟鴉耆鼠，四者孰知正味？猨猵狙以為雌，麋與鹿交，鰍與魚遊。毛嬙麗姬，人之所美也，魚見之深入，鳥見之高飛，麋鹿見之決驟，四者孰知天下之正色哉？自我觀之，仁義之端，是非之途，樊然殽亂，吾惡能知其辯。齧缺曰：「子不知利害，則至人固不知利害乎？」王倪曰：「至人神矣！大澤焚而不能熱，河漢沍而不能寒，疾雷破山、飄〔註10〕風振海而不能驚。若然者，乘雲氣，騎日月，而遊乎四海之外。死生無變於己，而況利害之端乎！」

瞿鵲子問乎長梧子曰：「吾聞諸夫子，聖人不從事於務，不就利，不違害，不喜求，不緣道；無謂有謂，有謂無謂，而遊乎塵垢之外。夫子以為孟浪之言，

〔註7〕「其」，底本無，據《莊子》補。
〔註8〕「而」，底本無，據《莊子》補。
〔註9〕「圓」，底本誤作「園」。
〔註10〕「飄」，底本無，據《莊子》補。

而我以為妙道之行也。吾子以為奚若？」長梧子曰：「是黃帝之所聽熒也，而丘也何足以知之！且女亦大早計，見卵而求時夜，見彈而求鴞炙。予嘗為女妄言之，女亦以妄聽之。奚旁日月，挾宇宙？為其脗合，置其滑涽，以隸相尊。眾人役役，聖人愚芚，參萬歲而一成純。萬物盡然，而以是相蘊。予惡乎知說生之非惑邪！予惡乎知惡死之非弱喪而不知歸者邪！麗之姬，艾封人之子也，晉國之始得之，涕泣沾襟；及其至於王所，與王同筐床，食芻豢，而後悔其泣也。予惡乎知夫死者不悔其始之蘄生乎！夢飲酒者，旦而哭泣；夢哭泣者，旦而田獵。方其夢也，不知其夢也。夢之中又占其夢焉，覺而後知其夢也。且有大覺而後知此其大夢也。而愚者自以為覺，竊竊然知之。君乎，牧乎，固哉！丘也與女皆夢也；予謂汝夢，亦夢也。是其言也，其名為弔詭。萬世之後而一遇大聖，知其解者，是旦暮遇之也。既使我與若辯矣，若勝我，我不若勝，若果是也，我果非也邪？我勝若，若不吾勝，我果是也，而果非也邪？其或是也，其或非也邪？其俱是也，其俱非也邪？我與若不能相知也，則人固受其黮闇，吾誰使正之？使同乎若者正之，既與若同矣，惡能正之！使同乎我者正之，既同乎我矣，惡能正之！使異乎我與若者正之，既異乎我與若矣，惡能正之！使同乎我與若者正之，既同乎我與若矣，惡能正之！然則我與若與人俱不能相知也，而待彼也邪？何謂和之以天倪？曰：是不是，然不然。是若果是也，則是之異乎不是也，亦無辯；然若果然也，則然之異乎不然也，亦無辯。【化聲之相待，若其不相待。和之以天倪，因之以曼衍，所以窮年也。】〔註11〕忘年忘義，振於無竟，故寓諸無竟。」罔兩問景曰：「曩子行，今子止；曩子坐，今子起，何其無特操與？」景曰：「吾有待而然者邪？吾所待又有待而然者邪？吾待蛇蚹蜩翼邪？惡識所以然！惡識所以不然！」

　　昔者莊周夢為胡蝶，栩栩然胡蝶也，自喻適志與！不知周也。俄然覺，則蘧蘧然周也。不知周之夢為胡蝶與，胡蝶之夢為周與？周與胡蝶，則必有分矣。此之謂物化。

養生主

　　吾生也有涯，而知也無涯。以有涯隨無涯，殆已。已而為知者，殆而已矣。為善無近名，為惡無近刑，緣督以為經，可以保身，可以全生，可以養親，可以盡年。

〔註11〕【 】內文字，底本無，據《莊子》補。

　　庖丁為文惠君解牛，手之所觸，肩之所倚，足之所履，膝之所踦，砉然嚮然，奏刀騞然，莫不中音。合於《桑林》之舞，乃中《經首》之會。文惠君曰：「譆，善哉！技蓋至此乎？」庖丁釋刀對曰：「臣之所好者道也，進乎技矣。始臣之解牛之時，所見無非全牛者。三年之後，未嘗見全牛也。方今之時，臣以神遇而不以目視，官知止而神欲行。依乎天理，批大郤，導大窾，因其固然。技經肯綮之未嘗，而況大軱乎！良庖歲更刀，割也；族庖月更刀，折也。今臣之刀十九年矣，所解數千牛矣，而刀刃若新發於硎。彼節者有間，而刀刃者無厚；以無厚入有間，恢恢乎其於遊刃必有餘地矣。是以十九年而刀刃若新發於硎。雖然，每至於族，吾見其難為，怵然為戒，視為止，行為遲，動刀甚微，謋然已解，如土委地。提刀而立，為之四顧，為之躊躇滿志，善刀而藏之。」文惠君曰：「善哉！吾聞庖丁之言，得養生焉。」

　　公文軒見右師而驚曰：「是何人也？惡乎介也？天與？其人與？」曰：「天也，非人也，天之生是使獨也，人之貌有與也。以是知其天也，非人也。」

　　澤雉十步一啄，百步一飲，不蘄畜乎樊中。神雖王，不善也。

　　老聃死，秦失弔之，三號而出。弟子曰：「非夫子之友邪？」曰：「然。」「然則弔焉若此，可乎？」曰：「然。始也吾以為其人也，而今非也。向吾入而弔焉，有老者哭之，如哭其子；少者哭之，如哭其母。彼其所以會之，必有不蘄言而言，不蘄哭而哭者。是遁天倍情，忘其所受，古者謂之遁天之刑。適來，夫子時也；適去，夫子順也。安時而處順，哀樂不能入也，古者謂是帝之縣解。」

　　指窮於為薪，火傳也，不知其盡也。

人間世

　　顏回見仲尼，請行。曰：「奚之？」曰：「將之衛。」曰：「奚為焉？」曰：「回聞衛君，其年壯，其行獨，輕用其國，而不見其過；輕用民死，死者以國量乎澤若蕉，民其無如矣。回嘗聞之夫子曰：『治國去之，亂國就之，醫門多疾。』願以所聞思其則，庶幾其國有瘳乎？」仲尼曰：「譆！若殆往而刑耳！夫道不欲雜，雜則多，多則擾，擾則憂，憂而不救。古之至人，先存諸己而後存諸人。所存於己者未定，何暇至於暴人之所行？且若亦知夫德之所蕩，而知之所為出乎哉？德蕩乎名，知出乎爭。名也者，相軋也；知也者，爭之器也。二者兇器，非所以盡行也。且德厚信矼，未達人氣，名聞不爭，未達人心。而

強以仁義繩墨之言術暴人之前者，是以人惡有其美也，命之曰菑人。菑人者，人必反菑之，若殆為人菑夫！且苟為悅賢而惡不肖，惡用而求有以異？若唯無詔，王公必將乘人而鬬其捷。而目將熒之，而色將平之，口將營之，容將形之，心且成之。是以火救火，以水救水，名之曰益多。順始無窮，若殆以不信厚言，必死於暴人之前矣！且昔者桀殺關龍逢，紂殺王子比干，是皆修其身以下傴拊人之民，以下拂其上者也；故其君因其修以擠之；是好名者也。昔者堯攻叢枝、胥敖，禹攻有扈，國為虛厲，身為刑戮；其用兵不止，其求實無已；是皆求名實者也。而獨不聞之乎？名實者，聖人之所不能勝也，而況若乎！雖然，若必有以也，嘗以語我來！」顏回曰：「端而虛，勉而一，則可乎？」曰：「惡！惡可！夫以陽為充孔揚，彩色不定，常人之所不違，因案人之所感，以求容與其心。名之曰日漸之德不成，而況大德乎！將執而不化，外合而內不訾，其庸詎可乎？」「然則我內直而外曲，成而上比。內直者，與天為徒。與天為徒者，知天子之與己皆天之所子，而獨以己言蘄乎而人善之，蘄乎而人不善之邪？若然者，人謂之童子，是之謂與天為徒。外曲者，與人之為徒也。擎跽曲拳，人臣之禮也，人皆為之，吾敢不為邪？為人之所為者，人亦無疵焉，是之謂與人為徒。成而上比者，與古為徒。其言雖教，讁之實也。古之有也，非吾有也。若然者，雖直不為病，是之謂與古為徒。若是則可乎？」仲尼曰：「惡！惡可！大多政，法而不諜，雖固亦無罪。雖然，止是耳矣，夫胡可以及化？猶師心者也。」顏回曰：「吾無以進矣，敢問其方。」仲尼曰：「齊，吾將語女！有而為之，其易邪？易之者，暤天不宜。」顏回曰：「回之家貧，唯不飲酒、不茹葷者數月矣。如此，則可以為齊乎？」曰：「是祭祀之齊，非心齊也。」回曰：「敢問心齊。」仲尼曰：「若一志，無聽之以耳而聽之以心，無聽之以心而聽之以氣。聽止於耳，心止於符。氣也者，虛而待物者也。唯道集虛。虛者，心齊也。」顏回曰：「回之未始得使，實自回也；得使之也，未始有回也；可謂虛乎？」夫子曰：「盡矣。吾語若！若能入遊其樊而無感其名，入則鳴，不入則止。無門無毒，一宅而寓於不得已，則幾矣。絕跡易，無行地難。為人使易以偽，為天使難以偽。聞以有翼飛者矣，未聞以無翼飛者也；聞以有知知者矣，未聞以無知知者也。瞻彼闋者，虛室生白，吉祥止止。夫且不止，是之謂坐馳。夫徇耳目內通而外於心知，鬼神將來舍，而況人乎！是萬物之化也，禹、舜之所紐也，伏羲幾蘧之所行終，而況散焉者乎！」葉公子高將使於齊，問於仲尼曰：「王使諸梁也甚重，齊之待使者，蓋將甚敬而不急。匹夫猶未可動，而況

諸侯乎！吾甚慄之。子常語諸梁也，曰：『凡事若小若大，寡不道以懽成。事若不成，則必有人道之患；事若成，則必有陰陽之患。若成若不成而後無患者，唯有德者能之。』吾食也執粗而不臧，爨無欲清之人。今吾朝受命而夕飲冰，吾其內熱與？吾未至乎事之情，而既有陰陽之患矣；事若不成，必有人道之患。是兩也。為人臣者不足以任之，子其有以語我來！」仲尼曰：「天下有大戒二：其一，命也；其一，義也。子之愛親，命也，不可解於心；臣之事君，義也，無適而非君也，無所逃於天地之間。是之謂大戒。是以夫事其親者，不擇地而安之，孝之至也；夫事其君者，不擇事而安之，忠之盛也；有事其心者，哀樂不易施乎前，知其不可奈何而安之若命，德之至也。為人臣子者，固有所不得已。行事之情而忘其身，何暇至於悅生而惡死？夫子其行可矣！丘請復以所聞：凡交近則必相靡以信，遠則必忠之以言，言必或傳之。夫傳兩喜兩怒之言，天下之難者也。夫兩喜必多溢美之言，兩怒必多溢惡之言。凡溢之類妄，妄則其信之也莫，莫則傳言者殃。故法言曰：『傳其常情，無傳其溢言，則幾乎全。』且以巧鬥力者，始乎陽，常卒乎陰，大至則多奇巧；以禮飲酒者，始乎治，常卒乎亂，大至則多奇樂。凡事亦然。始乎諒，常卒乎鄙；其作始也簡，其將畢也必巨。夫言者，風波也；行者，實喪也。風波易以動，實喪易以危。故忿設無由，巧言偏辭。獸死不擇音，氣息茀然，於是並生心厲。克核太至，則必有不肖之心應之，而不知其然也。苟為不知其然也，孰知其所終？故法言曰：『無遷令，無勸成，過度益也。』遷令勸成殆事，美成在久，惡成不及改，可不慎與？且夫乘物以遊心，託不得已以養中，至矣。何作為報也？莫若為致命。此其難者。」顏闔將傅衛靈公太子，而問於蘧伯玉。曰：「有人於此，其德天殺。與之為無方，則危吾國；與之為有方，則危吾身。其知適足以知人之過，而不知其所以過。若然者，吾奈之何？」蘧伯玉曰：「善哉問乎！戒之，慎之，正女身也哉！形莫若就，心莫若和。雖然，之二者有患。就不欲入，和不欲出。形就而入，且為顛為滅，為崩為蹶。心和而出，且為聲為名，為妖為孽。彼且為嬰兒，亦與之為嬰兒；彼且為無町畦，亦與之為無町畦；彼且為無崖，亦與之為無崖。達之，入於無疵。汝不知夫螳蜋乎？怒其臂以當車轍，不知其不勝任也，是其才之美者也。戒之！慎之！積伐而美者以犯之，幾矣！汝不知夫養虎者乎？不敢以生物與之，為其殺之之怒也；不敢以全物與之，為其決之之怒也。時其饑飽，達其怒心。虎之與人異類而媚養己者，順也；故其殺者，逆也。夫愛馬者，以筐盛矢，以蜄盛溺。適有蚊虻僕緣，而拊之不時，則

缺銜，毀首，碎胸。意有所至而愛有所亡，可不慎邪？」匠石之齊，至於曲轅，見櫟社樹。其大，蔽數千牛，絜之百圍；其高，臨山十仞，而後有枝；其可以為舟者旁十數。觀者如市，匠伯不顧，遂行不輟。弟子厭觀之，走及匠石，曰：「自吾執斧斤以隨夫子，未嘗見材如此其美也。先生不肯〔註12〕視，行不輟，何邪？」曰：「已矣，勿言之矣！散木也，以為舟則沈，以為棺槨則速腐，以為器則速毀，以為門戶則液樠，以為柱則蠹。是不材之木也，無所可用，故能若是之壽也。」匠石歸，櫟社見夢。曰：「女將惡乎比予哉？若將比予於文木邪？夫柤〔註13〕梨橘柚果蓏之屬，實熟則剝，剝則辱；大枝折，小枝泄。此以其能苦其生者也，故不終其天年而中道夭，自掊擊於世俗者也。物莫不若是。且予求無所可用久矣，幾死，乃今得之，為予大用。使予也而有用，且得有此大也邪？且也，若與予也，皆物也，奈何哉其相物也？而幾死之散人，又惡知散木？」匠石覺而診其夢。弟子曰：「趣取無用，則為社，何邪？」曰：「密！若無言！彼亦直寄焉，以為不知己者詬厲也。不為社者，且幾有翦乎！且也彼其所保與眾異，而以義譽之，不亦遠乎？」南伯子綦遊乎商之丘，見大木焉，有異，結駟千乘，隱將芘其所藾。子綦曰：「此何木也哉？此必有異材夫！」仰而視其細枝，則拳曲而不可為棟樑；俯而視其大根，則軸解而不可為棺槨；咶其葉，則口爛而為傷；嗅之，則使人狂酲，三日而不已。子綦曰：「此果不材之木也，以〔註14〕至於此其大也！嗟乎神人，以此不材！」宋有荊氏者，宜楸柏桑，其拱把而上者，求狙猴之杙者斬之；三圍四圍，求高名之麗者斬之；七圍八圍，貴人富商之家求樿傍者斬之；故未終其天年，而中道已夭於斧斤，此材之患也。故解之以牛之白顙者、與豚之亢鼻者、與人有痔病者不可以適河。此皆巫祝以知之矣，所以為不祥也。此乃神人之所以為大祥也。

　　支離疏者，頤隱於臍，肩高於頂，會撮指天，五管在上，兩髀為脅。挫鍼治繲，足以餬口；鼓筴播精，足以食十人。上徵武士，則支離攘臂而遊於其間；上有大役，則支離以有常疾不受功；上與病者粟，則受三鍾與十束薪。夫支離其形者，猶足以養其身，終其天年，又況支離其德者乎！

　　孔子適楚，楚狂接輿遊其門曰：「鳳兮！鳳兮！何如德之衰也！來世不可待，往世不可追也。天下有道，聖人成焉；天下無道，聖人生焉。方今之時，

〔註12〕「肯」，底本誤作「肖」。
〔註13〕「柤」，底本誤作「租」。
〔註14〕「以」，底本誤作「櫟」。

僅免刑焉。福輕乎羽，莫之知載；禍重乎地，莫之知避。已乎！已乎！臨人以德！殆乎！殆乎！畫地而趨！迷陽！迷陽！無傷吾行！吾行郤曲，無傷吾足！」

山木自寇也，膏火自煎也。桂可食，故伐之；漆可用，故割之。人皆知有用之用，而莫知無用之用也。

德充符

魯有兀者王駘，從之遊者與仲尼相若。常季問於仲尼曰：「王駘，兀者也，從之遊者與夫子中分魯。立不教，坐不議，虛而往，實而歸。固有不言之教，無形而心成者邪？是何人也？」仲尼曰：「夫子，聖人也，丘也直後而未往耳。丘將以為師，而況不如丘者乎？奚假魯國，丘將引天下而與從之。」常季曰：「彼兀者也，而王先生，其與庸亦遠矣。若然者，其用心也獨若之何？」仲尼曰：「死生亦大矣，而不得與之變，雖天地覆墜，亦將不與之遺。審乎無假而不與物遷，命物之化而守其宗也。」常季曰：「何謂也？」仲尼曰：「自其異者視之，肝膽楚越也；自其同者視之，萬物皆一也。夫若然者，且不知耳目之所宜，而遊心乎德之和；物視其所一而不見其所喪，視喪其足猶遺土也。」常季曰：「彼為己，以其知，得其心；以其心，得其常心。物何為最之哉？」仲尼曰：「人莫鑒於流水而鑒於止水，唯止能止眾止。受命於地，唯松柏獨也正，冬夏青青；受命於天，唯舜獨也正，幸能正生，以正眾生。夫保始之徵，不懼之實。勇士一人，雄入於九軍。將求名而能自要者，而猶若是，而況官天地，府萬物，直寓六骸，象耳目，一知之所知，而心未嘗死者乎！彼且擇日而登假，人則從是也。彼且何肯以物為事乎？」

申徒嘉，兀者也，而與鄭子產同師於伯昏無人。子產謂申徒嘉曰：「我先出則子止，子先出則我止。」其明日，又與合堂同席而坐。子產謂申徒嘉曰：「我先出則子止，子先出則我止。今我將出，子可以止乎，其未邪？且子見執政而不違，子齊執政乎？」申徒嘉曰：「先生之門，固有執政焉如此哉？子而說子之執政而後人者也？聞之曰：『鑒明則塵垢不止，止則不明也，久與賢人處則無過。』今子之所取大者，先生也，而猶出言若是，不亦過乎？」子產曰：「子既若是矣，猶與堯爭善，計子之德不足以自反邪？」申徒嘉曰：「自狀其過，以不當亡者眾；不狀其過，以不當存者寡。知不可奈何而安之若命，唯有德者能之。遊於羿之彀中，中央者，中地也；然而不中者，命也。人以其全足

笑吾不全足者多矣，我怫然而怒；而適先生之所，則廢然而反。不知先生之洗
我以善邪？吾與夫子游十九年矣，而未嘗知吾兀者也。今子與我遊於形骸之
內，而子索我於形骸之外，不亦過乎？」子產蹴然改容更貌曰：「子無乃稱！」
魯有兀者叔山無趾，踵見仲尼。仲尼曰：「子不謹，前既犯患若是矣。雖今來，
何及矣！」無趾曰：「吾唯不知務而輕用吾身，吾是以亡足。今吾來也，猶有
尊足者存，吾是以務全之也。夫天無不覆，地無不載，吾以夫子為天地，安知
夫子之猶若是也？」孔子曰：「丘則陋矣。夫子胡不入乎？請講以所聞！」無
趾出。孔子曰：「弟子勉之！夫無趾，兀者也，猶務學以復補前行之惡，而況
全德之人乎？無趾語老聃曰：「孔丘之於至人，其未邪？彼何賓賓以學子為？
彼且蘄以諔詭幻怪之名聞，不知至人之以是為己桎梏邪？」老聃曰：「胡不直
使彼以死生為一條，以可不可為一貫者，解其桎梏，其可乎？」無趾曰：「天
刑之，安可解？」魯哀公問於仲尼曰：「衛有惡人焉，曰哀駘它。丈夫與之處
者，思而不能去也；婦人見之，請於父母曰「與為人妻、寧為夫子之妾」者，
十數而未止也。未嘗有聞[註15]其唱者也，常和人而已矣。無君人之位以濟乎
人之死，無聚祿以望人之腹；又以惡駭天下，和而不唱，知不出乎四域，且而
雌雄合乎前。是必有異乎人者也。寡人召而觀之，果以惡駭天下。與寡人處，
不至以月數，而寡人有意乎其為人也；不至乎期年，而寡人信之。國無宰，寡
人傳國焉。悶然而後應，氾然而若辭。寡人醜乎，卒授之國。無幾何也，去寡
人而行。寡人邮焉，若有亡也，若無與樂是國也。是何人者也？」仲尼曰：「丘
也嘗使於楚矣，適見独子食於其死母者，少焉，眴若皆棄之而走。不見己焉爾，
不得類焉爾。所愛其母者，非愛其形也，愛使其形者也。戰而死者，其人之葬
也，不以翣資；刖者之屨，無為愛之；皆失其本矣。為天子之諸御，不翦爪，
不穿耳；取妻者，止於外，不得復使；形全猶足以為爾，而況全德之人乎！今
哀駘它未言而信，無功而親，使人授己國，唯恐其不受也，是必才全而德不形
者也。」哀公曰：「何謂才全？」仲尼曰：「死生存亡，窮達貧富，賢與不肖毀
譽，饑渴寒暑，是事之變，命之行也；日夜相代乎前，而知不能規乎其始者也。
故不足以滑和，不可入於靈府；使之和豫，通而不失於兌；使日夜無郤而與物
為春，是接而生時於心者也。是之謂才全。」「何謂德不形？」曰：「平者，水
停之盛也。其可以為法也，內保之而外不蕩也。德者，成和之修也。德不形者，
物不能離也。」哀公異日以告閔子曰：「始也吾以南面而君天下，執民之紀而

〔註15〕「未嘗有聞」，底本誤作「未聞有嘗」。

憂其死，吾自以為至通矣。今吾聞至人之言，恐吾無其實，輕用吾身而亡其國。吾與孔丘，非君臣也，德友而已矣。」

　　闉跂支離無脤說衛靈公，靈公說之；而視全人，其脰肩肩。甕㼜大癭說齊桓公，桓公說之；而視全人，其脰肩肩。

　　故德有所長而形有所忘，人不忘其所忘而忘其所不忘，此謂誠忘。故聖人有所遊，而知為孽，約為膠，德為接，工為商。聖人不謀，惡用知？不斲，惡用膠？無喪，惡用德？不貨，惡用商？四者，天鬻也；天鬻者，天食也。既受食於天，又惡用人？有人之形，無人之情。有人之形，故群於人。無人之情，故是非不得於身。眇乎小哉，所以屬於人也；謷乎大哉，獨成其天。惠子謂莊子曰：「人故無情乎？」莊子曰：「然！」惠子曰：「人而無情，何以謂之人？」莊子曰：「道與之貌，天與之形，惡得不謂之人？」惠子曰：「既謂之人，惡得無情？」莊子曰：「是非吾所謂情也。吾所謂無情者，言人之不以好惡內傷其身，常因自然，而不益生也。」惠子曰：「不益生，何以有其身？」莊子曰：「道與之貌，天與之形，無以好惡內傷其身。今子外乎子之神，勞乎子之精，倚樹而吟，據槁梧而瞑。天選子之形，子以堅白鳴！」

大宗師

　　知天之所為、知人之所為者，至矣。知天之所為者，天而生也；知人之所為者，以其知之所知，以養其知之所不知，終其天年而不中道夭者，是知之盛也。雖然，有患〔註16〕。夫知有所待而後當，其所待者特未定也。庸詎知吾所謂天之非人乎？所謂人之非天乎？且有真人而後有真知。何謂真人？古之真人，不逆寡，不雄成，不謨士。若然者，過而弗悔，當而不自得也。若然者，登高不慄，入水不濡，入火不熱。是知之能登假於道者也若此。古之真人，其寢不夢，其覺不憂，其食不甘，其息深深。真人之息以踵，眾之之息以喉。屈服者，其嗌言若哇〔註17〕。其耆欲深者，其天機淺。古之真人，不知說生，不知惡死；其出不訢，其入不距；翛然而往，翛然而來而已矣。不忘其所始，不求其所終；受而喜之，忘而復之，是之謂不以心捐道，不以人助天，是之謂真人。若然者，其心志，其容寂，其顙頯；淒然似秋，煖然似春，喜怒通四時，與物有宜而莫知其極。故聖人之用兵也，亡國而不失人心；利澤施乎萬世，不

〔註16〕「患」，底本誤作「愚」。
〔註17〕「哇」，底本誤作「畦」。

為愛人。故樂通物，非聖人也；有親，非仁也；時天，非賢也；利害不通，非君子也；行名失己，非士也；亡身不真，非役人也。若狐〔註18〕不偕、務光、伯夷、叔齊、箕子、胥餘、紀他、申徒狄，是役人之役，適人之適，而不自適其適者也。古之真人，其狀義而不朋，若不足而不承；與乎其觚而不堅也，張乎其虛而不華也；邴邴乎其似喜乎，崔乎其不得已乎，滀乎其進我色也，與乎止我德也，厲乎其似世乎，謷乎其未可制也；連乎其似好閉也，悗乎忘其言也。以刑為體，以禮為翼，以知為時，以德為循。以刑為體者，綽乎其殺也；以禮為翼者，所以行於世也；以知為時者，不得已於事也；以德為循者，言其與有足者至於丘也；而真人〔註19〕以為勤行者也。故其好之也一，其弗好之也一。其一也一，其不一也一。其一，與天為徒；其不一，與人為徒。天與人不相勝也，是之謂真人。死生，命也，其有夜旦之常，天也。人之有所不得與，皆物之情也。彼特以天為父，而身猶愛之，而況其卓乎！人特以有君為愈乎己，而身猶死之，而況其真乎！泉涸，魚相與處於陸，相呴以濕，相濡以沫，不如相忘於江湖。與其譽堯而非桀，不如兩忘而化其道。夫大塊載我以形，勞我以生，佚我以老，息我以死。故善吾生者，乃所以善吾死也。夫藏舟於壑，藏山於澤，謂之固矣。然而夜半有力者負之而走，昧者不知也。藏大小有宜，猶有所遯。若夫藏天下於天下而不得所遯，是恒物之大情也。特犯人之形而猶喜之。若人之形者，萬化而未始有極也，其為樂可勝計邪？故聖人將遊於物之所不得遯而皆存。善妖善老，善始善終，人猶傚之，而況萬物之所繫，而一化之所待乎！夫道，有情有信，無為無形；可傳而不可受，可得而不可見；自本自根，未有天地，自古以固存；神鬼神帝，生天生地；在太極之上而不為高，在六極之下而不為深；先天地生而不為久；長於上古而不為老；豨韋氏得之，以挈天地；伏羲氏得之，以襲氣母；維斗得之，終古不忒；日月得之，終古不息；堪壞得之，以襲崑崙；馮夷得之，以遊大川；肩吾得之，以處大山；黃帝得之，以登雲天；顓頊得之，以處玄宮；禺強得之，立乎北極；西王母得之，坐乎少廣，莫知其始，莫知其終；彭祖得之，上及有虞，下及五伯；傅說得之，以相武丁，奄有天下，乘東維，騎〔註20〕箕尾，而比於列星。

南伯子葵問乎女偊曰：「子之年長矣，而色若孺子，何也？」曰：「吾聞道

〔註18〕 「狐」，底本誤作「孤」。
〔註19〕 「真人」，底本誤作「人真」。
〔註20〕 「騎」，底本誤作「哨」。

矣。」南伯子葵曰：「道可得學邪？」曰：「惡！惡可！子非其人也！夫卜梁倚有聖人之才而無聖人之道，我有聖人之道而無聖人之才，吾欲以教之，庶幾其果為聖人乎！不然，以聖人之道告聖人之才，亦易矣。吾猶守而告之，參日而後能外天下；已外天下矣，吾又守之，七日而後能外物；已外物矣，吾又守之，九日而後能外生；已外生矣，而後能朝徹；朝徹，而後能見獨；見獨，而後能無古今；無古今，而後能入於不死不生。殺生者不死，生生者不生。其〔註21〕為物，無不將也，無不迎也，無不毀也，無不成也；其名為攖寧。攖寧也者，攖而後成者也。」南伯子葵曰：「子獨惡乎聞之？」曰：「聞諸副墨之子，副墨之子聞諸洛誦之孫，洛誦之孫聞之瞻明，瞻明聞之聶許，聶許聞之需役，需役聞之於謳，於謳聞之玄冥，玄冥聞之參寥，參寥聞之疑始。」

　　子祀、子輿、子犁、子來四人相與語曰：「孰能以無為首，以生為脊，以死為尻，孰知死生存亡之一體者，吾與之友矣。」四人相視而笑，莫逆於心，遂相與為友。俄而子輿有病，子祀往問之。曰：「偉哉！夫造物者將以予為此拘拘也！」曲僂發背，上有五管，頤隱於齊，肩高於頂，句贅指天；陰陽之氣有沴，其心閒而無事，跰𨇠而鑑於井，曰：「嗟乎！夫造物者，又將以予為此拘拘也！」子祀曰：「女惡之乎？」曰：「亡！予何惡！浸假而化予之左臂以為雞，予因以求時夜；浸假而化予之右臂以為彈，予因以求鴞炙；浸假而化予之尻以為輪，以神為馬，予因以乘之，豈更駕哉？且夫得者，時也；失者，順也；安時而處順，哀樂不能入也。此古之所謂縣解也，而不能自解者，物有結之。且夫物不勝天久矣，吾又何惡焉！」俄而子來有病，喘喘然將死，其妻子環而泣之。子犁往問之，曰：「叱！避！無怛化！」倚其戶與之語曰：「偉哉！造化又將奚以汝為？將奚以汝適？以汝為鼠肝乎？以汝為蟲臂乎？」子來曰：「父母於子，東西南北，唯命之從。陰陽於人，不翅於父母；彼近吾死而我不聽，我則悍矣，彼何罪焉！夫大塊載我以形，勞我以生，佚我以老，息我以死。故善吾生焉，乃所以善吾死也。今之大冶鑄金，金踊躍曰『我且必為鏌鋣』，大冶必以為不祥之金。今一犯人之形，而曰『人耳！人耳』，夫造化者必以為不祥之人。今一以天地為大爐，以造化為大冶，惡乎往而不可哉？」成然寐，蘧然覺。

　　子桑戶、孟子反、子琴張三人相與友。曰：「孰能相與於無相與，相為於無相為？孰能登天遊霧，撓挑無極，相忘以生，無所終窮？」三人相視而笑，

〔註21〕「其」，底本無，據《莊子》補。

莫逆於心，遂相與為〔註22〕友。莫然有間而子桑戶死，未葬。孔子聞之，使子貢往侍事焉。或編曲，或鼓琴，相和而歌。曰：「嗟來桑戶乎！嗟來桑戶乎！而已反其真，而我猶為人猗！」子貢趨而進曰：「敢問臨尸而歌，禮乎？」二人相視而笑曰：「是惡知禮意！」子貢反，以告孔子，曰：「彼何人者邪？修行無有，而外其形骸，臨尸而歌，顏色不變，無以命之。彼何人者邪？」孔子曰：「彼，遊方之外者也；而丘，遊方之內者也。外內不相及。而丘使女往弔之，丘則陋矣。彼方且與造物者為人，而遊乎天地之一氣。彼以生為附贅縣疣，以死為決疣潰癰，夫若然者，又惡知死生先後之所在？假於異物，託於同體；忘其肝膽，遺其耳目；反覆終始，不知端倪；芒然彷徨乎塵埃之外，逍遙乎無為之業。彼又惡能憒憒然為世俗之禮，以觀眾人之耳目哉？」子貢曰：「然則夫子何方之依？」孔子曰：「丘，天之戮民也。雖然，吾與汝共之。」子貢曰：「敢問其方。」孔子曰：「魚相造乎水，人相造乎道。相造乎水者，穿池而養給；相造乎道者，無事而生定。故曰，魚相忘乎江湖，人相忘乎道術。」子貢曰：「敢問畸人。」曰：「畸人者，畸於人而侔於天。故曰，天之小人，人之君子；人之君子，天之小人也。」

顏回問仲尼曰：「孟孫才其母死，哭泣無涕，中心不戚，居喪不哀。無是三者，以善處喪蓋魯國。固有無其實而得其名者乎？回壹怪之。」仲尼曰：「夫孟孫氏盡之矣，進於知矣。唯簡之而不得，夫已有所簡矣。孟孫氏不知所以生，不知所以死；不知就先，不知就後；若化為物，以待其所不知之化已乎！且方將化，惡知不化哉？方將不化，惡知已化哉？吾特與汝，其夢未始覺者邪？且彼有駭形而無損心，有旦宅而無情死。孟孫氏特覺人哭亦哭，是自其所以乃。且也，相與吾之耳矣，庸詎知吾所謂吾之乎？且汝夢為鳥而厲乎天，夢為魚而沒於淵。不識今之言者，其覺者乎？其夢者乎？造〔註23〕適不及笑，獻笑不及排，安排而去化，乃入於寥天一。」

意而子見許由。許由曰：「堯何以資汝？」意而子曰：「堯謂我：『汝必躬服仁義而明言是非。』」許由曰：「而奚來為軹？夫堯既已黥汝以仁義，而劓汝以是非矣，汝將何以遊夫遙蕩恣睢轉徙之途乎？」意而子曰：「雖然，吾願遊於其藩。」許由曰：「不然。夫盲者無以與乎眉目顏色之好，瞽者無以與乎青黃黼黻之觀。」意而子曰：「夫無莊之失其美，據梁之失其力，黃帝之亡其知，

〔註22〕「為」，底本無，據《莊子》補。
〔註23〕「造」，底本誤作「告」。

皆在爐捶之間耳。庸詎知夫造物者之不息我黥而補我劓，使我乘成以隨先生邪？」許由曰：「噫！未可知也！我為汝言其大略：吾師乎！吾師乎！䪠萬物而不為義，澤及萬世而不為仁，長於上古而不為老，覆載天地、刻雕眾形而不為巧。此所遊已！」

顏回曰：「回益矣。」仲尼曰：「何謂也？」曰：「回忘仁義矣。」曰：「可矣，猶未也。」他日，復見，曰：「回益矣。」曰：「何謂也？」曰：「回忘禮樂矣。」曰：「可矣，猶未也。」他日，復見，曰：「回益矣。」曰：何謂也？」曰：「回坐忘矣。」仲尼蹴然曰：「何謂坐忘？」顏回曰：「墮肢體，黜聰明，離形去知，同於大通，此謂坐忘。」仲尼曰：「同則無好也，化則無常也。而果其賢乎！丘也請從而後也。」

子輿與子桑友，而霖雨十日。子輿曰：「子桑殆病矣！」裹飯而往食之。至子桑之門，則若歌若哭，鼓琴，曰：「父邪！母邪！天乎！人乎！」有不任其聲而趨舉其詩焉。子輿入，曰：「子之歌詩，何故若是？」曰：「吾思夫使我至此極者，而弗得也！父母豈欲吾貧哉？天無私覆，地無私載，天地豈私貧我哉？求其為之者而不得也。然而至此極者，命也夫！」

應帝王

齧缺問於王倪，四問而四不知。齧缺因躍而大喜，行以告蒲衣子。蒲衣子曰：「而乃今知之乎？有虞氏不及泰氏。有虞氏，其猶藏仁以要人，亦得人矣，而未始出於非人。泰氏，其臥徐徐，其覺于于；一以己為馬，一以己為牛；其知情信，其德甚真，而未始入於非人。」

肩吾見狂接輿，狂接輿曰：「日中始何以語女？」肩吾曰：「告我：『君人者以己出經式義度，人孰敢不聽而化諸？』」狂接輿曰：「是欺德也！其於治天下也，猶涉海鑿河而使蚊負山也。夫聖人之治〔註24〕也，治外乎，正而後行，確乎能其事者而已矣。且鳥高飛以避矰弋之害，鼷鼠深穴乎神丘之下以避熏鑿之患，而曾二蟲之無知！」

天根遊於殷陽，至蓼水之上，適遭無名人而問焉，曰：「請問為天下。」無名人曰：「去！汝鄙人也，何問之不豫也！予方將與造物者為人，厭，則又乘夫莽眇之鳥，以出六極之外，而遊無何有之鄉，以處〔註25〕壙垠之野。汝又

〔註24〕「治」，底本誤作「知」。
〔註25〕「處」，底本誤作「虛」。

－382－

何帠以治天下感予之心為？」又復問。無名人曰：「汝遊心於淡，合氣於漠，順物自然而無容私焉，而天下治矣。」

陽子居見老聃，曰：「有人於此，向疾強梁，物徹疏明，學道不勌，如是者，可比明王乎？」老聃曰：「是於聖人也，胥易技係，勞形怵心者也。且曰虎豹之文來田，猨狙之便、執斄之狗來藉。如是者，可比明王乎？」陽子居蹴然曰：「敢問明王之治。」老聃曰：「明王之治，功蓋天下，而似不自己；化貸萬物，而民弗恃；有莫舉名，使物自喜；立乎不測，而遊於無有者也。」

鄭有神巫曰季咸，知人之死生、存亡、禍福、壽夭，期以歲月旬日，若神。鄭人見之，皆棄而走；列子見之，而心醉。歸，以告壺子，曰：「始，吾以夫子之道為至矣，則又有至焉者矣。」壺子曰：「吾與汝既其文，未既其實。而固得道與？眾雌而無雄，而又奚卵焉！而以道與世亢，必信，夫故使人得而相汝。嘗試與來，以予示之。」明日，列子與之見壺子。出而謂列子曰：「嘻！子之先生死矣！弗活矣！不以旬數矣！吾見怪焉，見濕灰焉。」列子入，泣涕沾襟以告壺子。壺子曰：「鄉吾示之以地文，萌乎不震不正，是殆見吾杜德機也。嘗又與來。」明日，又與之見壺子。出而謂列子曰：「幸矣！子之先生遇我也，有瘳矣！全然有生矣！吾見其杜權矣！」列子入，以告壺子。壺子曰：「鄉吾示之以天壤，名實不入，而機發於踵。是殆見吾善者機也。嘗又與來。」明日，又與之見壺子。出而謂列子曰：「子之先生不齊，吾無得而相焉。試齊，且復相之。」列子入，以告壺子。壺子曰：「吾鄉示之以以太沖莫勝，是殆見吾衡氣機也。鯢桓之審為淵，止水之審為淵，流水之審為淵。淵有九名，此處三焉。嘗又與來。」明日，又與之見壺子。立未定，自失而走。壺子曰：「追之！」列子追之不及。反，以報壺子曰：「已滅矣，已失矣，吾弗及已。」壺子曰：「鄉吾示之以未始出吾宗。吾與之虛而委蛇，不知其誰何，因以為弟靡，因以為波流，故逃也。」然後列子自以為未始學而歸。三年不出，為其妻爨，食豕如食人，於事無與親。雕琢復樸，塊然獨以其形立。紛而封哉，一以是終。

無為名尸，無為謀府；無為事任，無為知主。體盡無窮，而遊無朕；盡其所受乎天，而無見得，亦虛而已！至人之用心若鏡，不將不迎，應而不藏，故能勝物而不傷。

南海之帝為儵，北海之帝為忽，中央之帝為渾沌。儵與忽時相遇於渾沌之地，渾沌待之甚善。儵與忽謀報渾沌之德，曰：「人皆有七竅以視聽食息，此獨無有，嘗試鑿之。」日鑿一竅，七日而渾沌死。

南華直旨　文安楊文煊著

弁言

　　莊子之書，矯儒家之弊者也儒之弊。凡有二端。一則矯偽仁義，獵求名利，殺生賊命，務展橫強，此害人以利己者也。一則履行仁義，服膺痛苦，東牽西掣，拘守繩墨，此害己以利人者也。中國數千年人群，維繫於不弊，固由第二種人儒行之功。然殘賊弱小動物，供強暴之蹂躪，已屬不當，況人智有醒覺之時，名利為人生共同之欲，害人者愈多，害己者愈少，人群內部必致紛亂日深，社會無復能施以維繫之術。若更加以外族之侵陵，則害人者先求實力於自身，害己者愈供他人之宰割，結果必致同歸於盡而後已。民族之敗亡，儒家實種其端者也。莊子知之，揭凡民之迷，示以天地之真；發儒家之失，告以人生之本；不談空，不言玄，不遠人事，不矜神奇，期在啟發吾人一身之智慧，改正吾人與他人之關係。善惡之實，真偽之別，生死之理，宇宙之機，凡儒家於此摸糊影響者，皆明闡而顯述之。救弊補偏，群趨於福利之地，各遂其生，各享其樂。傑出者不致於害人，轉足以利人；自行者不致於被害，反足以增福。相資相守，各有獨立自尊之地。以之治世，方可真期於大同。謂莊子為尊崇孔子者，固失之迂；謂莊子為詆毀孔子者，更失之妄耳。

　　莊子之論人，凡有兩方面。一為真人，法自然，行天道，以全其真者也。一為聖人，施仁義，獲名利，以事其偽者也。此二者皆明白分析，顯示區別，不作掩飾之詞，不假彫琢之語。其釋真人，則謂能體純素，則謂與天為徒，則謂不以心捐道，不以人助天，甚至謂不逆寡，不雄成，不謨士，天與人不相勝也，則真人固無異於眾人，所貴者在於識理而已矣。其釋聖人，則謂響疾強梁，物徹疏明，則謂為仁義以矯之，並仁義而竊之，則謂興名就利，至謂以強陵弱，以眾暴寡，則所謂聖人非迂滯不通，乃率性進取，振作有為者之驕子也。故莊子之目世人，非真人，即聖人，皆足以福益人群，廣渡眾生。而於不識理、不求進之凡民，則皆欲進掖之，以為真人，為聖人，而有以增人之樂利而已。婆心救世，厥功可謂偉矣。

　　莊子之書，雖有內、外、雜篇之分，但旨趣從同，初無判別之必要；隨機說理，更無真偽之可言。若覺古人可疑，則不妨全視為偽，屏棄之可也。若知真理可貴，則不妨全視為真，奉誦之可也。惟內篇命題，原屬有心，告人以求

真作聖之法，則屬實事。其餘則就興之所之，發揮而暢釋之。內篇之前六，皆為訓真之學；內篇之第七，則為作聖之學。而前六之一所以昭示興趣，其二所以確定認識，其三養生全身，其四宅心處世，其五立德掩形，其六求法積學，餘篇又不僅發揮前意，而隨機創造新論，指示正理，尤覺親切有味。璣珠滿卷，理充詞暢，無不可取扱玩味之處矣。但至人揭論，未肯泄盡玄機。循俗發言、炫詞掩跡者，亦所在多有，是在讀者之見仁見智。

　　莊子之認識宇宙，確與老子同其本源，而以道為宇宙之本體。天地萬物，悉由道生。是以老子謂道之為物，惟恍惟惚。莊子謂道，無為無形，自本自根，可傳而不可受，可得而不可見。故道非實體，不落跡相，萬物悉由其統系而不可實說者也。惟老子申之以無，莊子明之以真，則莊較老確為進境，而意更明顯，人得依跡以求，無空玄之弊。

　　莊子之思想方法則與老子全不相同。老子主離卻知識以求真理，故其言多趨於名相空虛，甚而全出於廢名。如「吾之大患，在吾有身」及「名與身孰親」等語，皆屬此意。莊子則本乎認識以求大道，故其言多循名責實，審察是非，使人不為物蔽，求知以明。是以言「道隱於小成，言隱於浮華」。雖《齊物論》似劃一是非，除去名實，然不過明示兩端，用中執中，為是不用而寓諸庸耳。方法平易，不入歧途。

　　莊子之政治主張更與老子相遠。老子主革命，主無為，主愚民，主弭兵，故謂「人有土田，汝反有之，此宜有罪，汝反收之」。又：「道常無為而無不為。」又：「古之為治者，非以明民，將以愚之。」又：「佳兵者不祥之物。」莊子則主團結，主機巧，主牖民，主鬪爭，故謂「真者，精誠之至也。不精不誠，不能勤人」。又：「至人之用心如鏡，不將不迎，應而不藏，故能勝物而不傷。」又：「為是不用而寓諸庸，此之謂以明。」又：「此劍一用，匡諸侯，天下服矣。此天子之劍也。」則莊子意在啟牖真人，以全民作基礎；鼓勵時聖，以勇往為圖存。二者相輔為用，以臻致治之極軌，不鳴高而切當實事。

　　莊子之處世則又與老子不同。老子為去私寡欲，柔下知足，而莊子則主存私縱慾，忍苦求全，如謂「先存諸己而後存諸人」。又：「鰲萬物而不為義，澤及萬世而不為仁。」又：「德蕩乎名，知出乎爭。」又：「形莫若就，心莫若和。」又：「我內直而外曲，成而上比。一宅而寓於不得已，則幾矣。」蓋真人不能一蹴而至，舉凡人而推縱之，以至於聖。富貴名利，兼容並收，其亦天生斯民之本意也歟？

　　莊子教人之方法，不但與老子之清靜身心者有所不同，即莊子自己亦顯有不同之二途。一為訓真，一為作聖。訓真之道，為意存逍遙，識理真切，善養性命，屈身和眾。此一方法也。作聖之道，則日以心鬬，有競有爭，弟靡波流，令人莫測。此又一方法也。二者全相矛盾，不能並存，亦猶柏拉圖謂世界有二，一為虛偽世界，一為本體世界，理有由然，不容矯飾。而謨罕麥德左執經，右杖劍，龍蛇相濟，然後事得以成。莊子之本意不難知矣。

　　真聖之義，或須稍辨。莊子之所謂聖人，《中庸》之所謂強者也。如《大宗師》篇用兵之聖人、用刑禮知德之聖人，《應帝王》篇陽子居所稱之聖人，《駢拇》篇以身殉天下之聖人，《馬蹄》篇毀道德之聖人，《胠篋》篇中凡所稱道之聖人，《在宥》篇所應棄絕之聖人，《天地》篇華封人所祝之聖人、季徹所稱之聖人、諄芒所稱之聖人，《外物》篇興事成功之聖人，凡此不一而足。其合於真人之聖人，則亦隨處皆見，亦習用使然，要亦不能相混。揆之今世，則義之慕，德之希，俄之列，土之凱，皆聖人也。莊子之所謂真人，則約同於佛家之佛，孔子所謂之仁者，乃妙合宇宙真理，光照萬有者也。況聖字之意義本無定稱，在《易》謂大而化之，在《書》為睿作聖，絕非如俗人所識，神妙不可方物之謂。世人稱孔子為聖，不知其不當。若使孔子有知，無寧稱其為仁者之為榮譽也。

　　人謂老、莊逃世，此大誤也。人未有果於逃世者也。老、莊天性純厚，熱心濟世，更不忍於逃世者也。不過生不逢時，世君既不足與有為，權相又多自私利，舉世靡靡，非庸碌無知，即奸狡自肆，與其風塵僕僕，徼倖於不可知之利祿，不如談泊自守，優游亦足以樂其天真。陶淵明確屬恬淡為懷，與造物容與者也。固由胸襟闊大，卓犖不凡。然其不為五斗米折腰，不過區區小令，不足與有為耳。若使身居王導、謝安之位，其果能掛冠以去乎？果容其掛冠以去乎？蓋時勢之限人，雖大哲無所施其術。吾故嘗有句云：「陶令高風絕俗埃，東籬松逕自徘徊。當時果在鈞衡位，未必長吟歸去來。」亦此意也。讀莊亦云：「漆園道術果懷真，衣弊鞋穿善守貧。蝴蝶翩翩應自適，興名就利亦何因。」恐莊子亦無以答。

　　讀書須求有益於自身，不然蠹魚紙蛀，亦何足貴。然則讀莊之益何在乎？曰：讀莊不外二義。一識其理，一賞其文。識其理則不為聖人，即為真人。為真人，亦足以輔助聖人。民族不但復興，世人須被我化，儒家之真長即寄於此中。儒家殘害吾民之弊可以盡去，所謂有百益而無一害者也。至莊子之文章，

則真大鵬之怒而飛者，雄拔美麗，不可以方物。時加誦習，可增人壽命，神乎仙乎，盡可於此中求之。青年勉旃。此古人墳墓中一粒衛生丸也，其敬謹求之。

逍遙遊第一

人生不能無情，循情而至於遨遊，遨遊而至於逍遙，則具有人身而享有神趣，舉世間一切福利而空之矣。此人生之究竟為莊子所欣羨者，亦即為群生所盡羨，是以先舉之以啟人心思，廣人神志，逸娛自在，以超出於世物以外，非道術高深、控制宇宙者何能得此？人謂空闊無邊，乃莊子自喻其大且神。不其然哉？不其然哉？

起節只寓意於神而不辨志於理，由文宣氣而不軌範於言。吞吐八荒，囊括今古，無可以形跡相求者矣。

欲言逍遙以遊乎太空，則非渺小之人物所能舉措。物雖龐大，若不能夭矯變化，則動作滯制，無以顯其威靈。且上不及九天，下不及九淵，雖大而神，亦不足極其趣致。於是魚之大不可思議，鳥之大亦不可思議。且由此之不可思議，即時轉化為彼之不可思議，其眩人神志，於起首寥寥數語已極盡千古文章之能事矣。由南冥而即轉入齊諧，妙於文字之不相銜接。由齊諧又折回南冥，妙在於思意之復合前情。野馬塵埃，生物相吹，無端而申入他意。天色至高，急又騰空而下視，正使人恍惚，不明義意之所在矣。遽以水積可負大舟，風積可負大翼之至理入之，以再述大者之所以神，至此又不知所語者為誰何矣。乃述九萬里上，風已在下，背負青天，轉而圖南，方知仍為大鵬，仍赴南冥也。光怪陸離，何處尋其邊際。於是大而神者已畢露其奇，正宜小而蠢者可反映其特。蜩雕微物，以襯鯤鵬。譏誚難辯，以襯娛洽。於是有飛之大者即有飛之小者，有真理即有迷蒙，有真人即有聖人，有君子即有小人，有正直即有邪惡，適意之中即有不適意者在，此即所謂道也。至是由神行而轉入理智。以人謀之深邃斥蜩鳩之淺陋，明斥小人不足以語正解。乃故為駢語，引入歧途，使人莫覺其質。遂更因小年大年而引申之。窮山深谷，唯恐使人不入迷路，然又恐人之真迷也。再言鯤鵬之大，斥鴳之小，識解高者超越群倫，卑鄙無知者溺陷而莫能自拔。淺見者讀之，每覺語意近復，其實前言逍遙之自適，此言大小之區分，用意全不相同。遣詞故取其似，以莊子之奇詭，豈無他語以易此文哉？非起伏操縱，潛越騰躍，不能尋神理而顯光芒也。驚警斷腰，閃展雄奇，韓退之一生為文，全係得力於此。學文者可以觀止，不待他求矣。

海運水擊，皆以言行。垂雲芥舟，皆以狀物。野馬塵埃，取流動之名。朝菌蟪蛄，喻短促之意。扶搖上搏，未言其高。數仞翱翔，亦飛之至。立嘗微妙，曲盡形容。尋味體神，使人失笑。

次節「故夫知效一官」，則由文意而轉入理解矣。全節語意承上文「大小之辨」而自成五段。自「知效一官」至「其自視也，亦若此矣」，述細人行徑，以一知半解，詭遇附時者，不過斥鴳之不足道；小信小義，炫耀鄉愚，以自欣自得者，無非卑陋之行。去大道不啻霄壤。尤其所言「知效一官」，即列名衙署，擬稿提卷之人；「德合一君」，即投身幕府，參贊密勿之人。此等人自視，確覺陵轢不凡。在有道者觀之，乃小而又小者也。自「宋榮子」至「猶有未樹也」，則其人確有物我之區分，是非之辨別，以舉世之榮辱漠然不足以關心，在人世已覺其剛毅不撓，氣吞四海，然行事得於心者未必即合於自然之道。莽、操亦知自主，桀、紂猶能全奸，安石剛愎自用，桓溫遺臭萬年，果皆屬見道之真者乎？自「列子御風」至「猶有所待者也」，則寓言不待依傍、自致福利之人，此等人豪強雄健，遇事敢為，有擔當，有志氣，縱意則恣肆不仁，循情則傾軋不義，自成其功，自利其身，居意肆志，時在享受逸樂之中，然時勢所成，命敗所濟，非毫無企待，真足以自致者也，知者識其機，迷者收其用而已。自「乘天地之正」至「彼且惡乎待哉」，則言真人行事，居常必執於正，天地之大，同為依歸；臨節必達其變，六氣之運，同為輸轉。萬世不惑，千載攸同，何所忮求，何所依傍，何所附麗，何所留戀者哉？至此本意已盡，下文故曰以次，總結前意，而歷舉三種人以作榜樣。至人者，識真理於一端者也。知真則去假，物我皆屬虛相，故無己。神人者，識真理而不為人用者也。無所希冀，不求聲聞，故無功。聖人者，識真理而自用於世者也。籠照一世，不事細微，故無名。三者皆虛言體用，非有所專主，不過暢言偉大人才不拘小節而已。《天下》篇亦有至人、神人、聖人之論，要亦各當其意，泛言引用，無關宏旨也。

此節於逍遙之意雖未明指，然由大小之殊致區別之辨。智識之卑者自視尚覺昂然，而自得之輩益覺並世無兩。道行更高者則御風而行，飄飄無際。其至者乃能以天地為廬，以六氣為息，憂乎蕩乎，以迄於無窮，則將逍遙之意盡寓於言語之中，神情之外。欲求不黏不脫之文字，可於此節味之。

三節堯讓天下於許由，以去虛名，具真識，為逍遙之本根。用二段分釋之。自「堯讓天下」至「不越樽俎而代之矣」，敘許由不務虛名，崇真返樸，不為

物累。莊子以為自己寫照。自「肩吾問」至末，敘問答之詞，而以知識不宜聾瞽為要。先述接輿，言大無當，不近人情，一方為自己佔地步，一方為空闊炫神奇。次述接輿之言，狀神人之貌，示神人之能，荒渺無憑，又返乎大鵬戾天之態。然實敘實寫，彷彿真若有此種人者。《阿彌陀經》所言之極樂世界，恐亦無此幽密。彼言佛之壽命及其人民無量無邊，此言神人肌膚若冰雪，淖約若處子。彼言佛國眾生無有眾苦，此言不食五穀，吸風飲露。彼言七寶池、八功德水，黃金為地，此言乘雲氣，隨飛龍，而遊乎四海之外。彼言佛光明無量，盛眾妙華，此言其神凝，使物不疵癘而年穀熟。皆所謂虛懸勝境，使人作向善之心。此種設論，亦常有益於人智，惟不必謂實有，亦正不必謂全無。佛家之意在依他力進修，以期佛光普照世界；道家之意在吾深練真精，以備金丹化育萬方。此亦佛與道之不同處。要之，吾國先哲已具深思，無待西天跋涉，遠求金身也。但莊子即以狂而不信該之，則今之黃冠玄衣者應知所返。老、莊之糟粕不足以隴斷先賢也。連叔之論，則益有進境。明謂人之形骸有聾瞽，心知亦有聾瞽，若真能見識真理，洞徹物情，則其神志已籠照萬物，形體已屬金剛，不必孜孜以求事功。雖以堯之聰慧，亦不過如越地之章甫而無所用焉。明係寓言，又演為恍惚之語。王陽明為治心之大匠，其答人問神仙，一則曰必謂其有者為欺人，再則曰必謂其無者亦為欺人。可知吾人依乎正道，合乎天理，明見自然之本體，洞知物我之淵源者。真人亦即神人，方可以作逍遙之遊，不為物累矣。

此節文意由上節至人、神人、聖人提起，續作徵驗之詞。堯與許由之問答，既覺堂皇典雅；肩吾與連叔之問答，尤覺奇警，不似吃煙火人語。狀疏神物，則情況逼肖，引喻設譬，則妥闓無倫。

四節惠子謂莊子曰，則一轉前境，忽悟入巧拙之一途。蓋巧拙二字該括事理，統馭神人，無地不依其成敗，無時不倚為樞機。古今成大功者，未有不以巧勝人者也。聖人之用世，須以巧。真人之遊於逍遙，亦須以巧。拙則可以逍遙者，亦不能行其逍遙矣。教人以方法，示人以機變，可以智推，可以形求，莫此為近於事功、便於應物者。惠子有大瓠，反覺無用，掊而棄之。此等拙劣法術，使其深入寶山，亦當空手而回。莊子明謂其都於用，則一語破底矣。於是舉例以證之。洴澼絖者，原屬拙人。偏能為不龜手之藥，而有巧道，所謂能而不巧者。以拙人而有巧道，其不能久保其巧者，理已明甚。果有巧而不能者之客遇之，於是以區區百金，竟得其無價之巨寶，以之說吳王，以之破越兵，

以之致封侯之位，以之致卿相之尊。百金不過毫芒，成功乃比泰嶽。而洴澼絖者，既因失其巨寶，永久屬於無能；又因所獲極微，仍舊流入苦境。此無他，巧拙異也。項王，能而不巧者也；劉邦，巧而不能者也；韓信，能而不巧者也；陳平，巧而不也者也；曹操，巧而不能者也；孔融，能而不巧者也；岳飛，能而不巧者也；秦檜，巧而不能者也；楊繼盛，能而不巧者也；嚴嵩，巧而不能者也；拿破崙，能而不巧者也；訥爾遜，巧而不能者也；威廉第二，能而不巧者也；福巨大將，巧而不能者也。歷古成事者恒以巧，失事者率以拙。雖具萬鈞之力，絕世之才，若無巧以濟之，絕不能自存而全其生。莊子使惠子用大瓠以為大樽，而浮於江湖，化無用為有用，可謂以巧勝人而已。事雖細微，莊子之用意則甚大。欲遊於逍遙，而不明此術，只宜自投羅網，苦擾不堪而已，逍遙云乎哉？

此節文情，莫勝於敘洴澼絖事。既重其特長而先述之，又矜其身世而次述之。既述其願售奇方，又述其遲疑瞻顧。既明示其拙劣無知，又顯見其自作聰慧。及其究也，一貧一富，一得一失，形判天淵，勢處霄壤，極盡反覆縱持之觀矣。蓬謂有所蔽而不明事理，何煩曲解？

五節惠子曰吾有大樹，則仍極言逍遙之遊縱，須有因地制宜、因材施用之妙。惠子之樹，大而無用，焉知非彌衡之大無用於曹操、屈原之大無用於靳尚？世之主取用者，徒以尺寸之繩墨、纖斜之規矩，量取參天之枝幹、篔簹之鴻材，其不適於用而去之不顧也，是亦宜矣。氂牛雖大，不能為狡黠者捕鼠，反不若狸狌之輩，受傀儡於一時，跳樑自樂。究其實，曲從人意，自以為得計者，結果復中於機辟，又果誰為憐惜者？世之狸狌，原不在少，固可得志於一時。兔死狗烹，又焉能逃於黠者之手？莊子告以大樹須植於廣莫之野，無何有之鄉，使人得其地，才處其宜，然後翱翔於其旁，徬徨乎無為，寢臥於其下，逍遙乎自得，志行摩天，才情騫地，終不為麼麼小丑，妄肆忌害，雖偃仰不用於世，自亦飄飄乎適意，安有困苦者哉？仍興起節鯤鵬須遊於南北冥者，同一志趣。有遠志者，曷興乎來？

此節雖另作機構，借意發抒，然總束前文，起結叫應，筆力之卷舒有方，最足以見雄渾之勢。自「今子有大樹，患其無用」至「安所困苦哉」五十四字須作一句讀，方足見其神情，了其文意。長句須有真氣，乃可使文字貫穿。莊子作者，固有神力。吾輩讀之，亦須挺胸豎脊，昂首舉吭，方合口吻而悟其心思也。

齊物論第二

物果有大小乎？比較之斯有，不比較之則無。又比較之標準不同，斯大小之區分有異。然比較之範圍，即限制之起始，亦蒙蔽之開端。人若一經道破，又孰肯永受其禁錮者乎？故知世間有是非乎？有智愚乎？有壽夭乎？有賢不肖乎？有如此云云、如彼云云者乎？胥皆所謂無明之妄覺者蔽之，顛倒眾生，聾瞽智慧，彼造物者亦惡作劇哉？然群犬攫食，強者得之；群強爭餌，黠者獲之。得之獲之者，則樂且康；失之遺之者，則餓且殃。康樂之至，熙熙以聚；殃餓之至，奄奄以斃。天之處人，欲其生乎？欲其死乎？人之自處，宜其生乎？宜其死乎？是皆不待辨而有以知之矣。《齊物論》不誠妄作乎哉？況莊子辨多而情激，不能真忘是非，自昔已有定論，有所激而云然，尚何有理解之足云？雖然，原子球與太陽並存，綁票者與牧師同座。世間若更有大小善惡之殊，無乃太作把戲，以欺我愚憨？莫若求真者澄徹乃心，貪生者爭逐蜣轉，不可以彼易此矣。

首節南郭子綦為一篇之總冒。欲辨是非，先須覺悟，故一起即敘子綦解脫形骸，深入妙覺之狀態。子游一問，更足以領導心機，開啟智竅。老子所謂形如槁木，心如死灰，確為見道之始基。不如此，絕不能瞭解世間物我真相。形骸既釋，方不為環境所拘牽；一念不起，方不為物態所覆蔽。此略有身心涵養者皆能知之，非必謂主靜工夫不足為入聖之門徑也。由隱几者之肉身似有今昔之不同，遂有子綦「吾喪我」之妙語。吾與我原無區分，惟此之所謂吾乃指精靈，此之所謂我乃指肉體。喪字尤妙。謂為離開，則嫌有心；謂為失卻，則嫌盲惑。喪者，有意無意之間，遺置於無何有之地者也。擴而充之，則佛之解脫，孔之中和，孟子之存其放心，王陽明之致其良知，西哲唯心論所主澄徹，皆屬此境。此境既得，不主於觀而主於聞，不主於目而主於耳，不主於光相而主於聲音。以為自然界與我身接觸，藉端認識之出發點，此亦言理者之別開生面，有類於觀世音之妙稱。於是人籟為歌嘯言語，不必詳說，已可得其彷彿；地籟與天籟則純出於自然，無所與乎人事。欲明物我之相關、精神與肉體之銜接者，恰可於此著手。聲之生成者為物體，聲之認識者為耳官。聲之生成者為物體之振動，聲之認識者為耳官之感覺。聲出於物而得於人，聲出於彼而得於此，去其一方，只餘一方，尚有所謂聲者乎？可知音之生成，一而二，二而一。一而二，心與相也。二而一，聲而已。惟地籟為眾竅，原意已明；天籟為風吹，原意頗晦。按之近日物理學，則天籟為能力，地籟為物體。由天籟之能觸於物質

之體，則可使其振動而發為聲音，然後由人之感覺以成其音之現象。此節只言心物之交映，未著事物之等觀。故於音響之不同，無非物體振動之或異者，尚未詳指。其實聲音之大小鉅細，已可以等量齊觀矣。至所言發聲之理，則全與近日音學物理吻合。風為動能，前已略述，而物體形狀不同，發音各異，則以鼻以耳喻開管物體之成聲，以口以枡〔註26〕喻閉管物體之作響，以圈以臼喻音波環進之形，以窪以污喻音波返射之意，激者謞者謂振動數多則音高，叱者吸者謂振動數少則音低，叫者嚎者謂物體重大，振幅寬廣，音調雄偉，宎者咬者謂振狀不同，音色相合。前者唱於為低音部之一音，隨者唱喁則為高音部之倍音。振數加多，亦能和協，故下言「泠〔註27〕風則小和，飄風則大和」。莊子於音理確屬明晰〔註28〕無遺。蓋我國於四千年前，黃帝、伶倫所造之音律，久有精密之計算，與今日西國樂律全相符合。史遷律書之律數，人人盡知，戰國人士未有不習用者。故莊子言之，更能親切也。子綦末謂「吹萬不同」，即謂用力之不同，以得振數之不同，使其自己。「咸其自取」，謂力盡則音歇。音之久暫，由物體形狀各異，雖受同一外力，成音亦不相同也。「怒者其誰耶」，謂使之鳴者果誰乎？不過一種能力而已，不過一種天籟而已。謂萬響同源，不其然乎？

此節文情最屬雄渾。《齊物論》詳究深妙之哲理，本已極難著筆，而籠照大篇廣漠之空論，不亦難而又難乎！況開端取相於聲音，聲音本止數理，以文馭之，尤屬不易。於是既狀其形，又狀其韻。既寫其單音之區分，又描其和聲之狀態。果能將繪影繪形之文字窮姘極態，恣肆以出之。自「大塊噫氣」至「而獨不見之調調之刁刁乎」，何等氣勢，何等魄力！

二節大知閒閒，將人身肉體所能舉措而顯有差別者詳陳縷述，而以真君為唯一主宰。真君得全，則雖死猶生。真君喪失，雖生猶死。先言知識有淺深，為一切行為之初機；次論言語有精粗，寐覺有昏悟，交接中有各等人品，恐懼時有各等神情，都由之隨時發洩，呈光怪陸離之象。然情之所之，發為心聲，語言一出，著物最甚，迅速若機括，拗執若誓詛。務求勝人，雖春溫亦如秋殺；久假不歸，雖平淺亦若淵沉。緘密層層，老而彌惑；死氣奄奄，莫或昭蘇。由語言而生出是非，由是非而蔽人正覺，果孰能拔出沉淪而止其所當止乎？喜怒

〔註26〕 「枡」，《莊子》原作「枅」。
〔註27〕 「泠」，底本誤作「冷」。
〔註28〕 「晰」，原作「晳」，據勘誤表改。

而因應無窮，其原仍屬以明燭物，不蔽於私也。此為第四層。　自起首至此，由言語之是非、道理之真偽至物我之分歧、彼此之乖忤，反覆申辯，凱切詳明。兩以「莫若以明」收束之，示人以本根，告人以正道，諄諄之意深矣。下文又由喻設譬，正名辨惑，以中庸為理，以兩行為道，成虧無有定形，智愚無有準則，因文生情，因情生意。　自「以指喻指」至「無物不可」，言規定之標準不同，則論斷之是非不能不異。立名非道，茫亂滋深。譬如另立名稱，指墨為白，則以黑喻黑之為白，不若以白喻黑之為白也。今若指白為墨，則以白喻白之為黑，不若以黑喻白之為黑也。指天為地，則應以地呼天；指地為天，則應以天呼地。萬物之名稱，何莫非為人所指定者哉！今既名稱普遍，一體遵用矣，則人皆以為是者，是之可也；人皆以為非者，非之可也，人皆為可者，可之可也；人皆以不可者，不可之可也。道路非天地間原有，人行之而成，有道路矣。吾名之為道路，由行之可也。天地萬物，非宇宙所定名，人名之而得有天地萬物矣。吾稱之為天地萬物，應因之可也。然與不然，可與不可，皆隨人為是非。達者以心求，昧者以名執，是在人所取捨而已。此為第五層。　自「故為是舉莛與楹」至「為是不用而寓諸庸」，言世事顯分為兩端，其實皆通於一。例如芥莛與屋柱，大小雖殊，同為木幹，用木質纖維者取之，毫無分別；癩人與西施，美醜雖殊，同為人體，驗人身組織者用之，並無二致；寬大與奇變，嬌詐與妖異，行性雖分，動作則一，在研求哲學及考察心理作用者觀之，則竟無輊軒。道之可通為一者，諸如此類，不勝枚舉。動物之腐朽敗壞，顯為分離，同時植物用作肥料，滋養而成化合；穀粒米粉，吞食消化，顯係損除，即時動物用作榮養，補益以資填充。此毀彼成，此成彼毀。世間萬物無一息不在變化演進之中，究謂何者為成，何者為毀，恐至人亦無由區分。實則物質無成無毀，不生不滅，永具定量，不爽毫釐。智者識之，故萬事不著私見，而本乎平常之理，以現在成者漫謂之成，現在毀者漫謂之毀，不凝滯於物而與世推移可耳。此為第六層。　自「庸也者用也」至「是之謂兩行」，言平常之理足資實用，實用不滯，即為達理。通達不惑，則物我得所，處事各有其宜，循天已盡其道，遇事順成，應物無跡。謂非有道之君子，得乎？農勤其稼穡，以生穀物，道也。商通其有無，以利資財，道也。政客時其操縱，以獲名利，道也。盜匪強其擄掠，以取罪惡，道也。不此之知，而勞精神，費氣力，孜孜考求，而不知世間萬象，善惡貞淫，同屬一道，則與無識之猿猴何異？故巧於處世之聖人，於是非不求其真而求其和，剛則不茹，柔則不吐，可行則行，不可行則

嘗言之」至「其果無謂乎」，言事端皆本於虛無，虛無原存於漂渺。有謂言語為實有，有謂言語為實無，有謂言語有無之端，原自虛渺，有謂見端虛渺之論，全屬無存。今忽謂有，今忽謂無，不知有無之見果孰為正。今人世顯有言語，紛紛擾擾於其間，然究得為語言乎？究不得為語言乎？有聽取之價值乎？無聽取之價值乎？此為第二意。　自「天下莫大於秋毫之末」至「無適焉，因是已」，莊子更忍耐不得，將絕項之見完全洩出。秋毫之末亦屬若干化學原子集合構成。一原子之大已與太陽系全相一致。泰山不過渺小地球之一體，安得不謂小乎？殤子經過若干日時分秒，將時間之經過完全表現。彭祖不過在無量時間經行最小之一部，安得不謂夭乎？天地由星雲分結而成，旋轉吸斥，生生不已。人身精神與肉體滋殖腐化，亦生生不已，故「天地與我並生」。人體由數十原質組成，萬物亦由數十原質組成，土壤可轉化入於我身，空氣可吸收合於吾體，電波相感，萬里同遊，一體之微，無非相繫。我身與太陽系、恒星界無時不痛癢相關，休戚與共者也，故「萬物與我為一」。豈淺人以海陸為相遠、以友朋為政敵者所能夢見者哉？莊子於此，又恐發洩大盡，急以語勢緩之。謂既以萬物為一，尚有何言語是非之端；又既謂萬物為一，已自有言語是非之端。可見道之為物，惟恍惟惚，知其一，發為言，則有兩事，有二名，與一道豈非三數乎？依此推演，四五以至於萬千，數之演進將莫能究詰矣。言語原出於虛無，竟可推遞至於三數。若一將機心擴化，則無法窮究數目之紛繁，故不如除卻機心，一任自然之理，大小壽夭之見付諸齊量等觀，全吾身之偉大，其胸襟為何如乎？此段莊子所發名論，在我國思想界可謂絕無僅有。儒家之著於有，固見其小；老子之著於無，亦見其玄；佛家之執於空，益增其虛渺無憑而不當實際。惟莊子則因無而見有，因有以返無，因實而得空，因空而合實，執於思想途徑，參同科學方法，百世以俟聖人而不惑，非身存宇宙、意合八表者何能得此？莊子窮極思維，惟近人羅素、恩斯登之數理可資參照。何自古紛紛，尚於此有文字上之聚訟，不亦甚可怪乎？此段闡發至理而詳究言語是非，自無而有，自有而紛。此為第三意。　自「道未始有封」至「此之謂八德」，又因大道推至俗情，道原該備，無有封界，言因彼此，輒致糾紛，於是有左右偏袒，有議論短長，有分辯曲直，有競爭是非。生於其心，害於其政；發於其政，害於其事。世間若無此等糾紛，則人事亦無從演進。世間若只有此等糾紛，則人類亦徒見苦惱。樂利生於煩悶，至聖出於競爭。達爾文天演之論雖為儒者所譏，然適者生存，亦難逃乎公例，性知道者善處之，弊害與利益亦常均

也。此為第四意。 自「六合之外」至「有不見也」，言世理不易瞭解之處正多。強不知以為知，與不知何以異？「六合之外，聖人存而不論」，與今日百萬光年以外之星雲，不能辨其為何物者正同。「六合之內，聖人論而不議」，與今世恒星界內，質能之伸縮，以太之有無，無從確定者無異。「《春秋》經世先王之志，聖人議而不辯」，與今世太陽系內周轉吸拒，不拘定軌，太陽之光熱能，太陰之見一面，無由解釋者亦無以異。分別是非，辯論曲直，已屬無聊。盲者尚作無謂之爭論，以相誇耀，只見其不知量也。此為第五意。 自「大道不稱」至「圓而幾向方矣」，見真偽之分確有形跡，有無之道不盡虛懸。大道無可稱謂，天心亦可默悟；大辯無所言論，不言之教益深；大仁不事煦煦，春生秋殺；大廉不在謙遜，實至名歸；大勇不事殘害，爵人於朝，刑人於市，且非若此，不足以合其名義，盡其範圍。五者本極圓通之道，若一尋其跡相，亦似各有規格。類乎梭角方峻，不相轉變，求之以形，悟之以理，是在大智。此為第六意。 「故知止其不知」以下，總言知識本無盡藏，理明辭達、應物無窮者即屬於深知極學，天府所以厚蘊，葆光所以盡明，由一理以概萬相，由萬相復合為一理，非真人其孰能之？大哲之本態若此，夫豈可以似是而非者擾之乎？此為第七意，以結全文。

莊子之哲理，於此節已見其大體，妙合自然，洞知本旨，語足驚世，意可傳神。示人以真知，而不離世法；教人以大道，而明示跡形。詞采高華，言無遺蘊。

總上四節，釋理辨惑，卻蔽存真，無異老子之五千言、佛說之《華嚴經》，轉迷啟悟，已足以昭示凡民矣。然白描素寫，恐人之不能領解也。以下廣徵先言，設喻證解，震聾發瞶，使中人以下之資盡得循文求義。快哉！快哉！

五節昔者堯問於舜，借堯與王倪之事，示見道之淺深，心境因以不同。第一段由堯之問啟舜之答，堯因並人家國，利己之念存於心，於是進退無據，和戰皆非。戰而敗，固覺有失事之憂；戰而勝，亦究有內疚之念。其遲疑瞻顧，永墜煩惱之境者，宜矣。舜知識解之高者能釋睚眥之怨，行事之盛者能容淺薄之人。十日並出，雖屬寓言；群雄並爭，亦係實事。生當怪傑紛擾之秋，惟德量超人者方足以容眾。人無真知灼見，雖氣吞四海，不能娛乎一心。萬物並育而不相害、道並行而不相背者，惟真人能之，豈庸夫俗子所能望見者哉？德法永相傾軋，義亞妄生事端，群相誇耀勝利，識者已知世界永無寧日矣。 第二段齧缺、王倪之問答，亦證真識之難求。齧缺之第一問屬於唯物，第二問屬於

唯心。第一問在求萬物所同是，意謂萬物之組成同具何種物質，萬物之動止同由何種能力，此在今日，以化學原質及物理法則解釋之，了無難義，惟當時所發見者有限，而王倪又意旨不在瑣屑，故徑以不知答之。第二問在求心境之澄徹，照人照己，六通咸具，此在簸弄心智者皆能得之，王倪意旨不在小術，故徑以不知答之。王倪遂又解釋知與不知之真義，淺見者所謂知，非真知也；淺見者所謂不知，或亦真知也。蘋果墜地，人皆視為當然，牛頓疑之。善則得福，惡則得禍，愚者知之，而黠者反縱情害理，自尋煩惱。世間矛盾之象，誠不一而足矣。且彼我之見存於中，斯是非之辨惑於外。人處濕地則病，魚居水中方生。人據樹木則眴，猿登枝幹方安。若以人處陸地為生活之準則，則魚猿皆為變態，而非生存之正則矣。世理果如此乎？人食穀肉，鹿食乾草，蝍蛆喜蛇，鴟梟喜鼠。若必以人食為正，則他種動物皆不得為食味之正。世理果如此乎？猵狙與雌猿為配，麋與鹿為偶，鰌與魚同遊。毛嬙、麗姬，世人皆以為美，而禽獸見之則遠颺。若以人之視色為正，則禽獸當不得為匹偶之正。世理又果如此乎？身之於處，口之於味，目之於色，各因物性之不同，即有取捨之或異，何可漫然視為一例而妄參以是非之端乎？仁義之道，非不端然正事，然竊國諸侯，仁義並存。是非之理，本屬顯然明白。然物慾蒙蔽，妄為區分。與其辯而愈淆，真不如茫然不識，免卻許多煩惱，豈不省事？齧缺因王倪置得失生死於不顧，以為不知利害，盲於趨就，王倪於是不得不以斬釘截鐵之詞說明至人之行徑。楊國忠炎手可熱，不得謂不勢利矣，李太白不受其熔融也。魏忠賢提舉東廠，不可謂不嚴烈矣，左光斗未受其冰凍也。劉瑾叱吒一世，追捕緝害，亦雷破山、風振海矣，王陽明穩處龍場，不受其驚也。人通至理，即金剛、舍利，豈水火刀兵所能揭傷？況至理在人，飄飄出世。陶淵明怡情松菊，林和靖寄趣鶴梅，身處寰宇之中，志超六合之外，軀體之存否尚可不計，況利害之端乎！

　　此節情文並茂，智愚通曉。舜之告堯，欲恢宏其器量。王倪之告齧缺，欲顯示以真知。身之正處，口之正味，目之正色，舉例優美，含意高厚。後段則縱情言之，神乎其神，非故為炫人，亦實況耳。愚人其勿驚。

　　六節瞿鵲問於長梧，發揮真人，具有卓見。屏絕妄作，可稱之為真人五不主義。而五不之中，尤以前後兩不為最要。瞿鵲之問，即全節之綱領。因聞生疑，以啟長梧之答，疏通解釋，詮五不之實義而已。瞿鵲之問，先言「不從事於務」，後言「遊乎塵垢之外」。長梧之答，則先解「遊乎塵垢之外」，後言「不從事於務」。逆其跡而反證之，亦文章語氣之機變也。　自「旁日月」至「不

知歸者耶」，言真人以天地為體，忘乎貴賤，愍乎智愚，溶合古今，該洽萬有，除卻生死，悉統於純一之道，非遊乎塵垢之外者，烏能得之？　自「麗之姬」至「旦暮遇之也」，則解「不就利，不違害，不喜求」之三義。麗姬始泣終懌，乃「不違害」之例。死者悔生，乃「不就利」之例。夢覺互惑，無事貪取，此「不喜求」之例。夢境有淺深，世人皆墜入其中而不自知。弔詭之極，大聖莫解。人世之可悲，莫此為甚矣。大覺大夢，尤為警省。釋迦，大覺也；秦始皇，大夢也。嚴子陵，大覺也；隋煬帝，大夢也。陸徵祥，大覺也；袁世凱，大夢也。　自「既使我與若辯矣」至「而待彼也耶」，則解「不緣道」之義。是非彼此皆莫得其正，以我之不正正人之不正，愈正愈惑，愈求知而反不得真知。道在悟，而不在求。道在虛空，而不在實際。道在全體，而不在一枝。道在獨得，而不在講授也。　自「化聲之相待」以下，解「不從事於務」。因言語是非互相對待，任其自然，反得正理，與天為從違，任自然之變化，不矯揉造作，不牽強拘泥，則道以綏和，遐昌壽考，樂其天年，以應無窮。所謂與天為從違者，謂是非然否，勿以不正之辯混淆之。與其漫加可否，何若不辯之為得？忘年之壽夭，忘義之判別，不孜孜於逐物，即渾渾於天真，理暢於無窮，斯意寄於無窮矣。何必從事於細務，以舍本逐末哉？

　　此節由瞿鵲之問，似未肯相信為真，由長梧疏解，更皆為正本之論。文章格調，又是一變。解析剖辯，不就問以作答；倒轉情文，偏出奇以制勝。其間大覺大夢之言，正闇無辯之論。立意奇特，千古不易。　長梧名丘，原屬正義。丘與汝也，明係晤對吾與汝意，何待辯解。瞿鵲所謂聞諸夫子，夫子蓋指老子。《道德經》：「清靜為天下正」，「不從事於務」也；「道可道，非常道」，「不緣道」也。其餘例不勝舉。此五不主義，即係老子主義。謂夫子為孔子，豈非奇謬？且「不從事於務」，豈類孔子所作之言乎？

　　七節罔兩問景，就光相之奇詭辯物理之難知。景本隨形，不能自立。形又有主，亦待周張。主宰之於附從，即同真理之於萬物，已不能以外象驗其是非，定其然否。況景所待之形皆須不透光線。若蛇蚹蜩翼，質薄而透光輝，則景安能待之以成形活動哉？毛嬙、麗姬，非禽獸之偶；朝三暮四，乃猿狙之思。非所附屬，不能強為判別是非，論定然否。況一為深究，則蛇蚹蜩翼，實物皆能透光；罔兩與景，無端而不見物。揆之通則，皆似反物之常。光之為物，奇特不可究詰，何由知其所以然？何由知其所以不然者乎？按：光之為物，原極難明。我國先民於光之認識尤覺薄弱。西國自牛頓創光之微粒說，海根斯創光之

波動說，皆覺有所未盡。自西曆一九一九年十一月六日，英國皇家學會討論日蝕觀測團之報告，謂光線經過太陽附近，因受吸力，即不能一直進行。然後知光與物質原屬同源，為電磁波之一種，今日方能知光之究竟。所謂光線直行，遇物成影，本係舊說。在二千年前之莊子，何能解得此理？謂為物理難明，不能妄參人意，原自有其義意，不必作無謂之非難也。

此節文意，本屬極有條理，極有本能。景之無所主張，由罔兩口中道出；景之有所依待，由景自己口中說出。且強詞奪理，頗有令人難於捉摸之處，豈非極行文之妙用者乎？ 罔兩，今人謂之半影。景即本影。故今日物理學上應將半影之名易為罔兩，免遺西人以名詞不足之誚。且罔兩之意，即非明非暗，於意適當。

八節莊周夢為蝴蝶，則莊子之辯物，意已盡矣，語已窮矣。忽然峰迴路轉，豁然開朗。由物及於身，由醒至於夢。周與蝴蝶，不知其為二為一；夢與醒覺，不知其是假是真。夢亦覺也，覺亦夢也；蝴蝶亦周也，周亦蝴蝶也。則欲其適志栩栩，不妨常作夢境；欲其失意蓬蓬，不妨常作醒時。夢境反有快樂，人事鬼祟之常也；醒覺多所煩惱，世態崎嶇之本也。是非云乎哉？得失云乎哉？冷眼不堪觀熱場，無心難遇有心人。牛頷、恩斯登以形與數見世理之真者也，莊子以精靈而得世理之真者也，謂非神人，其可得乎？至文情之奇妙，更何可言乎？亦何必言乎？

統觀《齊物論》一篇，將言語、是非、彼此、可否、壽夭、得失、智愚、取捨、大小、善惡、美丑、勝敗、有無、仁暴、勇怯、貪廉、始終、因果、動止、語默、通塞、真偽、夢覺、明昧、成毀、邪正、等等，無不纖晰剖辯，使人之智慧得以實際發展。名為齊物，實是分物；名為等觀，實是解辨。語人唯恐不詳，說理唯恐不盡。莊子之用心，仁矣至矣。儒者只有君子小人之分，佛家只有空虛法相之論，皆所謂擇焉不精，語焉不詳，不及此篇遠甚。所謂《南華真經》，確係由此篇得名。青年士子於娛樂場中歸來，展卷謙誦，則開導身心，裨益智慧，當不在少。

養生主第三

人生於世，全賴肉體以為活動，無論宇宙之道，無論人事之微，非經肉體應付，無從解說。質言之，即身外無道，身外無事，捨身無由論道，捨身無由論事，則宇宙之主體不為人身乎哉？然成仁者殺身，取義者捨身，剛毅者殆

身，濟人者殉身，既失於天道，困於一得之見，而區區者縱飲食以養身，狡黠者貪嗜欲以快身，豪強者廣劫取以暢適其身，很毒者恣生殺以尊大其身，是又昧於養生之為用，而過於私視其身者也。生於今世，養生之道尤非易易。白色帝國者，殺生以益資本家；赤色帝國者，殺生以供主義者。舉世芸芸，為機械以任犧牲者，十有八九；己意以為生活者，百無二三。政治之殺生也已如此。學藝術者必舉數國文字，研實用者必通理化數形，天文必兼地理，正德更須厚生。資質穎悟者或可有成，賦性平庸者毫無所就，學術殺生也又如彼。方且號於眾曰：推進文明也，增加幸福也。其結果，非野蠻之相殺，即無謂之互傾。且於肉體一身所認知者，只賴解剖，不察運用。其是否合於生命之道，未必全屬相符。所以醫療診察，仍未免殘賊骨肉。莊子以生生之本，厥由人天同在，物我共存，深識玄機，方著名論。

　　首節吾生也有涯，為一篇綱領。言人生之精力有限，而因應之事務無窮，不可以力之不逮者而強舉之，以自殘生命。若已知力有不逮，而猶強舉之，即明知故犯，危險更甚。況世間善惡果報，不在當時；功名利祿，亦有運數。不盡由一身努力，即可遂吾志願。莫若緣督順氣，調養身心，既得全生之理，又可養親盡年。天道之真，莫逾於此，誠渡世之寶筏也。然處生存競爭時代，恐順應天道之言似屬自甘頹墮，況天行強健，人事亦未必不應勉苦奮求。此在有守有為之士更宜奉為規箴，不可以性理而廢實事。蓋莊子所言，在矯無謂之貪求。壯志前程，乃屬人生之正事，原屬並行不背之理，尤有相得益彰之功。此篇言養生，即明示根本；後篇言作聖，再顯言作用。何能以詞害意乎？太史公談《論六家要指》已深切著明，長短各不相掩，利弊胥有攸宜，形神騷動，不能與天地長久，意已盡矣。吾嘗謂學生至大學，課外兼宜講求凝神澄慮之法，不必日事枯坐，惟有時宜徹覺身世。顏元謂主靜非入聖之門，蓋見其弊，忘其益也。緣督為經，道家視為秘傳，其實亦平淡易行，無何玄妙。蓋心為性根，腎為命本，明心見性，保腎持精，即為性命雙修之本，然後煉精化氣，煉氣化神，煉神還虛，金丹可得，長生可求。況任脈在前，督脈在後，有其位置，無其跡形，澄徹心志，則精氣活動，兩脈周行，漸成河車之象。丹成神得，脫殼離形，皆可致至。左慈變易形貌，王陽明遠知他事，無非此術。惟左慈究有何益於人生，陽明斥簸弄精神為小術，則吾人不必廣求妖法，可以無待詳言矣。況若不得真師，誤入旁門左道，求明反惑，欲得先失，危險殊甚。惟鹿運尾閭，能運督脈；龜納鼻息，能通任脈；籌至千年，不為形弊。物尤如此，人為萬物

之靈，天年更可長久，莊子豈欺人者哉？

　　此節精悍峻屬，全合文章起承轉合之法。首二句為領起，次二句為承接，又次三句為轉折，後四句為複合。文雖不滿六十字，而章法完密，氣機充足，無有逾於此者。

　　二節以下無非喻言，以詮釋前義。庖丁解牛，則由無厚有間之道，言以小制大之功。勞寡而獲多，力省而功巨，不以有涯隨無涯，而以靈犀制毒海。治事應以巧，養生亦須以巧也。

　　此節只極意摹寫庖丁之技術，以映襯本意，與前篇多辯理解者迥[註29]異。蓋前篇意在辨惑，非詳盡理智不足以啟發愚蒙。此篇義意單純，無須解剖事項，烘雲托月，染水成舟，實事說明，真理自見也。

　　三節公文軒見右師，因右師天生一足，形得於天，而神全其用。雖具一足，然與他人之兩足全無區分，只外貌有所不同，而實已無與乎神志，望而得其為全人也。公文軒初見右師而驚，繼察神情而得。兩「曰」字，皆公文軒之言，始疑而終悟也。可見人之生存，端賴神理。神全者雖殘傷肢體，亦可順其天年。神虧者雖四體畢存，亦難資乎久持。而欲全神之道，非由識理求真，安能得乎？又按：初生幼兒，四肢拘攣，偃仰舞蹈，愈見其天然秀美，神暢形舒。若使四五十歲人忽作此態，其不使人厭惡者幾希。此無他，因神全即得形適也。孟子謂大人不失赤子之心，則神旺而心靈俱足，必得成為至人。

　　此節寫公文軒自言自語，忽驚忽悟，未得其理，疑訝叢生；既識其端，蒙昧自釋。傳神妙筆也。

　　四節澤雉，即言萬物皆生於自然，絕不應勉強拘繫。今人乘汽車，居洋樓，食大餐，冰香脂，宣其豐澤肥碩，遐享高年，然結果顏容枯槁，面貌猙獰，笑作哭聲，舞同鬼狀，鑿喪既深，年齡亦促，反不如曝背老農含真抱璞，優游逸樂，骨相天然。何今人之不自返也乃爾！

　　形容澤雉二語，可抵萬千。凡親見澤雉之生活者，皆知二語之絕妙。「神雖王，不善也」，六字可抵一篇《書古戰場文》。

　　五節老聃死，此由人之養生兼及人之養死，人只知生時應當全養其天，不知死時亦當善處其順。佛法謂人之生也，係一時之應身，而生命之流原無窮極，死者人之形魄神固常存，未有止境者也。生又何可喜，死又何可悲。果能盡天循理，自能永生不朽。秦失初弔，尚具俗情，覩景見狀，倏然頓悟。老聃之至

〔註29〕「迥」，底本誤作「廻」。

德不能洩此玄機，非秦失之聰慧不能得此正覺。遁天之刑，不為物遷，悠然懸解，冥情任運，所以養生者顧不大哉？

此節「三號而出」故作驚人之筆，漸及問答，深釋天機，使人瞭解真凡之分、神俗之別，可笑亦復可哭。至其立言超妙，永世可以不朽。

六節「指窮於為薪」，仍由上節養生兼宜養死之理，別尋機杼。火，人之命也；薪，人之生也。火，人之神也；薪，人之魄也。薪盡火傳，生絕命續，神靈永住，輾轉輪迴。萬卷佛經不及此深文十三字。莊子不應馨香供奉，朝夕虔禮也哉？　至文理高騫，風骨陵峻，只宜神會，不宜言傳。吾友吳海珊注《莊子》，謂「指」應作「脂」，亦超。

人間世第四

人應出世乎？熙來攘往，互助互求。盲謂出世，烏乎可？人應入世乎？陷溺其心，拘執其身。漫言入世，更烏乎可？然則究何以自處乎？曰：身在人間，心出世間，相資相取，以成其生生之義云耳。心出世間，則不為物蔽，殘賊相害之機可以去。身在人間，則不事空論，虛渺無憑之想可以除。高談闊論，出世之理不難知；身體力行，入世之道殊難盡。暴君損友，污世穢行，無時不然，觸目盡是。真人處之，暴君化為恩上，損友翻變良朋，污世立成淨土，穢行全作善良。神乎神乎，何其旋乾轉坤之能力大而且鉅也。若此，蓋人間世不能脫離者也，不能遠避者也。不能脫離，不能遠避，則只有因機利導，以盡吾之分而已。人間世乎，人間世乎，天下多少是非皆由汝以行，莊子所以寄慨者也。

首節顏回見仲尼，先就顏回之行險徼倖，仲尼因其爭名奪利，逆知其必敗為起段。顏回見衛君之殘暴，國勢之危亡，正可乘機取勢，全吾名利。王猛之避晉就秦，武侯之去魏相蜀，何莫非志士之獨行卓見以自立其名節者？但符堅、劉備究勝衛君，任賢無疑，得行吾志，方足以有為，而不致駕馬貶駕。若子胥之相夫差，李斯之諂二世，則冰炭不能相容，勉強欲遂利祿，豈有不身敢名裂、自遺伊戚者哉？仲尼謂「道不欲雜」，此為千古立身者之格言。世之成大事者，只宜於先事審擇絕大之目標，規定趨向。目標既定，則出全力以赴之。小仁小義尚有不待瞻顧，其他更不足以極擾吾行徑，夫而後可以有成。故古之至人皆先將自己身心修養健全，而後改正他人之行徑。己身未能識理真切，何可與殘暴之人共處，強行規正，以自取敗亡哉？惟此處別有深意，即孔子見回有心徼利，冒險入衛，先作精神上之犧牲，冀得未來之名利。孔子不得不因勢

利導，謂古之聰明人，凡事皆先求自身之利益，然後謀他人之利益。未有先犧牲自己，而盡為他人謀利益者。自己尚無所得，何暇為殘暴之人出此大力？則義與下文聯接，無牽強附會之痕。況人間世即人間事，可耳，何必解作身心修養、成立道行也哉？下文又謂虛標聲名，即為道德；競爭攘奪，即見聰明。德行皆賴乎虛聲，智慧茁長於奮鬥，故聲名所在，互相傾軋。聰明所使，掠奪競爭，二者本屬兇器，皆人生互相殘賊之具，原非合於天然之道，安能由此以盡道義之行乎？又德信厚矼，皆硜硜小人，迂腐不達事理之輩。令聞佳譽，不能剽竊掠取，亦昧乎世途險惡之人。不此之求，而強假仁義繩墨之偽言，聒述於暴人之前，以希圖取利，不知暴人雖無行，亦皆明達事理者也，烏肯聽從虛情假意之言，反以美名讓人，自取罪咎？世事絕無此理。況以暴易暴，本無輕軒。顏回掠取美名，他人甘當罪惡，衛君雖愚，亦不至出此。故此等矯偽食功之輩，只好名之為禍害。加人以禍害者，人必以禍害反加之。顏回或將為他人所陷害，未可知也。且衛君若真能愛惜賢德之人，而痛恨不肖之輩，則衛國未嘗無人，何必須求顏回，謂有以異於眾人。若顏回無特異本能高出衛國賢才以上，則衛國達官貴人必將乘汝之不濟而鬥其捷辯，投井下石，目譏笑而色揶揄，口是非而容踐踏，設心變計，以成汝之罪惡。盲人騎瞎馬，鼠竊遇狗偷，罪惡重重，冤孽相報，陷入十八層地獄，尚未盡底止。此時顏回若因不能信賴，更作重厚之言，則必致慘被誅戮，身首不保。昔者關龍逢、王子比干皆妄求名利，自身假冒仁義之名，以罪惡加於桀、紂之身，儼然修身立德，以挾制他人，終致以下犯上，以臣觸君。桀、紂亦狡黠之尤，即以其人之矛還刺其人之盾。汝以惡來，我以惡往，殺之誅之，以取快意。是皆龍比貪名攘利之過，咎又誰尤？叢枝、胥敖、有扈，忘其撮爾小國，貪利妄求，不知冒犯堯、禹，身為刑戮，國為虛厲。求名求利、徼倖邀功者，結果多係如此。蓋名利兩事，全智全能之聖人有時未敢必其秉獲，況顏回小作聰慧，未諳事故者乎！此段孔子為假仁義以貪取名利者痛下針砭，可謂透徹之至。非莊子不能闡明此義。　次段藉顏回所自恃者再為解辯，以迄於詞窮意盡為止。顏回之意謂暴君所厭惡者，不過跋扈囂張，吾若偽為柔順，必可結人之歡心，然後徐圖，從中取利。近日北平人所盛稱道縮奸壞之法者即是。（縮讀如松，陽平聲。）仲尼知其更不能勝於暴人之手，只是自取危亡。蓋強暴之人原自有主意，陽剛之態不肯下人，采色不定，容貌亦不肯以假人。常人惴惴，莫敢攖其逆鱗，遇人箴規，必設法挫折之，以自快心志。若只以柔順求容，不過徒供暴人之奚落。日常生活且不能使之順入

軌道，何能使暴人入於發憤圖強之大德乎？僅執柔順之道，雖無大咎，亦不過
貌與周旋，心中實視若無覩，其焉能取得功名利祿？顏回故又改變其計劃，謂
內直成道，外曲求全，成而上比，摸擬古調以順媚於人。雖奴顏〔註30〕婢膝，
亦將何妨？顏回之道，愈趨愈下，亦何可醜。然世態炎涼，我輩已司空見慣，
更何足異！孔子乃告之，謂險惡而又險惡，使人不可捉摩，方可為多數從政人
之酋首。衛君之強暴，亦自有其乖僻雄毅之道，夫豈易取者？舉止合法，謹慎
從人，祛除偏僻之行，固可差免罪道。然終不過以柔順為止境，何能由大道化
人，使以吾身為師法而降伏其心也哉？惡讀如字，義意甚明。以言衛君之強暴，
無煩曲解。　末段因顏回之理窮詞盡，以發洩孔子之大法。顏回既已無路可尋，
孔子更不肯輕易說法。必使其齋潔以受道，且重之盟誓。謂輕易語人，皇天不
宥。儼有僧人傳法受戒之式。後因顏回既有心齋，方示以聽取法語之方法。謂
聽道以心，不應以耳；養氣宜虛心，虛心可集道。然後先教以入道定心之法，
再示以奉侍惡人之方。顏迴心思靈敏，知虛心先宜忘身，可謂一語破底，孔子
遂因其知道，即告以入遊其藩而無感其名，亦即身處惡人之叢，不可明指以惡
人之名；入鮑魚之肆，雖香不得立異。不但不應指謫，亦且不應心非。所謂無
感，意謂冥頑不靈也。意洽時則相告語，不洽時則守默止。無門戶之見，儼若
室家；無毒害之意，情同手足。一經同處，則視如安宅。雖有所不代已，亦只
寓於耳目，而不動於心思，則深得自處之道矣。豈可妄思瘳人家國，立名取利，
以自得乎？以次又告以虛偽神行之效，遇難成祥之機。凡事不加干預，任他人
妄為，此最易事。唯事相籌策而不著形跡，功同計劃而不負責任，此為絕妙甚
難之事。又為人趨使，而主事者率聽讒心晦之人，則易以偽奉事。若主事之人
如天視聰明，則不能以偽亂真。此應預為深辨。有翼而飛，不過以正人事明主，
無足奇特。無翼而飛，則似以罔道事惡人。此中神巧，有不可以言傳之功，有
智慧者方可以求知，愚劣無能者乃居然成聖。理雖不通，事有必至者矣，豈可
膠柱鼓瑟哉？觀彼心虛神秀者，虛室生白，暗地發光，化險為夷，吉祥多在，
其順利為何如乎？若不知此境，妄作非分之思，則身雖居處，心已遠騖，是謂
坐馳，亦何可哂？心機靈敏者觸於耳目，即通於心思；感於外象，即曉於神智。
鬼神亦當歸附，而況人乎！此萬物化機，旋天能手。禹、舜之明，不過〔註31〕
以此為樞紐；伏羲、幾蘧，不過以此為極道。而況心智散漫之凡人，有不歸化

〔註30〕「顏」，原無，據勘誤表補。
〔註31〕「過」，原作「道」，據勘誤表改。

者乎！是以若能此道，不但逢凶化吉，且巧可役使鬼神，利可該通禹舜，非待奉暴君無禍害，又可名利雙收，吉祥備至，何與乎瘳國醫疾之事乎？　此節示處世之道高妙，可以遐享福利。下節示處世之道淺易，可以全身遠禍。　吾釋《莊子》，全憑意斷。知我罪我，在所不計。此節遽觀之，則人間世真成鬼趣圖。然莊子以實為實，吾亦只得以實為實，其奈之何哉！其奈之何哉！

此節詞章當屬莊子得意之作。即描寫世態之實在艱難，惡人之不易相與，並詳述處世之妙法，御物之仙方，初見之似屬離奇，細味之切當實事。讀全畢《十三經》，不失為世上遷腐人；讀半篇《人間世》，不失為人間之漂亮手。吾為之大笑，吾為之大哭。

二節葉公子高，先敘處事之難。葉公受命楚王，使齊修好，事之成敗，關係大計。事敗固有斧鉞之誅，事成亦有勞顧之慝。置得失成敗於不計者，豈葉公之所能？又豈普通凡民之所能？仲尼常語葉公，謂凡事皆以歡欣為成就之本，無論大小，未有猜怒凶很而可以兩相遷就者。俗世最重情感，而機勢不易強求。匹夫猶不易以事端，而況諸侯之妄自尊大者乎！公居常清修粗食，寡欲養身，但因受命憂煩，熱發內燥。可見人事之難求，身心之難保，世事無非如此，未有平步青云者也。爨訓習練，猶爨弄訓扮演之義。意謂習練無欲清靜。釋為廚夫避熱，何穿鑿不通乃爾。　仲尼告葉公，凡有七義。　自「天下有大戒」至「請復以所聞」，言世事之大法有二：世之不可移者為命，事之所應為者為義。此二事無能逃脫。命之不可易，如子之難逃於其親；義之不可失，如臣之難逃於其君。子事親之要，在不擇地而安之，孝子未有因位勢之良與不良而有孝與不孝之分者也。臣事君之要，在不擇事而安之，忠臣未有因事權之憂與不憂而作忠與不忠之別者也。處世扼要之言，未有更勝於此二語者。推而廣之，則凡能因事制心，不髓難易而有更變者，皆屬有守有為之士，何能因外物混擾，輕易變其哀樂之情乎？不可奈何者，即命之所在。不能安命，不能順處，不能因事制宜，尚何以處身世？悅生惡死，不亦末乎？此知命守義為免患之第一義。　自「凡交近」至「則庶乎全」，言兩國相交，言詞應慎。傳聞失實，易起糾紛。若傳轉翔實，情感不敗，則事易有成，而自無災殃之患。此傳語慎實為免患之第二義。　自「以巧鬥力」至「將畢也巨」，言事之初作，雖無惡因，惟推演加強，每乏善果。此慎終全始為免患之第三義。　自「言者風波」至「巧言偏辭」，示言行危機，倚徒〔註32〕成禍。此慎言謹行為免患之第四義。

〔註32〕「徒」，疑當作「徙」。

自「獸死不擇音」至「孰知其所終」，言剋核太至，忿氣為厲；處事待人，應戒苛薄。此寬恕胸懷為免患之第五義。　自「法言曰」至「可不慎歟」，言求功不可矯強，全美須在緩成。此受事不應矜才、任事不可求速為免患之第六義。　自「乘物以遊心」至「此其難者」，言隨遇而安，應物無跡，事使自然演變，不加私意造作。此因物寄心、遇境養和為免患之第七義。凡此皆葉公所能勉強力行者，因以告之。孔子因材施教，不其然乎？　次段顏闔將傅太子，敘顏闔見暴君之難事，惡人之難與。若時勢所迫，又須共處而輔翼之，保身盡命，其道不易為也。蘧伯玉告之，凡有十法。「戒之慎之」二句，為正身無邪，不假以殘害之柄。此為第一法。「形莫若就」二句，為心和貌順，不啟其陷害之心。此為第二法。「就不欲入」至「為妖為孽」，言遜順不可卑污，謙和不致流蕩。此為第三法。「與為嬰兒」，言識高不顯。此為第四法。「為無町畦」，言規格不露。此為第五法。「與為無厓」，言方正不嚴。此為第六法。「達之於無疵」，言潛移默化。此為第七法。螳螂當車，積伐而美，言與暴人居，不可明爭，不可伐美。此為第八法。養虎不使決物，以習其媚順，言慎機善馴，免其凶心，積其順氣。此為第九法。養馬盛溺，誤觸兕犯，言察時相與，慎勿誤犯。此為第十法。凡此十法，若能運用得宜，恐窮凶極惡之人亦當伏首就範，衛太子又何能為？

　　此節前段由孔子以言處事之方，常也。次段由蘧伯玉以言事暴之道，變也。處常較易，處變尤難。孔子師事蘧伯玉，觀此益信其決非無由。至文章以散漫而全筋骨，順理解而多層次，非能手其迨難之。

　　三節匠石之齊，藉本材無用，言人才應善自全。首段敘齊社櫟碩大無朋，而不為匠石所顧，無非因其材質無用耳。不圖社櫟見夢，乃極言無用之方，實由苦求所得。欲全身遠害，而以材能顯於世，其不為物忌而夭其天年者，蓋無有也。匠石寢而深識其機，故言社櫟甘受詬厲，不辭譏誚，據神社之位，處不敗之地，優游逸樂，遐享福壽，此自求榮養者也。蓋人生於世，不可以有才而無識，淨節而忘身。有才無識，徒役於人而傷其形；淨節忘身，生困於世而殘其體。是以聖人不求多能，而善用人智，據高臨下，指顧咸宜，則枝葉不弊，大可蔽天矣。　次段敘商丘大木不為子綦所重，然由木之奇醜，以得人之全生。不材以至於大，神人亦由此術。荊氏之地，木各有宜，斬伐以窮，誰施憐恤？牛豚之屬疾，皆所以活身；人胥之病痔，亦所以免役。人世以為不祥，神人以為大祥。可見世間事體，不能為用時用世之聖人，不能為棄時棄世之真人，則

只宜為逐時隨世之眾人，尚可免禍。惟不度德，不量力，妄作非分之想者，必致遺患於無窮，世人其念之哉！

　　此節亦顯分兩段。首段意重保世滋大，次段意重免害全身。首段由夢境而得覺悟，次段藉疑惑而致靈通。思慮活動，既無板滯因襲之篇章；制藻新奇，更有層出不窮之妙境。

　　四節支離疏，寓言形殘體缺之人亦足資身餬口，徭役既可避免，賑濟反得豐脩；蠻野偏僻之行亦足以稱雄役物，得勢則鷹揚梟據，遇時則鸞舞龍飛。豈迂腐所能知？凡愚所夢見，莊子故為吞吐其詞，然已躍然紙上矣。

　　文於支離疏極意描寫其形態。「頤隱於臍」，則口與小腹相對。「肩高於頂」，則背〔註33〕與枕骨相平。會撮即會陰。五管即肛門。指天、在上，則更不堪設想矣。「兩髀為脅」，豈非將頭顱伸出兩股之後乎？吾嘗戲繪其形，見之使人噴飯。若真有此等人，恐挫鍼治繲已不可能，焉能以餬其口，自求生活者哉？范子文章奇詭，固多類此，而其人之滑稽，亦可想矣。

　　五節孔子適楚，此事並見《論語》，迨非寓言，而係實事。歌詞優美高厚，非達德全能之人不能為。詞中要義，在於及時。禍福無端，貴在知機。際會得行，不可固執。但善用其時，孔子不及湯、武；能待其時，孔子不及伊、呂。委曲求全，以成吾志，義固可嘉，但在人智未開之時，漫無統系，或可有濟。若在人智已開之後，則舉動皆有牽繫，獨行者難以動眾而有成矣。孔子之不遇，非時君權相有以敵視之所致哉？真人無待於時，聖人善用其時，眾人則非過其時，即不及其時，失之則不能強求矣。

　　六節山木自寇，全節一意，只異詞以釋之。莊子傷時之言，唯恐其不明。謂時不可為，即不應強自暴露，以致殘傷，蓋深慨之。然無用之用，乃亂世之常經；有用之用，亦盛世之大法。馮道之長樂老人，蘇味道之摸稜兩可，固深得無用之用個中三昧。但文王十亂，劉邦三傑，雲臺二十八將，登瀛洲十八學士，何嘗不作有用之用？二世之趙高，高宗之秦檜，明皇之楊國忠，乾隆帝之和珅，何嘗不作無用之用？陳靈公之孔寧，曹孟操之華歆，又何嘗不作無用之有用？楚懷王之屈原，漢文帝之賈誼，更何嘗不作有用之無用？時有不同耳，未可作執一之論也。但人間世治少而亂多，惡厲而善順，莊子之為此言，其有所不得已乎？

〔註33〕「背」，原作「肯」，據勘誤表改。

德充符第五

　　天地之大，惟德充之；宇宙之廣，惟德符之。德以人言，道以天言，其實一也。日月之運行，風雨之沛蕩，此為天道。言語合經常，行為立權節，此為人德。全德之人，未有不應乎天道；天道之孚，未有不倚於人德者。此中靈感交施，較無線電發音機與收音機之互應尤為親切。天道之真宰，發音機也；人德之闔孚，收音機也。由真人收受電波，擴為聲浪，眾人皆得而聽取之；感受正理，發為言行，凡民皆得而應化之。其意至為平易明顯，了無玄機奧妙。惟眾人為金錢勢利牽掣太甚，唯恐入地獄不深，於是將身心所應享受愉快者完全隔絕，亦即將腦海中之真空管甘自拋棄，因而娛悅神志之樂歌不得收取。無已，只有站立街心，昂首而檢取之。方且怡然含笑，點首稱奇，不亦大可哀乎？聽受電歌，未有不神情暢適；感應德化，未有不意趣發抒者？德充於內而符應於外，豈欺人之言乎？

　　首節魯有兀者王駘。藉三兀者與一哀駘，極言全德之人，無關外相；符應之大，迴〔註34〕出意表。　首段王駘以不教不議之人，致與孔子同其徒眾，唯孔子能知之，故謂王駘為一身生死，不變其節；天地覆墜，不遺其行；確見真理，不為物遷；外物演化，心有真主。此四者可謂得宇宙之真而能與造物一體者也，唯王駘能行之，孔子能知之，有不折服而欲往師之者乎？因常季之問，孔子因詳述見道之本，謂萬物皆由物質組成，人身與萬物皆屬一體。自其位置功用之異者觀之，則肝膽之近，亦若楚越之不相謀。自其生存變化之同者觀之，則萬物之遠，亦若一體之自相親。明於物體之組織變遷，則耳目之外相不足以蔽其心靈。遊觀萬變，以應天道之和。見物之存在，不計其改變。雖兩足被人割去，亦只猶遺棄土壤也。此王駘得道之原，尚未言其化民之術，故常季又問。王駘由智慧以見本心，由本心以得正覺，他人又何必趨附之？仲尼謂心有定向，則可為人師範。松柏有獨立後凋之節，故眾木皆伏；堯舜有體天行道之操，故凡民皆歸。能自正其生者，人孰不欲傚之以正其生？勇士要功，尚知自憤。身心充足，有不欲由已知而求未知者乎？人藉收音機以聽電歌，未有不愉快者，耳之所同也。人藉有道者以領取智慧，未有不暢適者。常季不知人眾願聽歌曲之故，還以叩之孔子，則問人何以目欲美色，口欲甘味可耳。人世之無明以至於此，可不悲哉！文中審乎無假，謂明乎真理，不應曲解，反晦顯義。　次段敘申屠嘉與子產之事。子產因申屠嘉之兀，至不欲同出入，且明斥其敢齊執

〔註34〕「廻」，原作「廻」。勘誤表改為「迴」，仍誤。

政，以作尊嚴。此本世態之常，吾人已久忘其醜。故申屠嘉告之，謂子〔註35〕不過〔註36〕以執政之尊，使他人居後，以自鳴得意耳。然塵垢所在，鑑亦不明。取法至人，何猶不職賢不肖若此？子產仍在固執，謂申屠嘉之殘廢乃罪過叢集之表徵，尚且不知自返，以與吾行同堯、舜者爭善，何不自量乃爾。噫！吾人讀莊至此，已覺啼笑皆非矣。申屠嘉遂終誨之，言人自謂咎不應得者多，自謂咎有應得者少，安於不可奈何之命，唯有德者能之。人類同居於刑網之中，不為刑罰所加，命之偶值耳。竟為刑罰所加，亦人之常行耳。申屠嘉初因失足，被人訕笑，怒適先生，以求教益。至則自知正命，不待講求。先生於無言之中，已示以淨心之道，故先生不知申屠嘉之兀，申屠嘉亦自忘其兀，相處十九年，未嘗及於兀與不兀。今兩人同遊，本當忘形取義，乃猶斤斤以外貌相取，不亦甚可怪乎？故子產改容而終有悟也。案命途乖舛之人，多為世俗所詬病，強辯固屬無益，順受亦無足稱，惟知命盡道，全其天真，為處人處世之要道，不可務外而妄有希冀也。又形骸之內外，依文理言之，原文似屬顛倒，宜互易為是。　三段跡魯之兀者自悔輕用其身，以遭形戮，求孔子以全其貴於足者，可謂已見道矣，豈僅求學者哉？因孔子無端罔問，已知孔子不足與言，遂見老聃，以申述所見。謂孔子為諔詭幻怪之人，以求名聞於天下，則其目標已誤，而手段更非，一無可取，徒自桎梏其身。妄以為合於正道，其冥頑為何如乎？平心而論，孔子不言性與天道，罕言利命與仁，而雅言詩書執禮。其不言性命天道，因其不易知，而眾人亦不易瞭解。仁為萬善之原，亦為天道之本。言之匪易，而眾人又不知奉行，有可原也。詩書執禮，無非普通之道德、政治、法律、經濟。易言易行，收效較便，故常言之，以取得眾人之信仰。而其自身以忠恕為本，亦合乎天道之真者也。惟教人既無真知，行己又多無趾所稱之缺憾，後世法之，更因不善奉行，多滋弊端，殊屬可慨者也。老聃欲以生死是非解其迷惑，即欲啟其真知。明知孔子未知生，焉知死，不解天道，用以正之，可謂知本。無趾謂孔子為天刑，亦以命該之矣。　四段敘哀駘它之事。夫哀駘它奇醜，理應見惡於人。然男子遇之，思戀不能去；婦女見之，甘心為其妾。事不求先，意存拯濟。面貌雖醜，而男女麕集於其前。與魯君相處未久，竟使讓國致位。其神怪真不可思議矣。於以知聖人之行不同常軌。受人之愛，不在貌美；受人之信賴，不在言行。神之所以異於人者只在此點。孔子乃謂豚子之

〔註35〕此處原衍「過」，據勘誤表刪。
〔註36〕「過」，原作「道」，據勘誤表改。

愛其母，非愛其影軀，乃愛其精神。世人之愛哀駘它，非愛其面貌，乃愛其志理。然而才德為志理之本根，資質學養，未容偏廢。才全而後識宇宙之木體，德不形而後包羅萬有，不限方物，此理更非至人不能道出，非莊子不能描寫。次釋才全者不究事物之變遷，付之天命；不究時空之現象，付之自然。和豫通泰，與物皆春。生時於心，不限局地。所謂不究事變、不究時空者，格物致知。知之審，無待矯揉也。才之雄偉，為何如乎。又次釋德不形者，如水之平，萬體畢備。水有無數分子，地心有若干引力，天空星界有若干牽掣，蒸發流動有若干變化，一旦互相平衡，則水面能靜止不動。貌雖空虛，實有無量數之作用存乎其間。況德之為名，乃成和之義，和同萬象，焉有不歸附者乎？平和二字，即孔子所謂仁，佛家所謂正覺，太虛和尚所謂物我間之調和性。果能調和物我，則天地位，萬物育矣。人神歸附，自無足異。

此節首段言化行之速，次段言見道之真，三段釋巧偽之敗，四段釋感人之神，各有趨重，絕無因復。其間名言至理，舉不勝舉。而以三兀者與一哀駘出之，殘廢醜陋之人尤能如此，其形全體備者化民應為如何。然不但不能化人，亦且不為人化，所化者污穢不堪矣。大道將隱，不其然哉！

二節闉跂支離無脤〔註37〕，就兩貌陋癰瘤之人游說人君，言合心契，不但使君忘其肥腫醜陋，反覺他人瘠羸瘦小，神情和合，二人已化成一人。此時心心相印，無時不在意投，無事不在諒解。思有所動，靈犀已通；情有所觸，交感即至。可卿之名，不待告訴，寶玉已知；黛玉之貌，不待素識，恰紅已得；湘雲之咬舌，愈聞其音嬌，反覺他人語言質直；探春之雀瘢，愈增其豔麗，反覺他人面貌枯窘。擴而充之，傅說之鹽梅，高宗於不識之中已立為相；呂尚之陰符，文王於夢寐之際已立為師。至人精誠，較無線電感應尤敏，凡人自不識耳，豈待抵面談說，而後可誼隨交接，忘形忘跡也哉？惟感人之道不可濫，故須有末節之審慎。

三節德有所長，文分兩段。首段自起句至「獨成其天」，泛論形神交掩之道。次段自「惠子謂莊子曰」至末，據實徵論之。 首段言德行優長者，自當忘其形體。不忘其形體，反忘其德行，則恥惡衣惡食之人，烏足與議？知道之聖人不滯於跡，遊心於物，不著四種跡相。一曰知，係自身聰明。用聰明以營求名利，則孽障叢生，莫能制止。二曰約，係友朋團結。用團結以馴伏他人，則黨必有仇，無法擺脫。三曰德，係互助恩惠。因恩惠以取得享用，則貴賤由

〔註37〕 「脤」，底本誤作「脹」。

人，妄用交接。四曰工，係藝能技巧。因技巧以圖謀口腹，則操奇逐末，等事商人。遊心於物之聖人不用機智，以遂陰謀；不假權勢，多所斲喪；不計得失，剔除小惠；不張貨賄，卻免計較。天之養人，不同於俗人之求食；聖人之自處，不同於凡眾之營生。知道之聖人，有人之形體，無人之情感，和光混跡，人見其外表，屏絕俗念，莫識其真身，委宛以同於人。貌為渺小，精誠以合於天，獨行其偉大也。案知約德工四事，確係人事，不能脫難。高談遊物，而拋棄生活，當為不切實際。但情字為此節樞紐。天人之分，神形之別，胥於此轉輸之。情者，我與物相關之趣也。趣味愈濃厚，則接觸愈繁多；接觸愈繁多，則糾葛愈劇烈。善機固不在少，惡境亦日增多，於是知約德工四事鉤心鬥角，紛至踏來。情愈深者，陷溺亦愈厚，因之痛苦多而偷快少。利物之念未遂，而禍害之加於一身者莫可究詰。起句謂「德有所長而形有所忌」，即明示此意，故與其有情，莫若無情；與其多情，不如嬌情；與其愛人利物，莫若殘暴自恣。世俗之結果，有幾人因利物而得全生，由為人而得善己者哉？莊子言無人之情，即去物我間交感之趣味。此情一去，即入於槁木死灰之境，然後化人不遭物忌，動眾不受譏讒。前節言感人之神，此節言自處之道。不知此境而漫言化物，雖寶玉之多情，亦不過自殘形體；黛玉之嗜淚，亦不過徒致夭亡。聖人遊物，蓋於此知之審矣。　次段藉問答以申明前意，又加以是非之言，極示情字之危險。蓋多情之人，是非之造端愈廣，故謂是非二字即吾之所謂情。而真能無形者，則無所好惡，以自傷其身。因廣自然，以遂其生活。惟此事又似不切實際，故惠子再詰問之。莊子之意，則在形體既具，好惡不施，即為全活自給之道，非必孜孜求衣食之美好，方得謂為益生也。勞心以自炫、苦節以求高者，皆非合於德充感物之道，時或有遭忌陷身之危，何惠子之不自省也？

此節言德有所長，形有所忌，為重要義意。述敘人世之涼薄、天機之混厚，而能以文字融化於無形，何等法術，何等匠心。次將人事之拘牽、聖人之自適比類申敘，契合天然。中間以情字為轉樞，於通篇大意既無背謬，而深進一層，更著合於實事。人謂莊子避俗逃世，吾獨覺莊子切合人生。

大宗師第六

師者，所以傳道授業解惑者也。而世俗人所師者何哉？夫生而須有所養，立而須有所知，民富而後教，食足則知恥，本為世理之常，未有饑欲死而高談道德者。凡民之情也，但指高車駟馬者為金玉其外，敗絮其中，則未有不怫然

怒，斥為冒犯；指夜行不休、緝捕為戮者為素位而行，全身寡悔，則未有不愕然驚，斥為妖罔者。外表足以掩行，勢位堪以蔽實。究其衷心，終日所仰慕者何人？所希求者何事？是一是二，區分安在？故知其榮，守其辱，老子之所以教人也；仕為己，非為人，韓愈之所以自白也。然則雌雄白黑之道果安在耶？知其道而傳者，師也；見其道而效者，求師者也。則世俗人之所師者何哉？故知世間法原有不同，成敗以見是非，利害以知得失，中外歷史皆為興事者增譽而為失策者加毀。取法之道，不難知矣。雖然，赤子入井，皆知惻隱；率性為道，人同此心。擴而充之，尤有遠大者在。蔽於物而不知者有矣，盲於行而不見者有矣。莊子所以告人應宗師之大者。

　　首節知天所為，辯真人與聖人舉止言行雖不盡同，皆可則效。分別天人，以示人知所警惕，與《齊物論》雅有同義。文中凡省七段。　首句「知天所為，乃謂真人；知人所為，乃謂聖人。至矣」，猶言此二種人皆可師效者也。此為全節總冒。以下自「知天之所為者」至「而後有真知」釋真人與聖人造詣之淺深。天者，自然之法則，順乎性者也。人者，私欲所造做，逆乎性者也。真人應天而生，法天而生，與天一體而生，無事不合自然，無行不合生氣。不但一身合於天，且使宇宙萬物皆合於天。孔子告人以忠恕，合於天者也。老子告人以寡欲，合於天者也。佛法告人以正覺，合於天者也。莊子告人：「天地與我並生，萬物與我為一」，合於天者也。此之謂天而生。聖人則不然。明察事理，分別得失，本其聰明，以尊養自身，由其已知，更究其所未知，利用萬物，以榮養自己，終其天年，得其善果，因為功於自謀，不至受人殘害，此聰明之極致，人事之高超者也。何得不謂之能？然以其蔽於物而昧於理，迷真滅性，是以知其不免愚憨。蓋世理不能驟得，天人難於區分，天資固宜擴充，修養尤須審慮。不有所待於考究，自謂已明察事理，焉得不捨其大而取其細、得其微末而遺其全體者乎？例如遂吾之生者，天也；利吾之生者，人也。而常人皆見利吾之生，不知遂吾之生，故其所謂天者，乃人耳。「惟有真人而後有真知」，此為第一段。　自「何謂真人」至「是之謂真人」釋真人之實況。第一，古之真人「不逆寡」，因寡亦群之一體，逆而害之，即傷天和，與聖人之螯萬物而不為義者不同。「不雄成」，成功不居，為而不有，與聖人之悅其志意、居移氣、養移體者不同。「不謨士」，虛夷和眾，愛民親仁，與聖人之卑躬下士、風雲際會者不同。是以真人雖有過失，無可懺悔；雖有功行，不覺自得。真人之過失，不過失利遺名。真人之功當，只是順應自然，有何可悔恨？何可自得者乎？是

以真人心有所主，「登高不慄」；氣有所充，「入水不濡」；體有所養，「入火不熱」。蓋由聰明以入於天道，危難生死不足以介懷，與聖人由聰明以入於人事者自有別矣。第二，古之真人不作妄想，故「其寢不夢」，隨遇而安；故「其覺無憂」，淡泊口腹；「其食不甘」，涵養身心；「其息深深」，呼吸氣達湧泉，血脈周身流動，任督二脈交會，肌骨化為金剛。不似眾人之呼吸只在咽喉。言談無謂，輒致紛爭；吐言若哇，只喪真氣。且酒色財氣等之嗜欲深者，則陷溺於外物，不能自拔。對於自然界之真理，人間世之實情，無暇詳參，不知細考，故神機不足，馴致斲喪以無。第三，古之真人天機深闊，洞見人世生老病死之痛苦，知約德工之糾纏，貪嗔癡之毒害，精氣神之虛耗，故「不知悅生」；涅槃解脫，無罣無礙，故「不知惡死」；出門無所經營，故不趾高氣揚，欣然自得；入門無所希冀，故不欸聲歎氣，若有斥拒。來若出岫之雲，往如翔空之鶴，無拘無束，怡然自適。知生之源，偶有此身；任死之歸，了無牽掛。受生以來，與物常春，皆大歡喜；身死之後，真靈復舊，無欲常存。此之謂不以欲心損大道，不以人事助天機。真人之狀，如此而已。捉筆至此。忽有人問曰：「真人若此，不怕餓死乎？」急應之曰：「北半天橋拉洋車去。」　自「若然者」至「而不自適其適者也」，釋真人聖人之行跡。真人心有主宰，不隨物遷，志訓準的，不當作忘，忘則無心喪心矣。真人貌容恬淡，無所矯飾，顙額平正，不具獐頭鼠目之姿。莊嚴威峻，秋氣飛霜，望之不敢犯以私；和光怡志，春意煦人，即之恰可悅以道。喜怒之見，天運自然，如四時之代興，不假私意，交際取與，隨事所宜，如持環得中道，莫測極致。真人〔註38〕之現於外行若此。以下急入聖人之行跡，以資對照。聖人亡人之國，只殲巨魁，不失人心，以固疆圉，居高臨下，利澤施及萬物，不過意氣所鍾，非如老嫗之愛人。事持大體，不親細行，一草一木之微，一言一行之審，有所不暇通曉。今日言父子兄弟，明日言親戚朋友，拘謹應酬，有所不暇顧慮；天變地震，風雨晦明，有所不屑計較。惟實事之得失，取捨之利害，則必有真知灼見，以應付機宜，絕不貪圖虛名，遺失實利，役使徒眾，得其捨身忘命，視死如歸。此聖人之行逕，可以語於成功，可以語於建業，斷無迂滯不通、頑固難化之處。既不能成人，又不能成己。如狐不諧、務光、伯夷、叔齊、箕子、胥餘、紀他、申徒狄等碌碌小人，一無足取。此等迂闊，只可受役於他人，供人之適應，不能自適其適，以全生活。不見真人之道，不能聖人之行，其可鄙孰甚乎？此為第二段。　自「古

〔註38〕「人」，原作「入」，據勘誤表改。

之真人」至「而人真以為勤行者也」，再釋真聖之別。古之真人，其狀貌正道平易，而不與人苟合；情緒謙虛，而不仰人鼻息；特立獨行，而不固執；寬廣恢宏，而不誇張；暢然和適，似有所喜；需而後動，不多上人；湛然清靜，假顏色以誘掖後進；油然相與，正規矩以啟迪愚蒙。以言其雄偉，則廣大似另一世界；以言其高遠，則剛健而無可制裁。綿綿若存，神形閒閉。不著跡相，似寡言歡。真人之形狀，又有此一境。聖人則不然。整飭人紀，以刑罰為本根；懷柔人群，以禮儀為輔翼。由聰明以建立時政，因德教以昭示遵循。刑罰為威，殺人了無疑義；禮儀為範，世法勢在必行。時政所需，人事莫由或已；德教所立，資富儼如丘陵。於是凡民心悅誠服，以為勤宣教化，儀型萬方者矣。此聖人用世之道，亦所以維繫人群之方也。為此第三段。　自「故其好之也一」至「是之謂真人」，由真聖之分以收束前義，而略趨重於真人。言人之好為真人者有一種，弗好為真人者有一種；好為聖人者有一種，弗好為聖人者亦有一種。各有天性，不能強同。但好之也宜有此一道，不好之也亦宜有此一道。各成其是，未容輕軒，亦無所謂美惡。惟真人與天為徒，聖人與人為徒，則兩者不容假借。真人之所異者，在隨應自然，不加以是非造作之見。天理不加於人情，人情不遠於天理，皆能貫而通之，是之謂真人。言人能勝天者，聖入也；言天能勝人者，愚人也。天人不相勝，一本於自然之法則，為人之執中。此為第四段。　以下略轉前義，示見道之法及得道之人。　自「死生命也」至「一化之所待乎」，釋人生之真義。人之生死，最為難解之實事，孔子尚不易言。但不知此境，則一生如夢，迷岡難堪。故必由此著手，以醒世人。人之死生，亦如時之夜旦，只關於自然之演變，無與乎人為之制裁。乃物質界自然之一種情態而已。惟人既有生，與其他物質有不同者，厥為理性。理性又源於心靈，心靈則本乎天命。不然，則與植物之無情感、礦物之無生死者同其冥頑。凡人皆以天地為父母，既有父母，即知有情愛。但遇有真知卓見之人及歷古不磨之道，則由見及識，由識及好，有時較愛父母之心尤為真摯。凡民以聖人身操御世大柄，確知其識解高超，有以勝人，於是遇事效忠，不惜身命以為助。若遇見道之真人，固更應服膺不失也。魚處陸地，相助亦不能全生；魚處水中，相忘亦能以自養。人隨聖人，力役不免於咎譴；人得真人，無與亦獲其安全。堯、桀之分，在於大小之別。堯得人君之大，故能施其術；桀得人君之小，故致墮其名。與其譽堯而非桀，不如兩忘。而以大道衡之，人事之是非雖多偏見，軀體之生死亦往往由是非中維持與送斷，烏可不略加辨別乎？至於人之一身，本處

於奇特之環境中，生於大地之上，分寸不能脫離。初有形體，即由大地載我；既有形體，亦有事務勞我；及年老歲高，只得暫卸力役，而命數又至，永息形軀。大塊給我以生者，固極優厚；大塊待我以死者，亦至豐隆。惟大塊果何所為，人生又何所事，則殊覺難於究詰。性靈為永住，軀體為寄存。夜旦之喻，不其顯見者乎？舟置深壑之中，山處大澤之內，似永為固定，不得移動。然而地球之運轉，無時或息；空間之位置，毫無定形。今日所在之地，明日已不知移出若干萬里以外。負之而走，確有其人，昧者不知耳。舟為藏之小者，山為藏之大者，但無論如何，皆逃遯於不知歸宿之處。惟統一宇宙，置恒星界及太陽系盡納之於懷抱之中者，則舉物無所逃遯，一如孫行者翻筋斗十萬八千里，亦逃不出如來掌心中。此恒物之大情，凡民所罔覺。惟真人能覺之，能見之，能據此以觀世變，能本此以察生死，能由此以明自然界之演化，不背此情以應世故，不謬此理以合天真，則隨心所欲，未有不合於世間之大法者也。偶具百年之人形，人猶自喜，若具有不朽之人形。迄於億萬年無限界之地位，則其樂當為何如乎？是以真人遊於物外，即將自身置於萬年不朽之境界中，與物質界永生常住。彼善生善死者，人猶傚之，以期於死得其所。況萬物所賴以維繫，一化而通於宇宙，世間待以開通，人類待以醒覺者，其為人所則效，又應何如乎？宇宙之理得，則生死之道明矣。此為第五段。　自「道有情有信」至「上古而不為老」，釋道體之真義。道字之解說，最為玄晦。翻盡典籍，恐不能得其要領。吾且以淺言釋之。即道者，人所共由之路也，將無往而不合。執政大官，群施策畫，皆以福國利民為道者也。學府縉紳，講解指劃，以啟牖青年為道者也。工匠商賈，製造貿易，皆以養身生利為道者也。下至盜匪流氓，掠奪絡竊，皆以強取橫奪為道者也。道雖有高下之分，其為某一種人羣、某一種階級所共由之路，則一也。惟此之所謂道，則專指宇宙之真理而言。有情，謂有規則之活動。有信，謂有定格之理法。無為，謂舉動不含私見。無形，謂理法無可捉摸。可傳，謂見道之人可就現象解說。不可受，謂聽道之人無所持有。可得，謂受人指導，可以領悟。不可見，謂心領神受，不能自取。自本自根，謂道之來源即其本體，例如道為統一萬有者，而統一萬有者即為道。未有天地，即有此理法。既有天地，仍存此理法。鬼物帝皇，得此即見其神；上天下地，得此乃有以生。統貫恒星界以外，無所謂高；轄制太陽系以內，無所謂深。先天地生，後天地死，無所謂長久，自上古已見此境，無所謂老朽。總之，道即人與萬物共由之路。取全體所共由，而非一團體、一階級、一會社所分由者，

即為道，有何難於通曉者乎？此為第六段。　自「豨韋氏得之」至末，釋得道之人物非故為炫奇，欲人之易曉，不得不多舉實例，以期舉隅得反而已。原詞平淺，吾姑易詞以明之。太陽得道，以引力旋轉行星。地球得道，以動能運轉不息。釋迦得道，以正覺昭示眾人。老子得道，以虛無觀察宇宙。愛迪生得道，以電氣供給人類。恩斯登得道，以質能統一揭教士人。凡得道者，皆有正當供獻。此為第七段，以結束全節。　真人已得，聖人已知，吾人不可不取法乎上，以盡吾天職。其勉之哉！

　　此節文理在明別聖凡，雖與《齊物論》相近，而示人以取法之道則更親切，敘述真人則通暢不晦，敘述聖人則符合實際。既不同於佛經之飄渺，又不類於儒書之拘泥。忽騰空高舉，忽止地遨遊。吾故謂莊子之書，理解與文藝同為一般書籍所不及，普通人讀之，適當其可。

　　二節南伯子葵徵實事之為可師者，因上節似託空理，以下明言人事。女偊得道，年長而色若孺子。然無卜梁倚之才，故終於世事無所建立。此言聖人，乃全智全能之聖人。若伏羲、神農等，既具真人之理解，復具聖人之聰明，統馭天下而無所用其殘害。堯、舜以次，仁德而兼征誅者，則不能矣。女偊深知此理，故明言才具與道德為二，不能強求之於眾人。惟時世日有演變，不可執一以作恒規。伏羲、神農時代之人民，不但不同於今日之人民，即東漢宦官清流之傾軋、戰國謀臣策士之紛紜，亦恐不同其性格。在上古為全智全能之聖人，在後世或須另具權變，以資應付。權變既得，斯為治世之聖人。此人世之過，非聖人之過。其或有安貧樂道，守己全天，正己以化人，修德以格物者，亦人世之過，非真人之過。後世修明之治，須待聖賢相逢，即是此義。惟聖人須及時，真人不用時，故下文只就真人以釋聖人，可矣。守而告之，謂不輕易告之，且循序漸進以告之。外字，謂不相親也。以天下為外，即不熟中於名利。三日、七日、九日，皆言時有所需，不可冒昧獵等。因理待真知，莫能假借。不有修養，何能成熟？外物，謂不但名利好高之心已忘，即取拾好惡是非之念亦去。外生，謂不但得失之念已無，即自身生死之見亦漠然無與，至此一心方可自主。或疑此境不近人情，則試問有生死即有得失，有得失即有名利，此時欲明徹心境，可乎？不可乎？非故告人以不近人情之法也。若能外生死，則心境愈靈活，理智愈通達，可得朝徹之境。朝徹，言如旭日東昇，萬物畢現。朝徹之象，即世所傳天眼通、天耳通、他心通、宿命通、神足通、漏盡通之六通也。惟六通確係俗見，且屬有心造做。朝徹則別具靈境，毫無意念攙存。得此，

則身世由來暸然無惑，古今事變明照在胸，可入於永世常存、不死不生之道。何以得不死不生，則由於殺生及生生之二法。但殺生、生生具有兩義。殺生，謂絕貪生之妄覬。生生，謂安性命之自然。了卻私情，即得常住。此為真人之本態。又人身之精血，順行生子，逆行成仙。修煉身體者，往往煉精化氣，全行本身；龍虎交會，乃結聖胎；存形脫殼，惟心所欲。與男女構精、生子延嗣者不同其用，故亦可謂「殺生者不死，生生者不生」。但彭祖、容成享年數百歲，當無子女滿前之家庭快樂。且離開人事，肉身永存，亦願私見，於世間反無足取，非偉大人格所應保持之見解。因女偊色若孺子，必有此〔註39〕術，故不得不縱筆及之。次謂道之為物，因應無方。世間合於理法，無不送迎將就，各安生理；無不因時成毀，以合自然。行此法術，名之曰攖寧。意謂紛紛萬變之中，自有寧神全道之法。完成世理，不其神乎？以次女偊所稱傳道之人，顯有來歷。惟抱璞含真之倫，皆不輕為世用，或時不可為，不能為乎，不可以私見厚誣先賢矣。

此節論道之文，皆含有餘義。惟莊子乃偉大人材，不欲示人以小，仍以大道無私為主。但仁者見之謂之仁，智者見之謂之智，見道之高超，行文之奧妙，無特殊神理者不能為此。詳細誦讀，可別有心會。

三節子祀、子輿，以疾病死亡兩義，示人以見道之端。祀、輿、犁、來四人皆明達世理，好道敏求者也。其所公認生死存亡之理，確屬識解真切，不可移易。人本無生，偶受形體以得生，故以為首。生活百歲，不過性命現於外者之一部，故以為尻背。死亡為生活之結局，故以為尻臀。能將此理合為一身，視為一體之不可區分，不誠知天道之由來者乎？故四人為友，嚶鳴和樂矣。嗣因子輿病傻，拘攣不堪，然而心閒無事，鑒井自歎，固不動於中也。此係寓言，不可認為實事。「曲傻發背」，受命於上也。「上有五管」，食養不足也。「頤隱於臍」，事煩禁厲，不可言也。「肩高於頂」，任重責大，不可支也。「句贅指天」，鉗刺在後也。「陰陽之氣有沴〔註40〕」，是非交責，譏讒並至也。拘禁若此，心尚幽閒，非見道有得者，烏乎能之？而子輿並不知惡，化左臂為雞，以求時夜，乃去拘攣之態，以作暢適之行；化右臂為彈，以求鴞炙，乃卻肢體之苦，以得順利之端；化尻為輪，以神為馬，乘風駕霧，以遊四方，乃全脫一身羈絆，而取神情之快慰。此與《金剛經》如來受歌利王割截身體不生嗔恨者同一喻意。

〔註39〕「此」，原作「北」，據勘誤表改。
〔註40〕「沴」，底本誤作「殄」。

故繼言生死不足關懷。謂生者，時也；死者，順也。安時處順，哀樂不能入，
即謂懸解。生死既不能動，則疾病痛苦烏足以擾其心乎？可懸解而不得解者，
乃受物蔽。心有糾結，而外物之來雖有時嚴苦，究不能勝於天道，夫亦何所嗔
恨乎？此為一段。以次子來有病，將死，子犁問之。謂造物既以汝為人形，今
又將死，以化他物。髑髏殘骨，不過供人踐踏；鼠肝蟲臂，微蔑無知。不將為
子來之身乎？子來乃曉之，謂人當受命於父母，亦當受命於陰陽。受命於陰陽，
即順自然之支配。違背天道，厥為兇悍。況大塊載吾生死，全吾神形，吾無所
知，一任驅使。命我之東，不能趣西；命我吃苦，不能享樂。人身有命數之奇
偶，造物無好惡之私心。命奇者必求有偶，數蹇者必求發皇。是冶鐵必求鏌鋣，
造物必以為不祥之金；人生必求騰達，是逆命作非，遺物必以為不祥之人。順
時正命，為滅地之大法，故莫若以天地為鑪，以造化為冶，何所往而不可？鼠
肝蟲臂，皆隨所適耳，何足以擾真人之本心哉？

　　此節詞理明順，人盡可餐。首述四人之同心，語已神趣。子輿之自白，不
啻仙怪降乩。子來之說法，不啻明神顯聖。中間子犁一問尤奇妙，不知所從來。
仙乎仙乎，讀莊至此，覺前後左右仙侶繽紛，幾於白晝飛昇矣。

　　四節子桑戶由生死之變以見至人之行，子桑戶三人所共認為正當之人生，
在自然全其天機，相與作為，皆不假人意，超然物外，宛轉於玄曠之中，脫離
生死是非之念，以永世不朽，故亦能歡然相交。子桑戶死，亦不過物化耳。是
以琴張、子反只歌以見情，不哭以施弔。子貢不知，孔子能知之。方外方內，
即謂宇宙之外及人世之內。生死之事，在宇宙之外，可謂無所損益；在人世之
內，則有甚大糾紛。在與造物為友、同天地一氣者視之，生為暫住，死為永生，
則生死果何有先後？人亦物質，萬物亦原素，何有異同？肝膽不過養生之具，
耳目不過全身之形，何有所親暱？生生死死，死死生生，循環輪迴，何有端倪
可取？茫然飄渺，「彷徨乎塵垢之外」，閒情逸志，娛樂可知矣；「逍遙乎無為
之業」，生成變化，愉快可想矣。焉能以世俗之繁文末節，盲然強其遵從，供
眾人之觀覽，以蒙蔽其真知也哉？此孔子知真人解脫俗情，遊於物外之樂。次
因子貢之問，自知拘繫牽苦，乃承認為天刑，亦自歎其見道之淺也。然青年於
此，應有自覺。交友之道，應合人情；處世之方，要在素位。莊子言其大，吾
人行其宜；莊子示其真，吾人處其當。華岳在望，不能一步登空；白雲在天，
不能騰身直上。況孔子所受之天刑，即前篇宛告葉公子高之心、蘧伯玉處世之
道，身在人世，不能勉強應物，乃人生之大弊，登可任為逍遙言行，不事正當

職務，而甘為墮落之行乎？況孔子之天刑，在莊子見大道者視之，未登峰造極耳。然莊子猶泰山，孔子亦如梁父，無識眾人則恒河沙耳，何足鄙視孔子哉！次因子貢問知道之方，孔子乃告之，謂魚處水中，相造於游泳之技能；人生世間，相造於識理之見解。善於游泳之魚，穿越池沼，即得養身之資。明於識理者，拋卻浮囂，得定性之道。魚因習慣游泳，生於江湖，忘其為營生。人因通達真理，生於塵寰，忘其為覺世。此知道之本，行道之由，當無可疑惑者矣。子貢賦性聰慧，忽感於至人識理，每自屈身。真人知道，輒忘時俗，結果一身無所享受，徒為人指示迷途。甚者卑躬殘體，尚造世人之譏詬，則畸人究屬何為者乎？孔子以天命該之。天即道之所在，乃自然界之真理，宇宙全體所共由者。全體所共由，自非一部分人所分由。若非一部分人所分由，則是非利害之端見於心。斯忌害摧敗之行見於外，有不為世人所遺棄者哉！故曰「畸於人而侔於天」，又曰「天之小人，人之君子。人之君子，天之小人」。蓋深慨之。孟子謂「鄉愿，德之賊」，韓愈謂「乖於時，乃與天通」，皆屬此義。自古隨俗敷衍、取利營私者未能合於天道，不待深辯矣。

此節奇言異行，亦足炫駭世俗，但方外方內之言、異物同體之論久已膾炙人口，而畸人之旨尤足深思。世稱江湖技擊者流，藝術超群者必須有湛深造詣，而妻財子祿亦必有所缺憾。若深通天地之理、極人世之準則者，宜有所不偶。豈天之生才亦有所吝惜，孤詣卓絕亦遭造物之忌視歟？余曰：非也。人之心機，只有一體，顧此則失彼，見大則忘小，有所不為而後可以有為，非關命選，亦非關數理，乃只關於自心耳。識理而命蹇者其猛醒。

五節顏回問仲尼，由自身之生死推及父母之生死，更進一層，以觀世理。人於自身之生死，飽嘗世味者皆能輕視之。甚者厭倦風塵、自殺以速命者往往有之。未聞殺傷父母以去贅累者。蓋人於父母之愛，秉於天者也。親喪盡哀，亦秉於天者也。孟孫才由自身之生死推及萬物之生死，由萬物之生死更推及父母之生死，知天道之本原、宇宙之本體，生死物化不過世間自然現象之一部，故於憂戚哀毀之道自較輕簡。顏回見其不情，孔子覺其有有異，故謂孟孫盡得宇宙之道，而進於認識真理。唯身繫肉體，情感仿具，雖於戚毀之道有所輕簡，而天性所關，仍不免居喪哭泣，以盡其禮。蓋孟孫氏確知人體偶受形骸，百年物弊，終歸奄化，生死可以付之自然也。人世以生為先，以死為後，但生先不過百年，死後永無窮極，先後無可趨就也。順大化之自然，應物質之演變，以得其莫可究詰之遷化，如此而已，豈人事所能預乎？所謂莫可究詰者，人見

物質表面易形，以為改變，然內部分子仍舊保存；人見物質依舊存在，然內部原子已有更易。人生世上，以肉體五官，何能值得物質之真[註41]相？終年碌碌，亦不過處於夢境已耳。且孟孫氏見父母之物，故自然駭怪其形體忽虧。然識理有素，不以損累其衷心自主，神舍日新，澄清鑑照，至情極慟，難喪天真。孟孫氏覺人哭相感，自心亦有所傷，而照見物理，不致深戚，此最為人世所應具之識解。不然，循親自殺，只屬愚孝；捨身為人，亦屬愚忠。地球上人民若皆循情死之路，則不剎那間，人類絕滅已盡矣。此為真理乎哉？且孟孫氏對於物質現象認識極深，以具有自身者稱之曰吾，不過循俗命名耳。安知吾之為吾，果為真乎？抑為假乎？今日之所謂吾與明日之所謂吾，果為一乎？抑為二乎？此肉體之所吾與假萬物以資生者之所謂吾，果為異乎？果為同乎？此最應詳察者也。人生與夢境既雅有同義，則夢為鳥，即謂可飛騰上空，認為真實翱翔可也；夢為魚，即可深沒九淵，認為真實游泳可也；夢為蝴蝶，莊周即實為蝴蝶，亦可也。今日發言自覺者，果為醒，抑為夢，不可知也。心知適意，即以告人，已笑與否，不相及也。順應天機，笑聲忽作，推排與否，不及知也。人生世。間，已有真理，代為推排，安心應物。拋卻物質變化之形，則此身大於須彌山王，騰入三千大千世界，手執輪迴之柄，將恒星界內電磁波之能、中性子之質，皆一以貫之矣。或謂此節虛空之謠亦有益於人生乎？曰：心有所主，萬事皆空。真理已知，識該萬有。非謠也，真也。

此節以父母之死亡寫見道之真偽，莊子可謂具有苦心矣。然敘跡不情之事，雅有經營，不致支離理法，生人厭棄。不情之中，仍有至情者在。且駭形損心，旦宅情死，告適獻笑，安排去化等字義，切當簡明。知道真者發言雋永，韓愈謂氣盛則言宜，不其然乎？

六節意而子見許由，以天下之尊榮，明見道之真偽。意而子受堯之戒，須躬服仁義而明言是非。初見之似為人生最正當之途徑，然堯之所謂仁義非必為宇宙之真實仁義，舜之所謂是非非必為宇宙之真正是非，無故受他人限制而盲於醒覺，尚有自存之地乎？許由謂受黥劓之刑，非虛語欺人，乃知堯為用世聖人，籠照萬民，潛移默化。世人只知以堯之仁義為仁義，以堯之是非為是非，以堯之精神為精神，以堯之欲望為欲望耳，人何得再能遊夫逍遙恣睢轉徙[註42]之途乎？意而謂遊於其藩，意在嘗試可否，究察堯之仁義是非是否真實天

[註41]「真」，原作「直」，據勘誤表改。
[註42]「徙」，疑當作「徒」。

理。許由故曉之，謂盲者不能再辨顏色，聾者不能再識華麗，入於其藩者不能再自振拔，以去蒙蔽。法國盧梭闡發民約之論，即是此理，無足怪者。意而尚不能深信，謂無莊聞道忘美，據梁聞道失力，黃帝聞道遺智，則真道之力，鉅大無倫，鑪捶萬物，背得成用。堯之偽不能敵道之真也，焉知造物不復能假我真理，以洗去黥劓之酷而仍隨先生以成道乎？許由是以再曉之，謂此在不可知之數矣。人既以法理相繩，則先入者為主。心有定師，意有定向，則念茲在茲，神形俱化。久之，隨從世主，甘為非行，埋歿真理，有時且鰲破萬物，以利權謀，而不為義，不知矣。澤及萬世，本應力舉，情勢牽拘，而不為仁，不覺矣。言通古今，行為世法，天經地義，曠世無兩，不以為老矣。覆載天地，彫刻眾形，使人心悅誠服，不以為巧矣。遊於其藩，即溺於其術。汝之所遊，不過如此，能終出於黥劓之刑乎？非吾之所謂遊矣。

此節用意更深，立言益巧。堯以天下為用，覆載群倫，史稱其仁如天，則其教化之及於人者深且遠矣，意而子烏能脫其藩籬哉？許由不以天下蔽自心，不以尊榮昧世法，所言聖人用世之道，仍切合實際，不事誹謗，不事揄揚，而宇宙之真理自顯然紙上。

七節顏回曰，仍承上節，以仁義禮樂明大道。夫仁義禮樂四字在我國思想界之勢力，又駕帝王之尊榮而上之矣。然顏回之心都能忘卻，可謂已得知道去惑之端。但仁義禮樂皆用世帝王假以制物之具，迷而逐之，固無所知；去而忘之，不過脫蔽。仲尼故以為尚未得道。至若坐忘，則忘其身而心明宇宙之本。肢體聰明乃受蔽之原，離形去智，不再受其糾纏，則同於大通，無好惡私心，無執滯行念，完全與天地一體，孔子烏得而不傾佩之？

此節以忘字為主，而不以忘字為實。由有為而至於忘，乃為初步。由忘而至同於大通，方為進境。由同於大通而無好無常，乃為極致。真理若此秩序，行文若此從容，尺幅中有等丈之規，與可畫竹法也。

八節子與與子桑友，示不足為師者以醒迷夢。子桑好道，拋卻生理，至於疾病，鼓琴放歌，怨天尤人，終歸於命以自文。此望道而未之見，泥法而不能化者也。如來苦修，肌骨幾廢，其後翻然覺悔，說法全生。人若以死為知道之法則，率天下人以趨死地，亦何貴於有此道也。賜不受命，孔子賢之。陳仲鳴高，孟子不齒。自偽儒亂世，狡黠者反得售其奸，而陘陘小人、無辜受死者不知凡幾。世亂之端，庸有極乎？然則見道之人須匍匐以求食乎？曰：其食不甘，其覺無憂，勞我以生，息我以死，本篇已盡之矣，何庸多言。

此節文情特妙。霖雨為災，正貧士號寒之日；裹飯食友，乃仁人懷我之行。病憊而歌，亦高士猖狂之舉；懷憤肆怨，真執迷不悟之情。意境逼活，繪聲繪景。《大宗師》篇以此文為殿，益覺活躍有神。

應帝王第七

此篇與前六篇大旨全異。前六篇意在訓真，訓真示人以見道之方也。此篇則為作聖，作聖告人以用世用時之法也。見道取宇宙全體所共由之路，用世用時取介然一身所應得之宜。全體共由，只是順應自然，非為公也。一身應得，無非適者生存，非為私也。無公私之分，即合天地之理，不必以衣貧食賤者為高，不必以安富尊榮者為恥，要亦各適其適而已。夫人具肉體，即有天性。食色為本，了無二心。食之道不限於粗糲與膏粱之美惡，尤期於充盈無量之取求。色之道不限於糟糠及佳麗之懸殊，尤期於卑遜媚柔之供應。於是舉天下之富有不足以任吾攬據，盡世間之男女不足以供我趨承。即所謂身登九五者，儀態萬千矣。人同此心，心同此理。匍匐街頭之乞丐，亦欲得萬乘之歡欣；含飴弄果之兒童，亦欲嘗龍飛之快樂。薛平貴大登殿，雖屬妄想；漢劉邦稱赤帝，確有真憑。於是世間擾擾紛亂，莫可窮究矣。殊不知允文允武，帝王自有真才；克長克君，此座不應漫據。達天德者，應為之；得時宜者，應為之。秦始皇、隋煬帝雖在至尊，亦同頑劣。孔仲尼、李耳聃雖居貧賤，乃是素王。莊子非隱者也，欲為帝王者也，古人不必欺我矣。

首節齧缺問於王倪，由蒲衣示帝王之真。齧缺問王倪者，無非治世馭民之法，非必為《齊物論》之所問也。王倪不知，或因其所問帝王卿相之法有自得之道，王倪無可辨難也。蒲衣子乃告齧缺，謂爾所持之見，久為治世者所應知，乃今得之，已覺見道之晚，有何可喜者乎？有虞氏為古昔聖王，然其御世之法已屬卑卑不足道，較之太昊，實有高下之別。有虞氏不過矯偽仁義以要結人心，雖得人民信賴，然終未能超脫物外，以得道體之全。若太昊則臥無遐想，徐徐幽閒；覺無營求，于于若拙。然有時為民造福，則熱烈似駿馬之奔騰；有時為人施澤，則勞苦如犧牛之曳駕。智慧超然，情無虛假，德行高厚，儀態真誠，渾同自然，不為物慾所累。此治世御物最高之境地，豈堯舜之淺淺者所能幾及者哉？此節示道行高者應籙御世，不動於私。舜為藏仁，可知其私念陰苟；要人，可見其徼倖圖功。非出於物，則沾沾於是非得失。區區數語，已足將舜之卑劣形容曲盡矣。然孟子稱舜之飯糗茹草，若將終身；及為天子，反若固有。

則其氣量之洪，亦非淺陋者所及。特較之太昊與物自然者，則遠若天淵耳。寫太昊之大，亦不執事縷述，只就其自守之簡約、為民之熱烈，摘要敘述，更將太昊之偉大精神活活逼現。大辨不言，即此道也。

二節肩吾見狂接輿，由中始之陰毒見狂接輿之高妙。中始蓋呂尚、留侯之流。所言君人之道，以己出經式儀度乃三代而後，為帝王者之七字秘訣，所謂改正朔，易服色，以己出經式儀度也；應瑞宜新民，三王不相襲，以己出經式儀度也；李斯廢封建，趙匡胤去藩鎮，以己出經式儀度也。人孰敢不聽從而化諸？所謂威行知恩，爵加知榮，玩弄斯民於股掌之上矣。但狂接輿則意不在是，以欺德二字該之。欺之為言，乃機變之巧，無其實而詐偽蒙人，以營求私利者也。舜之藏仁要人，即屬欺德。湯、武之見利忘義，即屬欺德。商鞅之徙木示信，無非欺德。曹孟德、司馬仲達減滅人孤兒寡婦，更為明顯之欺德。以欺德而臨大下，天下從此多事矣。大聖人知假不能蔽真，小不足制大，不以政法齊民，而以德禮導[註43]化，正己正物，確切不移。一身具有真能，萬事概由操縱。無為而無不為，所以為神。鳥知高飛，鼠知深穴，尚能避禍遠害，正命全身。若執政之人，只能蒙蔽鄉愚，不足吞吐四海，非特未能治世，或且醸成禍災。昆蟲之不若，猶妄冀帝王哉？

此節較上節為近實際。上節虛籠偉象，只以神行；此節法意漸明，顯能致治。聖人御世，不圖治外，而確有能事，非空虛無有者可比。惟不假權謀，竟能治民之內。豈湯、武以下諸人所能望見？以己出經式儀度，揭翻帝王秘鑰，罵盡世人偽行。

三節天根避於殷陽，再示神人御世之法。無名人之初答，謂與造物為友，已將大聖人治天下之法合盤托出。以下「出六極之外」及「遊壙埌[註44]之野」，不過略示其形耳，無關要旨矣。乃天根不悟，仍再致問，無名人故啟其門徑，指以淺顯。「遊心於淡」，不泥於物也；「含氣於漠」，神同於天也；「順物自然」，明宇宙之體也；「無容私心」，不矯偽損性也。結果仍是與造物為友，只易詞以言之耳。或疑此種空論安能施於近世，余反詰之，謂惑於人言、盲於假相、熱於財勢、拗執偏枯者，其能治世乎？

此節文情，味之使人失笑。無名人已將治天下之道用「與造物者為友」六字盡之矣。乃因復問，只將六字推闡之。但前言「予方將遊」，後言「汝治天

[註43]「導」，原作「遵」，據勘誤表改。
[註44]「埌」，原作「垠」，據勘誤表改。

下」，何滑稽揶揄若此，豈莊子於不識理之人故為譏笑，類演戲者大劈棺之所為乎？呵呵！

四節陽子居見老聃，由老子之道治天下，廖廖數語，已該括五千言《道德經》矣。陽子居所問之明主，純為後世帝王本態，項羽、李世民、石勒、朱元璋等皆其選也。但勞形怵心，如虎豹之猛，反致受人獵取。項羽、石勒於學道不倦之法又失之，故顯致被人獵取。其他諸人，雖未明被獵取，而經營創造，由數年至十數年方得略定群雄，然其危機已數見不一見。老子之所示，則生而不有，為而不恃，長而不宰，統宇宙而一之。最要者，在「立乎不測，遊於無有」八字，如是則所存者神而行無所事，豈普通人所能知者哉？帝王之真，須政教一體，雖係肉身，應具神智。老子為龍，孔子非虛語也。

此節示帝王之道有二：一為真人，一為聖人。聖人常致危機，得幸免者時耳。真人則無待於時，統馭萬物，與介然一身無何分別。文至矣，理至矣。

五節鄭有神巫，由神巫相人，示帝王之真道。此不但遠大者應知，無論處世應人、謀飯盌、求地位亦應詳知此道，方可身安事得，地穩位固。季咸所相之人，皆固執不通、呆板難化之輩，故見其謹願者，即知為忠厚之人；見其伶俐〔註45〕者，即知為狡滑之類；見其緩言慢態者，即知為陰謀；見其浮囂妄動者，即知為輕躁；見其氣血發抒者，即知為長生；見其筋骨凝滯者，即知為將死。此不得神巫〔註46〕而後知，即吾輩平心靜氣，察人舉止神情，亦得知其壽夭休咎，非有深機妙理也。壺子見列子不省其道，故知其所學在外而不在內，在文而不在實。文為外物，觸處無非現象；實在內心，只須一念醒覺。雌雞滿院，產卵不孵；雄雞一至，生氣方備。道淺者只具實質，如雌雞只有卵黃；知道者則卵有胚盤，方能發育。若無真知，漫在世間求生活發展，則呆氣沉沉。人皆知其分寸尺丈、苦辣酸鹹，馭制之法一具，不難食其肉而寢其皮。人得相汝，即有以制汝。有以制汝，即有以生汝、活汝、殺汝、死汝。豈非人自求死之道乎？壺子初見季咸，示之以地文。地文，不動者也。神氣呆滯，筋骨頹廢，不震而死止，不正道而乖舛。凡百機構，皆杜塞不通。以此為身，焉有不死者乎？故季咸只見壺子之將死耳。二次之見壺子，則示之以天壤。壤，古通攘，紛錯貌。天攘，義為活動而錯雜不滯也。名為虛文，實為質地。名實不入，即虛實不堪捉摩。機發於踵，則沉著淵洪，氣象雄偉，善淑充和，焉有不生者乎？

〔註45〕「俐」，原作「俄」，據勘誤表改。
〔註46〕「神巫」，原作「巫神」，據勘誤表改。

故季咸又見壺子之有生耳。三次之見，壺子故示以太沖莫勝。太沖，謂神氣充盈。莫勝，謂不能制服。沖躍飛騰，若駿馬之趹踶；深機淵度，若龍虎之盤據。「衡氣機」三字，即深淵平穩，牽掣相均之義。審，古通瀋，訓為置水於器而使平靜也。鯢桓之瀋，水之上壓力大者也。止水之瀋，水之下壓力大者也。流水之瀋，水之旁壓力大者也。此處有三者之壓力，匯為同淵，則其深靜平穩之態，不動而大動，大動而不動，適合於衡氣機之象。故季咸以為精神不定，難施測驗之術。其實此種為所欲為之機能，已極雄偉奇變。三次皆不同形，鬼神難施法術，季咸尚不自覺，仍求復相，豈非自投陷阱乎？四次之見，壺子示以未始出吾宗。此不過胸有定主，不為物物之局。自己不動，然後徐動人。始而虛與委蛇，情意似順而非順，不知其誰何。神色慫觀而不親，因以為弟靡，則狀態變遷，喜怒瞋怪，層出不窮。因以為波流，則精神奮發，擒縱兼施，使之欲哭不得，欲笑不能，欲止而不得自由，欲動而似有牽繫，故不能須臾留止，不但逃避，且被奄化矣。此帝王之真態，應物之真方。不知此，不但不能龍飛鳳翥，且求食不得，求衣不能，只為世間之土偶泥鬼耳。求顯揚之道而終日拘泥若死人，所謂南轅北轍，終不相及。惟自唐宋以後，偽儒迭〔註47〕興，致將好好青年盡拘入牢獄之內，非特不使其形活，亦且並欲其心死，真千古罪人，百死不足蔽其辜。吾人不可不深自警惕也。或疑吾說為杜撰，非莊子清修之本意，則更請以佛法釋之。杜德機約同於佛法之應身，為一切眾生所能指見。若加以地文迂執之道，則全具迷劫惡業之相，安能有生活之理乎？善者機約同於佛法之自受用報身，廣大快樂，無有執執。天攘之形即顯揚覺悟之相，愉快美滿，安得不全然有生乎？衡氣機謂無著無執，變道萬端。太沖莫勝則深淵大流，動靜一體。豫章翻風，白日為動；北辰居所，眾星環拱。三十二相安得見如來乎？弟靡波流，皆佛說之法身，偏滿大千，宏大靈感。未始出吾宗者，覺源心海，即得大放光明，身相全無，不可思議矣。老莊之道即佛陀之法，皆吾人立身之術，以深求之失之迂，以淺求之失之妄，斟酌得中，皆能資吾生理。帝王之道，不過大而化之而已，有何難哉？　又，儒家之道貴乎言行一致，始終不渝，不可口是心非，不當言行不顧，此常理也。惟儒家之得在此，儒家之失亦在此。執一守正而不渝者，乃律己之方。通變權宜而不泥者，乃應物之術。二者各有其道，不相干涉，最宜分辨清楚。儒家常致混淆，遂演成板滯迂腐之態，可憐亦復可笑。西人論處友朋之道，謂宜詳察他人個性，分別應付之，即性嗜

〔註47〕「迭」，底本誤作「送」。

酸者享以醋，性嗜鹹者享以鹽，此雖膚淺，然差足自得，不致牴觸不通也。楊椒山憤權奸而自墜，已為識者所傷；吳可讀因家事而自殘，尤為知者所笑。

此節理〔註48〕最高厚，文特玄奇。季咸之神，以「鄭人見之，皆棄而走」八字出之，何等活躍。壺子以列子不能見道，用雌雄生卵之喻，絕含妙理。雌者只備物質，雄者乃有神氣也。文實不能偏廢，神質不可獨全。經常與權宜，不可執一端以應萬變。此壺子自負之道，已具於告列子者盡之矣。文有綱領，襯托而出之。以下四次見神巫，四次變形相，地文、天壤、太沖莫勝，示外現之象；杜德機、善者機、衡者機，示內具之神。至於與物委蛇，不知誰何，弟靡波流，莫測其極，則儼如公孫大娘舞劍，「爧如羿射九日落，矯如群帝驂龍翔」，魑魅魍魎，烏所售其奸哉？文意縱橫，雅合神氣。

六節示帝王之道，非巧不立。身為名譽之主，須兼眾技之長；身為謀畫之府，須盡權宜之術；身為智慧之主，須備聰明之道；身為俗務之叢，須弊心力之勞。此皆傷身取慮之事。一手豈能掩盡天下人耳目，故聖人不陷於此途。體盡無窮，只心領萬物之本源，遊於無朕，則大智若愚，先機畢見，順應天道，致其良知，不為物蔽，澄徹虛靈。明鏡高懸，難逃鑒別，則見微知著，綱領在胸，舉目搖唇，萬機盡得矣。以無厚入有間，能勝物而不傷。巧既至矣，無為而無不為也。

此節明示用巧之道，而字斟句酌，意無費辭，言無漏意。中人以下，盡得領解。而將馭世用物之方盡入於機括，學文者於其遣詞鍊句之法揣摩有得，當無不吐之詞矣。

七節南海之帝，又係神來之筆，與《逍遙遊》首節之雄混互相叫應，真蒼龍夭矯，首尾皆神者也。混沌待人以厚，乃屈己以循物也。己有取死之道，儵與忽謀報之，乃枉己以事人也，害人亦兼自害。此等硜硜小人，自守不足，應物無方，只合傷身賊物，畢生無與於成功。項羽弄印不發，宋襄不擒二毛，皆屬此類。全身且不濟，何足與言帝王之尊乎？

此節文情特超舉，中國汗牛充棟之書無能作此想。為此文者，初讀之使人啼笑皆非，細參之舉世不出此態。「天地不仁，以萬物為芻狗。聖人不仁，以百姓為芻狗。」舉非常之業，必待非常之人，卑卑者何足數乎？

〔註48〕「理」，原無，據勘誤表補。

後 記

一

今天是 11 月 30 日，也是農曆的冬月初七。按照往常的情況來看，早就「又到了脫衣服靠勇氣，洗衣服靠毅力，起床靠爆發力的時候了」。然而今年的冬天似乎來得晚了一些。大概是暑假的高溫持續時間太長，毒辣的太陽還捨不得離去，它的餘溫還未全部消散吧。但天終究還是要涼下來的，《老子》不是說過「飄風不終朝，驟雨不終日」麼？於是魔幻般的天氣模式就忽然出現了。

前一陣子幾乎都是十幾度的氣溫，舒服的要死。可就在昨天，狂風肆虐，吹盡了那一抹餘熱，氣溫瞬間從十六度降到了零度。冬天終究還是來了！

一早起來，收到社區的消息，今明兩天繼續全員核酸。其實，此前五天，天天核酸，並沒有落下一次。今年入秋以來，全國各地爆發疫情，廣東、湖北、四川等地散點多發，封控了很多的城市。鹽城的射陽縣，前陣子也檢測了好幾例陽性。而就在昨天，鹽城主城區也有兩例陽性，於是全員核酸了。

二

自 2019 年冬天武漢出現新冠肺炎以來，不覺已是三年。三年來，不記得自己做過多少次核酸；三年來，自己沒有回過湖北，甚至沒有出過鹽城；三年來，每天要打卡上傳健康碼、行程碼、核酸檢測報告，進入公共場合還要掃場所碼；三年來，一會兒是線上教學，一會兒是線下教學；三年來，親友見面的次數少了，網上溝通的方式多了……

然而，這還是小事兒。因為，三年來對很多人而言，那是毀滅性的災難，有的人工廠倒閉了，有的人失去了生命，有的人還不起房貸，有的人在絕望中呼喊……當然，沒有對比就沒有傷害，當在抖音上看到印度、美國等國家疫情大爆發的視頻，不禁讓人驚出一身冷汗。

三年了，疫情也該像這天氣一樣，也該逐步的褪去了。

知乎上有篇帖子，叫《三年疫情創造的 246 個名詞，都在這裡了》，當然這還不包括「惡意返鄉」這類與防疫抗疫直接相關的詞。通過詞彙，就可以感受到三年疫情對生活的衝擊。

三

每天的日記記錄了生活的點滴，但是到了年終，照例還是要做一個總結。今年依然疫情常態化的生活模式，生活固然是龜縮在鹽城這一隅之地，但內容還是很豐富的。上半年父親在這裡帶娃，下半年外姑在這裡帶娃，九月份小寶還上了幼兒園，加之課務不多，我可以集中時間做一些事情。

今年是勤奮的一年。

這一年，我基本沒有偷懶，保持每天早起，三點起過，四點起過，五點起過，六點起過，甚少有晚於七點起床的。

就學術而言，一是獲選江蘇「青藍工程」優秀青年骨幹教師培養對象，二是發表了三篇論文。沒怎麼讀書，主要精力還是用在寫書，可謂心無旁騖。

1. 一月接著年前的工作，一鼓作氣完成《詩經世本古義》。

2. 二月新完成《〈葉八白易傳〉疏證》。

3. 三月重新撿起《〈青學齋集〉校證》，五月做完；校舊稿《莊子通》、《周易玩辭困學記》，畢。

4. 四月新完成《春秋詳說》。

5. 接著錄《吳詩集覽》。

6. 五月重新撿起《辟疆園杜詩注解》，十一月初完成。

7. 六月重新撿起《周易引經通釋》，至九月只剩下最後一卷。七月至九月新完成《莊子通》的三種附錄。

8. 上半年校對九月出版的《詩經世本古義》、《陳玉澍詩文集箋證》，下半年校對明年三月將出版的《讀易述校證》、《陸繼輅集》、《曝書亭詩注校證》、《青學齋集校證》。八月另幫華中師範大學出版社校對《張舜徽學術論著選》。

9. 最後三個月開始《欽定春秋傳說匯纂》、《春秋胡傳附錄纂疏》，相繼完成；期間還間隙做《內經素問直解》，未完。還選定宋元明清的相關二十餘篇論文，編了一部論文集，名曰《宋元明清文獻研究》。

10. 九月開始新整《周易孔義集說》，只剩下一卷。12 月 25 日最終搞定。

然而，就在這一天，我陽了……

於是 2022 年的工作隨之中斷，坐等入新年。沒有想到，虎年竟然以躺平收尾。

四

今年是豐富的一年。

豐富是指生活而言。先說釣魚吧。

每天刷抖音，也不斷在上面買了不少東西，比如魚竿，三米六、四米五、五米四、六米三、七米二的，今年在抖音上都重新買了一遍，以前的竿子便棄置一旁了。

以前釣魚，就在家門口的小河，一根小竿，釣幾條小魚。今年則是遠距離，大長竿，大水面，深水域。特別是團結河、寶瓶湖等釣點發現之後，門口的小河再也沒有去過。

近距離的釣點，我騎著小電驢，咻咻就到了。遠的釣點，或是汪小胖開車，或是棟哥開車，或是武哥開車。和小胖去過蟒蛇河、特庸鎮，和棟哥去過伍佑，和武哥去過西潮河、黃尖，這都是以前不敢想像的。甚至有一回，早上四點起床，和龍哥兩個人騎著電驢摸黑跑到了寶瓶湖。

今年在釣魚上還有很多進步的地方。比如夜釣。暑假的某個雨後黃昏，晚飯也沒吃，匆忙收拾裝備，順手抓起一塊玉米餅，直奔出小區，和武哥一起去到寶瓶湖。然而，釣了不到兩個小時，天就開始下雨，且越下越大。後來，小胖和他小舅子也來了。他們兩個著實是猛人，傘也不打，科頭矗立在雨中而釣，令人驚詫。那是我生平第一次夜釣，武哥為我準備了釣桶，準備了夜釣燈，準備了驅蚊的花露水。下大雨時，武哥自己穿著雨衣，坐在釣桶上，釣傘則撐在我坐的釣桶上。那一夜，天氣似乎是在和我們開玩笑，幾乎就沒有停過，甚至是沒有小過，所以魚是沒法釣的，可以說是雨夜聽雨。小胖和他小舅子大概十一點回去了，因為家裏有小寶寶。直到凌晨兩點，雨停了，我們再收竿回家。清晨的雨後，湖風拂面，別有一種味道。

後來的日子裏，我和武哥去西潮河，又去黃尖，但一無所獲，回來又喊上棟哥、老陶去東亭湖夜釣了一回，雖然魚沒有釣到，但過程也讓人很快樂。

今年還用了紅蟲，今年還抽過鰱鱅，今年冬天還中午去東亭湖釣過，今年還帶小寶去釣過魚⋯⋯與時俱進，計劃永遠比不上改變。

有意思的是，每個周末，我和棟哥、剛哥一起釣個魚，晚上順便再約個人找個館子，攢個蛋，喝點小酒。

當然，今年除了釣魚，還有很多時間花在刷抖音、聽音樂上，還追了好幾部劇。

五

今年是勇敢的一年。

勇敢就要說到學車了。對於車，我好像一直缺乏興趣，抑或說是缺乏自信。自行車是初中畢業後，在母親的催促下學會的。電瓶車則是來鹽師之後，經常和剛哥一起釣魚，坐他的車，用他的裝備。但剛哥是行政坐班人員，只有周末有空，平時作釣的話，我只能靠自己，於是自己買電瓶車，自己買裝備。

至於汽車，早在本科時，室友物業鵬就在學車，校內駕校，拿證了還可以算兩個學分。讀研時，湖大校園內也有駕校。讀博時，也有很多同學學車。來鹽師後，學校北邊就有一個駕校，很多同事和學生在學。可我就是提不起一點勁兒。對於自行車和電瓶車，我更多的是缺乏興趣；而對於汽車，我更多的應該是缺乏自信。

我一看到那個龐然大物，那一大堆的操作工具，我就覺得太難，從而不敢去學習。於是這麼多年，身邊的人一個個拿了駕照，開起了車，而我卻還沒有報名。

今年經常釣魚，每次和內子說去釣魚時，她會嘮叨上幾句：「有空釣魚，就沒時間去學個車麼？」剛開始的時候，覺得無所謂。時間久了，說的多了，也覺得難受，於是 8 月 9 號正午時分去愛民駕校報了個名，教練則是抖音上刷到的劉教練，隔壁小區朗地英郡的。接下來是科目一的複習。還有開學的各項準備工作。9 月 7 號考科目一，86 分。交費 30 元補考，92 分。第二天，劉教練就喊我去練車，同車的還有丁叔叔、陳群、陳鑫。9 月 23 號，我和陳群、陳鑫考科目二，三人都過。我自動擋第一個上車，有些緊張，最後一步的反入庫壓線。補考，卻忘了點開始考試，在考場內白跑了一圈。第二把過，90 分。

10 月份歇了一個月。11 月 4 日，我和陳群、陳鑫、陳叔叔考科目三，我們四個是最後上車的，已經是下午一點多。我和陳群沒過。第一把直線行駛掛了，第二把估計被後臺點掉了，說我起步轉向燈沒開三秒。11 月 24 日補考，同考的有陳群、一胡姓老鄉，一醫院某醫生，老鄉沒過。四個人都是第一批上車，我是北考場自動擋第一批，也是第一段，滿分一把過。11 月 28 號，一個人冒雨打車至車管所考科目四，96 分。30 號，駕證便郵寄到家了。

原來那個我一直覺得非常難的東西，事實上並沒有那麼難。考科目一的時候，在考場看到一些動作遲緩、目光呆滯、年齡很大的考生，當時就想，別人都有自信，我憑啥沒自信。第一次去練車，教練將操作杆拉至前進檔，鬆開剎車，車子就走了，那一刻，我才發現操作竟是如此簡單。

感謝劉教練的專業指導！感謝丁叔叔和陳群的熱心幫助！

六

今年是認識健康的一年。

上半年單位安排了一年一度的體檢，今年我把體驗醫院換成了附醫，結果有 17 項指標異常。

9 日 6 日午夜裏結石復發，一個人忍著痛，騎著電驢子去亭湖醫院急診。經過查碼、登記、診斷之後，交錢，拿藥，掛水，四點多回。

到了國慶節的晚上，又復發了。十點多，一個人忍著痛，騎著電驢子去亭湖醫院急診。照例掛水。回來未見好，右腹部持續痛了一晚上。第二天早上，再赴亭湖醫院。門診醫生讓去拍 B 超，才發現有顆石頭卡在輸尿管裏下不來。於是碎石。

小寶呢，7 月 23 日發熱，24 日去兒童醫院檢查，發現是肺炎，並住院，29 日出院。10 月 14 日發熱，去婦幼保健院檢查，又是肺部感染，住院，19 日出院。

父親一直身體健康，九月底某天突然不省人事，送到醫院，進行多項檢查，發現多症併發，有敗血症、肝化膿、高血糖，住了十幾天院。母親向來身體虛弱，今年體檢也有 19 項指標異常。

躺在病床上，才明白啥都是浮雲，健康最重要。

七

今年是渡劫的一年。

疫情防控，全民核酸是常態，要不然核酸公司怎麼能夠日賺幾千萬呢。王汎森先生有篇文章叫《權力的毛細管作用：清代文字獄之下的「自我審查」現象》，這讓我想起了核酸。之前做核酸，需要被推著去做，被催著去做，時間長了，感覺做核酸也有癮了。就如《誘惑》所言：

今天中午做了一次核酸，剛回家收拾東西，看樓下核酸點一個人都沒有，真的抵擋不住這種誘惑，又做了一次。

這也就是「自我審查」吧。公共場合查 48 小時核酸陰性證明，事實上，很多時候，我是連續 24 小時核酸陰性證明。當然，像我這樣的人還不少，或許可以稱之為「不捅不舒服斯基」。

11 月 11 日，國務院發布防疫「二十條」，防疫布控較之前有所鬆動，在大城市有表現，但鹽城和之前一樣，繼續全民核酸。12 月 3 日，對面小區力拓悅城有人確診，23 號樓當天就封了，人心惶惶。12 月 7 日中午，防疫「新十條」重磅發布，全面放開，各地的口號是「非必要不核酸」。鹽城依舊核酸。但 12 月 10 日之後，學校也通知「非必要不核酸」了。昔日遍布街頭的核酸小屋瞬間消失，想核酸也沒有地方核酸。去醫院核酸的話，除了需要排很長的隊之外，還要冒著被感染的風險。沒了核酸，生活就感覺少了點什麼。

三年來，核酸陰性是通行證。前一腳還是「兩天不核酸，舉報核實有獎」，後一腳則是「非必要不核酸」，這轉變幅度之大，著實讓人有點猝不及防。

八

放開了之後，每個人的生活發生了很多的變化，在網上看到了一篇儒風君的《放開前和放開後，這 14 句話扎心了》，迻錄如下：

徹底放開好幾天，身邊的人「陽了又陽」，你問我生活有什麼改變？

對比放開前和放開後，這 14 句話，看著看著就笑了，笑著笑著就哭了！

1

放開前，買菜等居家。

放開後，買藥等發燒。

放開前，家裏囤的是米、麵、糧、油、肉、蛋、奶、菜。

朋友圈轉發的是蔬菜保鮮小妙招，防備哪天突然封控，吃了上頓沒下頓。

放開後，家裏囤貨是連花清瘟、布洛芬、對乙醯氨基酚。

朋友圈轉發的是鹽蒸橙子、紅糖蔥薑水，各種止咳化痰的「偏方」。

防備哪天突然發燒，手裏有藥、心裏不慌。

以前有病的才去買藥，現在買了藥等著有病，請問這算有病還是沒病？

2

放開前，跟人聊天：封了嗎，封幾天，有菜沒？

放開後，跟人聊天：陽了嗎，燒幾度，有藥嗎？

當某兒童醫院門口，黃牛把兒童用布洛芬（美林），喪心病狂賣到 2500 塊一瓶時；

也有良心藥廠，20 片對乙醯氨基酚（撲熱息痛），只賣 2 塊錢。

新冠這把照妖鏡，讓人間的妖魔鬼怪，全都現出了原型。

3

放開前，專家預測：實體店將迎來報復性消費；

放開後，商家發問：大家都上哪報復，報復誰去了？

放開前，商場裏冷冷清清，服務員比顧客還要多，營業一天連房租、電費都賺不出來；

放開後，服務員和顧客全都在家歇息了，整個商場基本可以歇業了。

4

放開前：我碼是綠的，核酸是 24 小時的，憑啥不讓我出門？

放開後：我哪也不去，外面都是「小陽人」，還是在家最安全。

放開前，是「陽」的在裏面，「陰」的到處跑；放開後，是「陽」的到處跑，「陰」的不出門。

從理論上看，你可以出去瘋了；從數據上看，你出去一趟試試？從現實上看，我們最好還是先別出去了。

再過十天半個月，滿大街都是神雕大俠——楊（陽）過，還有他爹楊（陽）康，甚至有些人會是「王重陽」。

5

放開前，知道哪裏不能去；

放開後，不知道哪裏還能去。

放開前，進門就掃碼，出門就核酸。每去到一個地方，都得「驗明正身」，遇見誰都心下坦然；

放開後，行程碼下線了，核酸也不強制了。可是跟人擦肩，心裏就犯嘀咕，擔心對面會不會是披著人皮的「陽」？

6

放開前，大多數人眼裏的新冠：大號感冒，不足為懼。

放開後，大多數人攤上的新冠：發燒39℃，冰火兩重天，小刀割嗓子，水泥封鼻孔……

新冠病毒就像開盲盒，在每個人身上的症狀都不同。

岳雲鵬感染了「放屁株」，黃磊感染了「幹飯株」。

更多人則是高燒、咳嗽、渾身疼、食欲不振、味覺喪失……

有人表示，反正早晚也躲不過，不如趁早在身邊挑個症狀最輕的人，感染一個相對「溫和」的「優質毒株」。

武漢金銀潭醫院主任，夏家安醫生表示：「感染了一次新冠，並不意味著以後不會再感染。」

能少感染一次就少感染一次，能儘量晚感染就儘量晚感染，才是對自己的健康負責。

7

放開前，各地陽性即將清零。

放開後，各地陰性即將清零。

疫情第一年，被封在家的有點竊喜，能趁機好好歇兩天；

疫情第二年，被封在家的開始迷茫，只盼著疫情快點結束；

疫情第三年，被封在家的紛紛抱怨，到底什麼時候是個頭？

放開後，身邊人一個接一個地陽了，醫院一個接一個地滿了。

這時候才明白，老百姓期盼的不是解封，而是病毒清零。

九

就自己而言吧，親友們加入羊群的慢慢地多了，武漢的，重慶的，成都的，上海的……我也買了一些藥，比如板藍根、小柴胡顆粒、布洛芬、維C、通宣理肺顆粒、風寒感冒顆粒、風熱感冒顆粒、感冒清熱顆粒、精製銀翹解毒片、

荊防顆粒，還在抖音上買了黃芪、枸杞、金銀花、土茯苓、五指毛桃、牛大力煮水喝。

23 號，臨時被徵調為考研監考候備人員，下午乘棟哥車赴校參加考務培訓會。晚上，內子回家稱自己可能陽了，並回房隔離。24 號，我改好期末試卷，做好試卷分析，並在系統提交了成績。夜裏，小寶身上滾燙，聲音乾澀像老鴨叫一樣。25 號，我弄完《周易孔義集說》。今年除了《周易引經通釋》，其他的都完成了。咽喉有點乾癢。小寶發燒一整天，最高燒到 39.4 度。晚上給他喝了一點布洛芬，很快就降溫了。我則有點畏寒、雙腿酸漲。26 日，小寶恢復如初。我頭略痛，雙腿酸痛，一天沒吃，躺了一天。27 日，正常起床。內子轉好。外姑也感染了，躺下了。28 日下午四點多，全身發冷，不吃晚飯，直接睡覺，至次日八點半起。至此，全家陽康。當天看了一天電視。今天感覺恢復正常，所以才來續寫這個後記。

十

再回過頭來說說莊子吧。

2001 年進入麻城師範師範學校高中部後，圖書館可以借書。不記得是高一還是高二，在圖書館借了一本書先秦諸子的書，書名已經記不清楚，只記得裏面包羅了《論語》、《孟子》、《荀子》、《老子》、《莊子》、《列子》、《墨子》、《韓非子》等，很厚，像字典一樣。那應該是第一次完整的看到《莊子》，好像沒有看完，看的雲裏霧裏，只記得幾個故事。然後高中語文教材選了幾篇《莊子》，比如《逍遙遊》、《秋水》，當然都是節錄。

讀本科時，陸續看了一些先秦哲學的專著，還購買了鍾泰的《莊子發微》，高中同學周文敏還送了我王先謙的《莊子集解》、郭慶藩的《莊子集釋》。那個時候，比較留戀的是王叔岷的《莊子校詮》，定價 180 元，對於一個月只有 300 塊生活費的我來說，實在有點愛不起。讀研時，買書就多了，有不少關於《莊子》的。讀博時、工作後，情況也一樣，現在書架上的莊學著作數量還是很可觀的。

本書是 2019 年著手的。古代文學一這門課，其實就是先秦文學史，這本書其實也是為講課而做。2020 年 4 月從湖北返迴學校之後，拼命做了不少事，《莊子通》便是其中之一，當時好像只剩下《天下》篇沒弄完。後來忙別的書，這本書一直擱著，今年才納入到計劃之中。不僅完成了《天下》篇，還弄了三

個附錄。

　　《莊子通》固然是為了備課，當然也有自己的偏好。如果非要在先秦諸子裏面選一家最愛，我會不假思索地投莊子的票。千百年來，《莊子》是多少失意的人的精神食糧。我在心情不好的時候，也喜歡用誦讀《莊子》來加以排遣。那份深邃，那份豁達，那份不屑卻又不甘，著實讓人沉醉。

　　經歷了新冠三年，更加領悟了些《莊子》的智慧。

　　往後餘生，亦復如是！

11 月 30 日第 1～2 節

12 月 30 第 3～10 節

麻城陳開林於翡翠國際